MW01166439

complex

Die Architektur von KSP Engel und Zimmermann

The Architecture of KSP Engel and Zimmermann

complex
Die Architektur von KSP Engel und Zimmermann
The Architecture of KSP Engel and Zimmermann

Herausgeber Editor
Ingeborg Flagge

Redaktion Editing
KSP Engel und Zimmermann
Lars Oliver Stapler, Natascha Grap

Lektorat Copy-Editing
Karin Osbahr (Deutsch German)
Ronald Walker (Englisch English)

Übersetzungen Translations
Jeremy Gaines, Frankfurt am on Main

Gestaltung Graphic Design
Studio Joachim Mildner, Düsseldorf

Reproduktion Reproduction
Repromayer, Reutlingen

Gesamtherstellung Printed by
Dr. Cantz'sche Druckerei, Ostfildern-Ruit

Erschienen im Published by
Hatje Cantz Verlag
Senefelderstraße 12
73760 Ostfildern-Ruit
Deutschland Germany
Tel. +49 / 7 11 / 4 40 50
Fax +49 / 7 11 / 4 40 52 20
www.hatjecantz.de

Hatje Cantz books are available internationally at selected bookstores and from the following distribution partners:

USA / North America – D.A.P., Distributed Art Publishers, New York, www.artbook.com
France – Interart, Paris, interart.paris@wanadoo.fr
UK – Art Books International, London, sales@art-bks.com
Belgium – Exhibitions International, Leuven, www.exhibitionsinternational.be
Australia – Towerbooks, French Forest (Sydney), towerbks@zipworld.com.au

For Asia, Japan, South America, and Africa, as well as for general questions, please contact Hatje Cantz directly at sales@hatjecantz.de, or visit our homepage www.hatjecantz.com for further information.

ISBN 3-7757-1388-3

Printed in Germany

Umschlagabbildung Cover illustration DFS Deutsche Flugsicherung Langen German Air Traffic Control Langen
Fotograf Photographer Jean-Luc Valentin, Frankfurt am on Main

complex

Die Architektur von KSP Engel und Zimmermann

The Architecture of KSP Engel and Zimmermann

herausgegeben von Ingeborg Flagge

edited by Ingeborg Flagge

Inhalt Content

Über die Bauten von KSP Engel und Zimmermann über deutsche Architektur und Architektur an sich

Some Thoughts on Buildings by KSP Engel and Zimmermann on German Architecture and Architecture per se

Ingeborg Flagge

Das Forum der Messe Frankfurt, der erste Preis im Zeil-Wettbewerb Frankfurt, die Bibliothek der HBK in Braunschweig, die Deutsche Flugsicherung in Langen und nun der Auftrag zum Bau der chinesischen National-bibliothek – das Büro KSP Engel und Zimmermann ist zweifellos höchst erfolgreich. Fast alle Aufträge kommen über Wettbewerbe herein, die fünf Bürostandorte in Braunschweig, Köln, Frankfurt, Berlin und München sind auch in diesen schwierigen wirtschaftlichen Zeiten ausgelastet, die Bandbreite der Aufträge reicht von Hochhäusern über Wohnbauten bis zum Presse- und Informationsamt der Bundesregierung. Strategische Allianzen in Europa und Fernost erweitern das Arbeitsspektrum weit über die Grenzen Deutschlands hinaus.

KSP Engel und Zimmermann gehören heute zu den größten und erfolgreichsten Büros in Deutschland und sind dabei, auch im Ausland zunehmend bekannt zu werden. Einen der Preise im Wettbewerb für den Bau des neuen Ägyptischen Museums in Kairo zu erringen, beweist, dass ein gutes deutsches Architekturbüro auch gegen die weltweite Konkurrenz inzwischen Chancen hat.

Engel und Zimmermann sind beide in den 40ern und haben bereits viel gebaut. Sie sind selbstbewusst und optimistisch, dass die eigentlichen großen und herausfordernden Bauaufgaben aber noch vor ihnen liegen. Ganz abgesehen davon, dass das Machen von Architektur eine in die Zukunft gerichtete Tätigkeit ist und ein guter Baumeister kein wirklicher Pessimist sein kann, ist dieses Selbstverständnis bei KSP Engel und Zimmermann berechtigter als bei den meisten anderen deutschen Architekturbüros.

Das Büro zeichnet sich durch hohe Professionalität aus. Seine große Erfahrung garantiert eine hohe Qualität im Entwurf und in der Bauaus- und Baudurchführung. Planerische Güte, methodische Kompetenz und eine prozessorientierte, schon früh einsetzende Beratung des Bauherrn sind eine Selbstverständlichkeit, Kosten- und Termingarantien ebenfalls. Das Büro arbeitet hart am Markt und bricht dabei auch mit alten Konventionen, die den freiberuflichen Architektenberuf in Deutschland noch immer kennzeichnen und die ihm in Zukunft wahrscheinlich seine Existenz kosten werden.

KSP Engel und Zimmermann verstehen sich nicht als Künstler. Der Auffassung O. M. Ungers, dass Architektur von Dauer und nicht vergänglich sei, dass sie nicht für den Alltag, sondern für die Ewigkeit stehe, dass sie nicht Handwerk, sondern hehre Kunst sei, würden sie vehement widersprechen. Sie definieren sich als pragmatische Baumeister, offen für formale Vielfalt, aber abgeneigt gegenüber schnellen Einfällen, vordergründigen Gags oder hemmungsloser Selbstdarstellung vom Bauherrn oder vom Architekten im Bauen.

Ihre Bauten sind klar technisch orientiert, sie sind funktional und rational und auf eine sachliche Weise beeindruckend. Form ist für sie nicht Selbstzweck und ist nie dogmatisch oder – im Gegenteil – geschmacksorientiert. Technische Innovationen kommen zurückhaltend daher, nicht als optischer Ausweis, sondern als selbstverständlicher Bestandteil einer ganzheitlichen Interpretation des Bauauftrages. Die Architektur des Büros ist sachlich, aber nicht profan oder neutral, sie ist individuell, aber zurückhaltend und nicht modisch, sie ist authentisch, aber nicht marktschreierisch oder im Sinne eines erkennbaren formalen Kanons wie bei Frank O. Gehry oder Richard Meier. Bauten entstehen nicht aus abgehobenen Visionen,

The Forum at Frankfurt's Trade Fair, first prize in the competition to re-design Frankfurt's Zeil district, the art college library in Brunswick, the German Air Traffic Control building in Langen and now the contract to build the National Library of China – without a doubt, KSP Engel and Zimmermann are extremely successful. Nearly all the contracts they have been awarded were won at competitions, and despite the difficult economic climate, at present all five offices (Brunswick, Cologne, Frankfurt, Berlin and Munich) have full order books. The range of projects being handled extends from high-rises and residential buildings to the Press and Information Office for the German Federal Government. Strategic alliances in Europe and the Far East have expanded the office's horizons far beyond Germany's borders. Today, KSP Engel and Zimmermann are one of the largest and most successful architectural offices in Germany and they are gradually becoming an established name overseas, too. Winning one of the prizes in the competition for proposals for a new Grand Egyptian Museum in Cairo is proof that a good German architectural firm has nothing to fear, even against worldwide competition.

Engel and Zimmermann, both in their 40's, have already devised a great number of buildings. They are brimming with confidence and remain optimistic that the really big architectural challenges still lie ahead. Needless to say, architecture is always future-oriented and while no good master builder can survive if he is a pessimist the self-confident attitude of KSP Engel und Zimmermann is more justified than it would be at most other German architectural firms.

KSP Engel and Zimmermann stands out for its very high standard of professionalism. Its wealth of experience guarantees the highest quality in design and project management as well as actual construction. Quality planning, methodological know-how and consultation with the client from an early stage are a matter of course, as is adherence to agreed cost ceilings and deadlines. The company is extremely competitive, not hesitating to break with the archaic and potentially existence-threatening conventions that at times characterize independent German architectural offices.

KSP Engel and Zimmermann do not think of themselves as artists. O.M. Unger's view that architecture should be sublime art and partake of the eternal rather than the transient and everyday is something they would no doubt vehemently contest. They define themselves as pragmatic building specialists. They are open-minded about form, but averse to the quick fix, the superficial gag or to unrestrained self-promotion – be it on the part of the client or the architect. Their buildings have an obvious technical orientation; they are functional, rational and objectively impressive. For them, form is not an end in itself. It is neither dogmatic nor a question of taste. Technical innovations remain restrained: never reduced to visual trademarks, but arising rather as natural components in an integrated interpretation of the building contract. Objectivity and individualism allied to a reserve that avoids fads is what defines their authenticity. They are neither profane nor neutral. They are not showy, nor do they work within the framework of an easily recognizable formal canon, as do Frank O. Gehry and Richard Meier. Thus, their buildings do not originate from sublime visions but

sondern aus dem sorgfältigen Studium der gegebenen städtebaulichen Umstände und der präzisen Umsetzung funktionaler Erfordernisse. Entwerfen ist für beide Architekten keine künstlerische Sache wie bei vielen ihrer Kollegen, sondern ein mit Kompetenz und Leidenschaft aufeinander abgestimmtes Ordnen der harten Faktoren Standort, Zweck und Funktion, Ökonomie und Ökologie, Erfüllung sozialer Faktoren und des kulturellen Kontextes. Die Häuser, die daraus entstehen, sind logische Baukunst, Konstruktionen aus klar ablesbaren Formen und einer konsequenten materialtechnischen und -typischen Ausarbeitung.

Darüber, was gute Architektur ist, lässt sich streiten; so viele Personen, so viele Meinungen. Unzweifelhaft aber ist, dass gute Architektur nie nur das eine darstellt oder repräsentiert – Funktion oder Form, Zweckmäßigkeit oder Schönheit, Kosten oder ganzheitlichen Nutzen, Gestalt oder Serie, Profit oder Humanität, Kunst oder Technik. Gute Architektur integriert alle diese Aspekte. Die Arbeit des Architekten ist ja bekanntlich immer eine Gratwanderung zwischen Tradition und Innovation, zwischen Freiheit und Gebundenheit, zwischen Rück-Sicht und Vor-Sicht. Erst durch die Symbiose aller dieser Aspekte entsteht gute Architektur. Als „einfach, ruhig, selbstverständlich“ beschreibt Michael Zimmermann die Bauten des Büros, die aus einer solchen Haltung entstehen.

Die Architektur von KSP Engel und Zimmermann ist eine ernsthafte Architektur, jenseits von Banalität und Trivialität, jenseits von Bauen als Wegwerfware. Ausländische Architekten würden sie vermutlich sehr deutsch nennen. Mit diesem Argument versuchen sie seit langer Zeit, Architektur aus Deutschland zu diskriminieren. Sind die Olympiazelte in München von Günter Behnisch oder sein Plenarsaal in Bonn, die Neue Messe in Leipzig von Volkwin Marg, die Bauten von Karljosef Schattner in Eichstätt, das Museum von Volker Staab in Nürnberg keine qualitätsvolle Architektur? Wer den ebenso vielschichtigen wie symbolisch und funktional einleuchtenden Entwurf von KSP Engel und Zimmermann für die chinesische Nationalbibliothek studiert, der versteht die Argumente ausländischer Architekten als das, was sie vermutlich sind, als Vorurteile und den Versuch, eine Konkurrenz auszuschalten.

Es gibt zahlreiche Beispiele guter Architektur aus Deutschland. Die große Zahl der Einsendungen zum Europäischen Architekturpreis Mies van der Rohe 2003 hat dies gezeigt. Und die Ausstellung *Neue Deutsche Architektur*, die seit einem Jahr um die Welt reist, macht dies ebenfalls an 25 Bauten jenseits aller vordergründigen Sensationslust und oberflächlicher Konstruktionen, aus klar ablesbaren Formen und einer konsequenten materialtechnischen und -logischen Ausarbeitung deutlich. Kein Entwurf steht für ein „deutsches Bilbao-Wunder“, nach dem der ehemalige Chefredakteur der *Bauwelt*, Peter Rumpf, im Katalog so heftig verlangt.

Deutsche Architekten sind eher für ein Gestalten bekannt, das Walter Gropius als „in Fesseln tanzen“ bezeichnete. Sie schätzen ordentliches Handwerk und bautechnische Perfektion ebenso hoch wie formal künstlerische Gestaltung. Diese Resultate allerdings nennt der englische Architekt Peter Cook eher „tierisch ernst“ und „korrekt“ als inspirierend. Deutsche Architektur ist in seinen Augen eine „Architektur ohne Schockwirkung“, solide, aber ohne Sensation. „Die Tyrannei der Ernsthaftigkeit“ und der Mangel an „Witz und Ironie“ nähmen der deut-

are the result of painstaking study of the given circumstances and of the precise implementation of functional necessities.

Unlike many of their colleagues, neither architect considers the act of designing a building to be art. For them it is the skilful and ardent coordination of critical factors such as location, purpose and function, economics, ecology, social considerations and the cultural context. The buildings they design are examples of logical architecture. They are edifices with clear and comprehensible forms, elaborating on the use of the materials in a consistent technical manner.

When it comes to defining good architecture, there are almost as many opinions as there are buildings. However, there can be no question that good architecture is not one-sided. It does not choose between function and form, usefulness and beauty, extravagance and integration of functions, design and mass production, profit and humanity, or art and technology. Good architecture integrates all of these aspects. It is well known that architects have to tread a fine line between tradition and innovation, freedom and restriction, retrospection and trail-blazing. But good architecture is the result of the symbiosis of all of these aspects. "Simple, tranquil, self-assured" are the words that Michael Zimmermann uses to describe the buildings constructed with these qualities in mind.

The architecture of KSP Engel and Zimmermann is serious architecture. It is beyond the banal, beyond the concept of the building as a disposable product. Foreign architects would probably call it very "German;" an argument that foreign building contractors have often used when discriminating against German architecture. What about the roof of the Olympic Park in Munich and the Plenary Hall in Bonn by Günter Behnisch? What about Karljosef Schattner's buildings in Eichstätt and Volker Staab's museum in Nuremberg? Are they not high quality architecture? Anyone who takes the time to study the multifaceted, symbolic and functional plan KSP Engel and Zimmermann have proposed for the National Library of China will understand that the arguments of foreign architects are exactly what they seem to be – prejudice and an attempt to eliminate competition.

There are numerous examples of good architecture in Germany. The large number of German entries for the Mies van der Rohe Award for European Architecture in 2003 proves this. The exhibition "Modern German Architecture" has been traveling around the world for a year. It displays 25 buildings which are all well beyond shallow sensationalism and superficial construction. These structures all have clear and comprehensible form and make consistent and technically meaningful use of the relevant materials. In the catalog accompanying the exhibition, Peter Rumpf, the former chief editor of *Bauwelt*, calls for a "German Bilbao miracle," yet not one such "miracle" is represented in the exhibition.

German architects prefer designs which "dance in shackles," to use Walter Gropius' words. Due craftsmanship and technological perfection are just as important for them as artistic design. English architect Peter Cook inspiringly describes their work as "beastly serious" and "correct." In his eyes, German architecture is "architecture without shock value," sound without being sensational. He claims that "the tyranny of

schen Architektur die „Brillanz“, die Kraft und den spielerischen Charme, die Bauten ausländischer Baumeister für ein breites Publikum so faszinierend machten. Richtig ist, dass deutsche Architekten eine Spur ruhiger und zurückhaltender bauen, als Frank O. Gehry das mit seiner exhibitionistischen Architektur tut. Auch die dekonstruktivistische Künstlichkeit der Bauten eines Daniel Libeskind ist in Deutschland eher selten. Aber natürlich verkauft sich auffallende Originalität in Zeiten oberflächlicher Reizüberflutung besser, aber die formalistische Sensation nutzt sich auch schneller ab. Warum, so muss man fragen, stellen die Deutschen nicht ihre zurückhaltendere Architektur auf dem Markte als deutsches Understatement – um einen zeitgemäßen Ausdruck zu wählen – dar wie einen Mercedes oder einen BMW, die ja auch keine Lamborghinis sind? Warum stellen sie nicht die technische und handwerkliche Qualität heraus, die ein Richard Rogers oder ein Dominique Perrault am deutschen Bauen so loben? Skandinavisches Design war immer von kühler zurückhaltender Perfektion und doch weltweit gesucht. Warum lässt sich die Eigenart deutscher Architektur nicht als das darstellen, was in anderen Bereichen gelobt wird, als Maßarbeit nämlich?

Gute Architektur hat mit schrillem Bauen wenig gemein. Ein formal extravagantes Gebäude mag temporäre Begeisterung auslösen, schafft aber keine Identität. Und genau darum, um eine „Architektur als Spielraum für Leben“, wie Ulrich Conrads seinerzeit sein Buch nannte, geht es doch im Bauen. Sind Zurückhaltung, Behutsamkeit und Neigung zu eher unspektakulärer Architektur wirklich überholte Eigenschaften? Kann man dem Bauherrn und dem Nutzer heute nur noch vordergründig Buntes und Auffallendes als gute Architektur verkaufen? Ist Architektur nur noch erfolgreich als eine Architektur des kurzlebigen Ausdrucks, der Sensation, der Schräge, der Hektik, der überzogenen Form? Kaum.

Architektur ist immer Arbeiten im Kontext. Sie ist Ausdruck und Auseinandersetzung mit einem konkreten Ort und der Aufgabe. In ihr verdichten sich zahlreiche Erinnerungen und Erfahrungen. Je besser ein Architekt den Standort und die Menschen eines Ortes kennt, seine Bezüge, Werte, Sehnsüchte, je mehr er weiß über einen Ort und sein Klima, seine Topografie, über dort herrschende Strukturen des Denkens, umso eher wird er eine eigenartige Architektur schaffen, einen besseren und schöneren Ort, der für jeden interessierten Bürger auch vermittelbar ist. Und darum geht es, nicht aber um sensationelle contra zurückhaltende Architektur.

seriousness" and a lack of "amusement and irony" have robbed German architecture of the "brilliance," of the power and playful charm which make the structures of foreign architects so fascinating for the general public.

Now it may be true that German architects work with more calm and reserve than say Frank O. Gehry with his exhibitionist architecture. The deconstructivist artificiality of buildings such as those by Daniel Libeskind is also rare in Germany. It is of course also true that in periods of saturation through superficial stimulation like today, showy originality is more marketable; but at the same time, the sensation of form wears out more quickly. Why – one has to ask – do the Germans not market their more reserved style of architecture as German understatement – a Mercedes or a BMW after all is not a Lamborghini? Why do they not emphasize the technological qualities and craftsmanship which are so praised by Richard Rogers and Dominique Perrault? There is a worldwide demand for Scandinavian design although it has always been characterized by reserved perfection. Why is the individuality of German architecture not appreciated as "sound, precision work" in the same way that German craftsmanship is praised in other sectors?

Good architecture has little in common with shrillness. A building with an extravagant shape may temporarily cause an enthusiastic reaction but it does not create an identity. The implication in the title of Ulrich Conrads' book, *Architektur als Spielraum für Leben* (architecture as space for living), is precisely what building is all about. Are restraint, caution, and a penchant for unspectacular architecture really outdated concepts? Is superficial, colorful and showy architecture the only thing that interests clients? Is architecture only successful if it is short-lived, sensational or hectic; or if it is crooked or exaggerates form? Hardly.

Architecture is always the result of a particular context. It is an expression of the struggle between a specific place and the fulfillment of a task. Architecture compresses many memories and experiences into a single outcome. The more an architect knows about a place, its inhabitants, values, frame of reference, desires, climate, topography and prevailing structures of thought; the easier it will be for him to produce an individualistic style of architecture which will improve and beautify the locale and be accessible to everyone. And that is what it is really all about; not the sensationalist criticism of restrained architecture.

Von außen betrachtet A Look from Outside **Peter Davey**

Betrachtet man die deutsche Architektur aus der Sicht eines anderen Landes, dann fallen sofort vier Charakteristika auf: Die Deutschen bemühen sich erstens um Ordentlichkeit und um einen baulich an- und entsprechenden Rahmen für eine demokratische Gesellschaft.

Zweitens sind nachhaltige Energienutzung und öko logische Verträglichkeit wichtige Einflussfaktoren der architektonischen Gestaltung. In gewisser Weise kann sich Deutschland glücklich schätzen, dass es keine großen Öl- und Gasvorkommen hat; auf allen Ebenen der Gesellschaft und Wirtschaft, besonders aber auf dem Gebiet der Architektur, hat deshalb der sorgfältige Umgang mit begrenzten Ressourcen viele Erfindungen und menschenfreundliches Denken hervorgebracht.

Drittens ist der Reichtum der drittgrößten Wirtschaftsmacht der Welt evident (momentane ökonomische Widrigkeiten mögen Probleme bereiten, aber Deutschland ist, gemessen an den alten Bundesländern, sehr reich). Wenn ich von spürbarem Reichtum spreche, so meine ich damit nicht vulgäre Angeberei (die gibt es zwar auch in vielen Vorstädten). Nein, der Reichtum wurde dazu verwendet, eine anständige Form von Öffentlichkeit und öffentlichen Systemen zu schaffen, die deutlich erkennbar sind, von der Sauberkeit der Straßen bis hin zu effizienten Infrastrukturen.

Viertens wird im nationalen Vergleich in Deutschland vernünftig und solide gebaut. Die Kombination aus traditioneller Ausbildung, aus klimatischen Gegebenheiten und ziemlich strengen Bauvorschriften scheint für eine haltbare Beziehung zwischen den Intentionen der Architekten und den gebauten Resultaten zu sorgen, für architektonische Glaubwürdigkeit, an der es in Südeuropa oder in den USA oft fehlt.

Natürlich sind solche Charakteristika nicht nur in Deutschland gegeben. Man findet sie auch in anderen deutschsprachigen Ländern und – in anderer Form – in Skandinavien und den Niederlanden. Deutschland scheint aber aufgrund seiner zentralen Lage, der im Vergleich wirtschaftlich starken Industrie und seines Wohlstands die Funktion eines zentralen kulturellen Kraftwerks zu haben. Es hat großzügiger Weise auch vielen ausländischen Architekten Gelegenheit geboten, hier einige ihrer ambitioniertesten Werke zu realisieren. Die Zahl ist sehr groß: Rogers, Libeskind, Hadid, Gehry, Piano, Zumthor, Eisenman, Siza, Ando und viele andere. Sogar der Umbau des Reichstags zum Deutschen Bundestag in Berlin ist von Norman Foster.

Manchmal wurde diese große und großzügige Auftragsvergabe an ausländische Architekten dahingehend interpretiert, dass die deutsche Baukultur schwach sei, vor allem da es in der Tat unter deutschen Architekten nicht viele Superstars gibt, deren Namen in die genannte Liste hineinpassen würden. Das aber könnte auch als Zeichen eines kulturellen Selbstbewusstseins angesehen werden.

Looking at German architecture from outside the country, at least four characteristics are immediately apparent. First, there is a concern for decency, for generating a decent backdrop for democratic society.

Second, it is clear that energy conservation and ecological appropriateness are major determinants of design. Germany has in a sense been lucky not to have large resources of oil and natural gas—in almost all aspects of society and the economy, perhaps particularly in architecture, thoughtful care for limited resources has produced much invention and human thought.

Third, the wealth of the third largest economy in the world is evident (current economic setbacks may seem grievous, but Germany, at least in its western parts, is enormously prosperous). I do not mean by evident wealth that there is a great deal of flashy vulgarity (though there is undoubtedly some, particularly in the suburbs). Instead, wealth has been channelled into generating a decent public realm, made clear in everything from cleanliness of the streets to efficient railways.

Fourth, German architecture is on the whole properly built. A combination of educational tradition, climate and quite tough building regulations seems to ensure robust connection between architects' intentions and built result: tectonic credibility that is often lacking in southern Europe and the US.

Of course, such characteristics are not limited to Germany. They are clearly to be seen in the other German-speaking countries, and in a rather different way in Scandinavia and the Netherlands. But Germany, because of its central position, the comparative vigour of its industry and its prosperity often seems to be a central cultural powerhouse. And it has generously been able to offer opportunities for outside architects to make some of their most daring works. The list is extraordinary: Rogers, Libeskind, Hadid, Gehry, Piano, Zumthor, Eisenman, Siza, Ando and many others. Even the Reichstag building is by Norman Foster.

Sometimes, this huge and inventive spate of commissions for foreigners has been taken to show that German architectural culture is weak — after all there are not so many German architectural superstars, whose names would seem appropriate in the list I have just made. But it could be taken as a sign of cultural confidence. The superstar system is scarcely entirely good for world architecture. It tends to encourage gestural buildings and architecture driven by public relations, rather than by thoughtful tenderness for humanity and the planet. Signature buildings are not necessarily (or perhaps even usually) the best answers to local problems.

Denn das System der Superstars ist ja im Ganzen durchaus zweifelhaft für die Welt der Architektur. Es ermutigt zu großen baulichen Gesten und zur Selbstdarstellung, ignoriert zuweilen aber regionale Identität und den menschlichen Maßstab. Bauten, die ihre Architekten erkennen lassen, sind nicht unbedingt – oder fast nie – die Antwort auf lokale Gegebenheiten. Die großzügige Tradition in Deutschland, fremde Architekten zur Teilnahme an der deutschen Architekturdebatte aufzufordern, indem man sie bauen lässt, reicht zurück zum Anfang des 20. Jahrhunderts. Von der IBA Berlin bis zu Ausstellungen des Werkbundes und großherzöglichen Einladungen nach Darmstadt spannt sich der Bogen. Zweifellos sind dies wichtige Faktoren dafür, dass Deutschland im 20. Jahrhundert zu einem Schmelztiegel der Architekturdebatte wurde, und diese Tradition scheint sich auch im neuen Jahrtausend fortzusetzen.

Es wurde des öfteren behauptet, dass sich deutsche Architekten nicht mit Monumentalität auseinandersetzen wollen. So sehr das in der unmittelbaren Nachkriegszeit richtig gewesen sein mag, so wenig stimmt es heute. Es ist vielmehr so, dass die beiden großen Strömungen der Moderne in Deutschland, der Rationalismus und der Expressionismus, sich wieder verstärken. Beide sind geeignet, die volle Bandbreite architektonischer Ausdruckskraft von zurückhaltend bis monumental zu bauen – aber es gibt eine natürliche Antipathie gegen pompöse Bauten, was sich wiederum einige andere Nationen zum Vorbild nehmen könnten.

Beide Entwurfshaltungen reichen bis ins 19. Jahrhundert zurück und lassen sich auf Schinkel und seine Zeitgenossen zurückführen. Die rationalistische Strömung geht zurück auf den dorischen Funktionalisten Schinkel der Bauakademie und der Neuen Wache. Der expressionistische Trend ist – schwieriger – in dem romantischen Schinkel des Schlosses Charlottenhof in Potsdam und des Schlosses Babelsberg zu finden. Beide Strömungen haben sich durch das 20. Jahrhundert hindurch erhalten, auf der funktionalistischen Seite mit Vertretern wie Mies van der Rohe, Gropius und Eiermann, die die Annäherung an die internationale Moderne ermöglichten und vielen zeitgenössischen Architekten wie Jürgen Sawade, O. M. Ungers und Josef Kleihues, die den funktionalistischen Ansatz neu interpretierten. Auf der expressionistischen Seite entwickelten Hans Poelzig, Hans Scharoun und Gottfried Böhm ein neues, wilderes Verständnis von Funktion, wie es sich heute am besten in der Architektur von Peter Hübner, Zvi Hecker und den beiden Behnischs, Vater und Sohn, finden lässt.

Sicherlich gibt es auch deutsche Architekten, die sich keiner dieser Traditionen verpflichtet fühlen oder zwischen beiden hin und her pendeln. Viele jedoch lassen sich einer Richtung ganz klar zuordnen. KSP Engel und Zimmermann gehören ganz eindeutig zu der rationalistischen Gruppe (dennoch gibt es in ihrem Œuvre einige Ausnahmen). Das Büro wurde Mitte der dreißiger Jahre des letzten Jahrhunderts in Braunschweig von Friedrich Wilhelm Kraemer gegründet, der damals Professor an der berühmten Hochschule für Architektur war. In der Nachkriegszeit galt es aufgrund der wirtschaftlichen Beschränkungen bis auf sehr wenige Ausnahmen zweckmäßige, wenn nicht gar ausgesprochen funktionalistische Entwürfe zu erarbeiten. Kraemer war einer der führenden Vertreter, wenn es darum ging, die Bedingungen dieser Nachkriegszeit mit entspre-

The generous tradition of inviting foreign architects to contribute to German debate by building in the country goes back for the most part of a century, from events like the Berlin IBA through to the Werkbund exhibitions, and grand-ducal patronage in places like Darmstadt. It was undoubtedly a key factor in making Germany a crucible of architectural debate throughout the twentieth century, and, today, the tradition seems to be as exciting and lively as it ever was.

Sometimes people have argued that German architects are unwilling to face the problems of monumentality. However much this might have been true immediately after the Second World War, it is surely no longer the case. Rather, the two great traditions of modern German architecture, the Rationalist and the Expressionist, have been re-invigorated, and have shown themselves capable of the full range of architectural expression from the modest to the monumental — though there is a natural antipathy to pomposity which several other nations might learn from.

Both traditions date back to at least the nineteenth century, and can be claimed to be descended from Schinkel and his contemporaries. The Rationalist stream is from the Doric, functionalist Schinkel of the Bauakademie and the Neue Wache. The Expressionist stream has, by its nature, a descent rather more difficult to trace from the romantic, picturesque Schinkel of the Charlottenhof in Potsdam and Schloss Babelsberg. Both traditions were active throughout the twentieth century, with, on the Rationalist side, people like Mies, Gropius and Eiermann adapting it to international Modernism, and many contemporary architects such as Jürgen Sawade, O. M. Ungers and Josef Kleihues, reinterpreting it in our own day. On the Expressionist side, architects such as Poelzig, Scharoun and Gottfried Böhm evolved a new wider understanding of function, which is perhaps represented today by Peter Hübner, Zvi Hecker and the Behnischs, both father and son.

It is of course possible for German architects to belong to neither tradition, or to vary between the two, but many clearly adhere to one or the other. KSP Engel and Zimmermann are very much in the Rationalist stream (though there are some recent and intriguing exceptions to the oeuvre). The firm was founded in Brunswick in the mid-30s of the last century by Friedrich Wilhelm Kraemer who was professor at the distinguished university school of architecture after the war. In the immediate post-war period, economic constraints meant that with a very few exceptions work had to be rational, if not Rationalist. Kraemer was one of the leading exponents of the translation of sensibility to post-war conditions. His firm produced some memorable masterpieces in the '60s and '70s, most memorably at Brunswick University, where the academic library is a spatial triumph.

Under the present partners, Jürgen Engel and Michael Zimmermann, there is rational consistency coupled with innovation in the work that belies the firm's size and geographical distribution. It has a great range of projects, from large office towers (not of the vulgar variety), public buildings and airports, to a small house for Zimmermann in Brunswick ingeniously tucked into the historic fabric of the city.

chender Sensibilität auf architektonische Entwürfe zu übertragen. Sein Architekturbüro brachte in den sechziger und siebziger Jahren einige Meisterwerke der modernen Architektur hervor, am eindrucksvollsten ist die Universität Braunschweig mit der großen Bibliothek als einem räumlichen Höhepunkt.

In den Arbeiten der derzeitigen Partner Jürgen Engel und Michael Zimmermann verbinden sich funktionale Konsequenz und Innovation. Sie betreiben Projekte, die der gegenwärtigen Größe und geografischen Verteilung der Firma entsprechen. Das Spektrum der Projekte reicht von großen Bürotürmen (nicht von der vulgären Sorte) bis zu öffentlichen Gebäuden und Flughäfen oder einem kleinen Haus für Zimmermann in Braunschweig, das sich auf geniale Weise in die historische Struktur der Stadt einfügt.

KSP Engel und Zimmermann stehen für alle guten Eigenschaften deutscher Architektur, die ich am Anfang erwähnte: Bescheidenheit, energetischer Einfallsreichtum, Gestaltungsvielfalt und tektonische Integrität. So war ich äußerst erstaunt darüber, dass der großzügig verglaste Bau der Deutschen Flugsicherung bei Frankfurt fast ohne zusätzliche externe Energiezufuhr – weder im Sommer noch im Winter – auskommt. Ein riesiger unterirdischer Wärmetank dient in Abhängigkeit von der Jahreszeit der Klimaregulierung. Ich war an einem sehr heißen Tag dort, und das gesamte Gebäude war angenehm und „unauffällig" gekühlt. Seine Räumlichkeiten eignen sich sowohl für interne wie öffentliche Anlässe, was für die Arbeit einer großen Organisation sehr wichtig ist. Der Bau wurde wohl von einem wohlhabenden und sorgfältigen Bauherrn errichtet. Und er wurde hervorragend ausgeführt. Sowohl Jürgen Engel als auch Michael Zimmermann betonen die Wichtigkeit der ursprünglichen Architektenaufgabe, nämlich die Gestaltung bis zur Fertigstellung eines Baus nicht aus der Hand zu geben: ein Vorgang, der in hochenwickelten Industrie- und Wirtschaftsnationen zunehmend zum Nachteil der Qualität in der Architektur unterwandert wird.

Das Büro KSP Engel und Zimmermann ist außerordentlich kompetent in der Handhabung großer kommerzieller Aufgaben. Es ist gleichzeitig flexibel genug, auch andere Aufträge wahrzunehmen. Eine einzigartige Aufgabe war der Bau des komplexen Presse- und Informationsamtes der Bundesrepublik in Berlin. Dieser Bau vereinigt fantasievoll und gleichzeitig überzeugend einfach ein ganzes Bautenensemble von 1890 bis in die späte Zeit der DDR. Neue Funktionen wurden sorgfältig integriert, und alte wie neue Räume fügen sich harmonisch zu einem stimmigen Gesamtbild.

Im Kleinen ist der komplexe Bau des Presse- und Informationsamtes beispielhaft für einige städtebauliche Projekte des Büros, in denen Alt und Neu ebenfalls sensibel aufeinander reagieren. Ein Beispiel dafür ist der Plan für das Quartier du Sablon Nord in Metz. Ein Niemandsland aus einem heterogenen, aufgelassenen Industriegelände und aus Lagerflächen soll in ein lebendiges Stück Stadt mit einer großen Bandbreite an Nutzungen bis hin zum Wohnen verwandelt werden. Was bisher ein heruntergekommener Teil der Stadt war, der isoliert zwischen Gleisanlagen lag, ist für die Stadt zurückgewonnen worden und soll diese mit neuem Leben füllen.

In China planen KSP Engel und Zimmermann große Projekte auf freien Flächen in nächster Nachbarschaft zu

Throughout, KSP Engel and Zimmermann exemplifies the good qualities of German architecture that I mentioned at the beginning of this article: decency, energy, ingenuity, prosperity and tectonic integrity. For instance, I was astonished to find that the big glass-clad headquarters of the German Air Traffic Control Organisation, the Deutsche Flugsicherung, near Frankfurt is almost free of artificial energy input in both winter and summer because it has a huge underground heat sink that balances the internal climate. I was there on a very hot day, and the whole place was calmly cooled without fuss. Its spaces offer many degrees of privacy and public life — essential for decent existence in a large organisation. It has clearly been built by a prosperous, if careful client. And it has been made well too. Both Engel and Zimmermann stress the importance of the original architect continuing to supervise design until the building is completed: a procedure that is increasingly subverted throughout developed economies to the great detriment of the quality of architecture.

KSP Engel and Zimmermann is extremely competent at creating large-scale commercial architecture. But it is also flexible enough to take on other kinds of work, sometimes of rather strange kinds, for instance the hugely complicated Press and Information Office of the Federal Republic in Berlin, which gently and imaginatively knits together a large complex of buildings that dates from the 1890s to the DDR. New functions have been carefully incorporated, and old and new spaces work creatively together.

On a small scale, the complex foreshadows some of the practice's urban design work, in which new and old are sensitively knitted together: for instance in the plan for the Quartier du Salbon Nord in Metz, France, where a dead area of tatty trade fair and goods depot buildings is to be converted into a real and lively city quarter with a wide variety of uses, including residential. What was previously a run-down part of town isolated by railway tracks has been grafted back to the centre to reinvigorate its life. In China, KSP Engel and Zimmermann is planning work on greenfield sites adjacent to critically important existing urban developments. For instance, the Songjiang University City, Shanghai is close to the 500-year-old garden city of Songjiang, which has of course been carefully respected, while creating a new but related academic settlement that will have a proper mix of urban uses.

Recently, it won another Chinese competition—for the huge National Library of China in Beijing against stiff international competition. It is a grand exercise in largely Rationalist composition, but other new works obey geometries new to KSP Engel and Zimmermann. For instance, the Palm Island project in Dubai has a central mosque framed by a huge wing of translucent stressed skin that provides shade. It shelters a chain of hotels, marinas, shopping and entertainment centres, essential for diversifying Dubai's economy now the oil is beginning to run out.

Another middle-eastern project was KSP Engel and Zimmermann's entry for the Grand Egyptian Museum competition, an international architectural contest for a site close to the pyramids that attracted more entries than any other in history. The firm's scheme was highly commended and honorably mentioned at least, but the

wichtigen, aber schwierigen innerstädtischen Lagen. So ist beispielsweise der Campus der Universität Songjiang, von den Ausmaßen einer kleinen Stadt, in der Nähe der 500 Jahre alten Gartenstadt Songjiang gelegen. Diese darf nicht angetastet, sondern muss respektiert werden, wenn nebenan eine neue Universität mit einem entsprechenden Mix an Nutzungen entsteht.

Kürzlich hat das Büro in China einen weiteren Wettbewerb gegen eine große internationale Konkurrenz gewonnen – die Erweiterung der riesigen chinesischen Nationalbibliothek. Der Entwurf überzeugt in bewährter rationalistischer Manier. Aber andere aktuelle Arbeiten von KSP Engel und Zimmermann zeigen neue Kompositionsprinzipien. So wird die im Zentrum des Palm-Island-Projekts in Dubai ruhende Moschee von großen transluzenten Flügeln flankiert, die Schatten spenden. Unter diesem Flügelpaar liegen diverse Hotels sowie Einkaufs- und Freizeitzentren, die Dubai neue wirtschaftliche Perspektiven eröffnen sollen, nachdem das Öl langsam knapp wird.

Ein weiteres Projekt im Nahen Osten ist der Wettbewerbsbeitrag des Büros für das große, neue Ägyptische Museum in Kairo. Der internationale Wettbewerb für einen Standort in der Nähe der Pyramiden von Gizeh hatte soviel Teilnehmer wie kein anderer Wettbewerb zuvor. Der Entwurf von KSP Engel und Zimmermann überzeugte und wurde letztendlich mit einem der ersten fünf Preise ausgezeichnet. Dass die Lösung nicht den ersten Preis erhielt, ist wahrscheinlich nicht so wichtig wie der neue Entwurfsansatz selbst, der sich hier zeigt: Die kraftvolle Form des Museums respektiert die Landschaft und ihre antiken Monumente, gleichzeitig zeigt der Entwurf eine geschickte Handhabung der riesigen inneren Volumina, die den Besuchern individuelle didaktische Wege durch die großartige Sammlung ermöglichen.

In gänzlich anderem Maßstab und sicher eines der überraschendsten Projekte der Architekten, das sich mit dem Thema des Miteinanders von Alt und Neu befasst, ist die kleine Bibliothek der Hochschule für Bildende Künste in Braunschweig. Der Dekan der Hochschule hatte sich in den großen gläsernen Kubus des mexikanischen Pavillons von Ricardo Legorreta auf der EXPO 2000 in Hannover verguckt. Man kaufte ihn, schaffte ihn nach Braunschweig und baute ihn zur Bibliothek um, indem man einen weitgehend geschlossenen roten Würfel in die leichte Hülle aus Glas und Stahl hineinstellte. Auch hier gelang der Entwurf einer breiten Palette an funktionalen Räumen für zahlreiche Nutzungen. Die Schwierigkeiten der Aufgabe und die Konsequenzen, die sich aus der Unterbringung einer Bibliothek in einem gläsernen Würfel ergeben, wurde mit minimalem Aufwand gelöst. Legorretas rigorose Box kam der rationalistischen Entwurfshaltung des Büros wohl entgegen. Aber wie KSP Engel und Zimmermann sich der Aufgabe stellten, bezeugt ein Maß an Fantasie, das man sich in einem größeren Büro nur schwer vorstellen kann.

Zurzeit konzentrieren KSP Engel und Zimmermann ihre Architektur-Anstrengungen neben der Heimat Deutschland auch auf das Ausland und entwickeln gleichzeitig das eigene Ausdrucksspektrum weiter. Ihre Arbeiten offenbaren trotz ihrer funktionalen Strenge eine ausgeprägte Dimension menschlicher Komplexität und Sensibilität. Und es ist offensichtlich, dass KSP Engel und Zimmermann auch neue Wege beschreiten. Ihre Architektur entwickelt sich. Wohin ist die Frage, was ist das nächste Projekt?

fact that it did not win is perhaps less important than the new directions in approach it showed: a powerful form evincing great respect for the precious landscape and its ancient landmarks coupled with a handling of complex internal volumes intended to allow visitors to make personal choices about ways to study the collections.

On a completely different scale, one of the most surprising projects of the architects, that also succeeds in relating old and new, is the little library for the Hochschule für Bildende Künste in Brunswick. The school's head became extremely fond of Ricardo Legoretta's glass cube Mexican pavilion at the Hanover Expo in the year 2000. It was acquired, moved to Brunswick and converted into the library by inserting a heavy red box inside the lightweight glass and steel one. Again, a wide range of particular spaces has been made to give users great choice of functional and social opportunities, while the traditionally almost insoluble environmental problems of putting a library into a glass box have been resolved with a minimum of fuss.

Legoretta's rigorous box perhaps suited KSP's rationalist approach. But what the firm did with it shows that it retains powerful imaginative resources, difficult to foster in a large office. Now, it is spreading its efforts abroad as well as at home and, at the same time, it is extending its range of expression.

Such human complexities and sensitivities to context show an enrichment of the basic oeuvre, which remains essentially rigorous. Clearly the work of KSP Engel and Zimmermann is developing. Where will it go next?

Idee – Entwurf – Projekt – Ausführung Jürgen Engel und Michael Zimmermann im Gespräch mit Ingeborg Flagge Idea – Draft – Project – Execution Jürgen Engel and Michael Zimmermann in Conversation with Ingeborg Flagge

Ingeborg Flagge Sie sind jung und haben ein erfolgreiches Büro. Wie beschreiben Sie, wo Sie und Ihr Büro derzeit stehen?

Michael Zimmermann Ich mag den Begriff „jung", und was sich damit verbindet, nicht. Als wir Mitte 30 waren, hatten wir auch schon ein etabliertes und erfahrenes Büro. Wir sind auf der Höhe der Zeit. Wir beherrschen unseren Beruf, verstehen seine Schwierigkeiten, und versuchen, sie zu lösen.

IF Denken Sie, dass Sie auch von außen so gesehen werden?

MZ Inzwischen ja. Vor zehn Jahren allerdings galt unser Büro als überaltert, nicht von den Menschen, aber von der Haltung. Das Büro hatte gute Bauten realisiert und ein entsprechendes Image. Wir arbeiteten in der Kraemerschen Tradition. Die haben wir heute hinter uns gelassen, ebenso die Zwischengeschichte. Wir waren nie Juniorpartner, wir konnten unsere eigene Rolle frei entwickeln. Heute haben wir die Marke, die das Büro KSP bedeutet – das heißt das Stück Baugeschichte, an dem es mitgeschrieben hat –, und uns als handelnde Personen in eine Balance gebracht. Wir sind als Engel und Zimmermann bekannter als das frühere Büro. Deshalb kommen immer wieder Fragen, warum wir heute so gut dastehen, wie es gelingt, in dieser Größenordnung in Deutschland mitzuspielen. Diese Fragen sind einfach zu beantworten: Wir sind am Markt gut positioniert – durch die breit gestreuten Themen unserer

Ingeborg Flagge You are young and have a successful studio. Where would you say you and your office stand at present?

Michael Zimmermann I have an aversion to the expression "young", and the associations that come with it. When we were in our mid-30s we already had a well-established studio with a good deal of experience. We are abreast of things. We are good at what we do, understand the difficulties involved, and take pains to eliminate them.

IF Do you think that is how others see you too?

MZ It is now. Ten years ago, however, our studio was thought of as old-fashioned, not the people working in it, but the approach. The studio had produced some good buildings, and had the image that went along with that. We worked in the Kraemer tradition. Today, that's a thing of the past, as is what came in between. We were never junior partners, were free to carve out our own role. Today, we have struck a balance between the brand that is behind KSP – in other words that piece of architectural history it helped write – and ourselves, as the persons making things happen. As Engel and Zimmermann we are better known than the former firm. Which is why we are frequently asked why we are so successful today, how we manage to be one of the players at this level in Germany. These sort of questions are easy to answer: We are well positioned in the mar-

Fotos Photos Roman Ray

Aufgaben, durch unsere Kreativität, durch unsere Professionalität, aber auch durch die Dezentralität unserer fünf Standorte. Doch einen so großen Organismus mit derzeit 200 Personen zu steuern, ist nicht immer einfach.
Jürgen Engel Für mich ist wichtig, dass wir es geschafft haben, aus einem großen Büro, das anonym gearbeitet hat, wieder ein Personenbüro zu machen, was sich auch an der Architektur, die wir bauen, ablesen lässt. Hinter den Gebäuden stehen Personen, die diese Gebäude in der Öffentlichkeit verantworten. Diese Personen kennt man nicht nur als Namen. Sie haben auch ein Gesicht. Das finde ich positiv, ebenso, dass unsere Bauten auch deutlich wahrgenommen werden. Dahin zu kommen, war harte Arbeit.

IF Von allen Partnern im früheren Büro KSP sind Sie beide übrig geblieben. Wo liegen Ihrer beider Ähnlichkeiten, wo Ihre Unterschiede?

JE Michael und ich sind uns in unserer Architektur einig. Wir sind beide rational veranlagt, das gilt für die Inhalte wie für die Form. Michael ist oft etwas trockener im Formalen als ich. Aber wir respektieren und schätzen die Arbeit des anderen und lernen daraus. Wir besprechen Wettbewerbe miteinander, und in der Diskussion darüber ist es immer gut, die grundsätzliche Haltung, mit der man eine Aufgabe angeht, sehr schnell gemeinsam zu finden. Die gestalterische und funktionale Interpretation der Lösung kann dann bei uns beiden sehr unterschiedlich sein, aber wir lassen uns gegenseitig die Freiheit, sodass

ket – thanks to the wide reach of the projects we tackle, our creativity, professionalism, as well as to the fact that we operate out of five locations. That said, managing such a large organization – we currently number 200 – is not always easy.
Jürgen Engel For me it is important that we have managed to transform a large studio that operated anonymously into a personal one made up of individuals, and this aspect is also reflected in the architecture we create. These are buildings for which individuals assume responsibility in public. You not only know these people by name, they also have faces. I find that a good thing, as I do the fact that people consciously notice our buildings. Getting this far, has, however, been hard work.

IF Of all the partners at the previous KSP studio, you two are the only survivors. In what ways are you similar to each other, and how are you different?

JE Michael and I agree on our architecture. We both favor a rational style, in terms of both form and content. Michael is a little dryer in formal terms than I am. But we respect and appreciate each other's work, and learn from it. We discuss competitions with each other, and when we do it is always good to arrive quickly at a joint fundamental approach to the respective project. Though each of us may have a very different creative and functional interpretation of the solution, we grant each other a certain license, and only one of us de-

nur einer von uns darüber entscheidet, wie ein Gebäude aussehen und funktionieren soll, also letztendlich einer von uns die Architektenhaltung definiert. Allerdings stehen wir dann trotzdem beide hinter der einen gefundenen Lösung.

IF So zu arbeiten bedeutet, häufig miteinander zu kommunizieren. Wie machen Sie das bei Ihren fünf Standorten?

JE Wir sehen uns nicht jeden Tag, was gut ist. Aber wir können viele Entscheidungen am Telefon miteinander abstimmen und tun dies auch. Darüber hinaus treffen wir uns einmal im Monat mit unseren leitenden Mitarbeitern. Grundlage unserer beider Zusammenarbeit ist das Vertrauen in die Person und die Arbeit des anderen. Das bedeutet auch Toleranz gegenüber den formalen Entscheidungen des anderen. Die Nuance, die Michael härter oder reduzierter ist als ich, muss ich zulassen. Das fällt mir auch nicht schwer.
MZ Wenn man ein so großes Büro hat wie wir, entfernen sich viele Leute von einem. Man braucht aber eine ständige eigene Positionsüberprüfung und ein Feedback. Wenn jemand eine identische Interessenslage hat wie der Partner, kann man sich auf sein ehrliches Urteil verlassen. Das tut gut, das braucht man.

IF Dass man Probleme mit Bauherren, Fragen der Finanzierung, Diskussionen über Mitarbeiter am Telefon erörtern kann, verstehe ich. Aber wie Sie Entwürfe am Telefon besprechen, müssen Sie mir erklären.

MZ Natürlich kann man nicht die eigentlichen Entwürfe am Telefon diskutieren, aber die Schwierigkeiten, die man gerade hat. Entwürfe werden selbstverständlich vor den Plänen und Modellen diskutiert. Aber wenn ich an einem spannenden Wettbewerb sitze, dann brauche ich manchmal ein Echo auf ein Problem, das sich mir gerade stellt, das man aber so oder anders lösen kann. „Mensch, zeig mal", heißt es dann. Dann ist die Meinung des anderen wichtig; sie hilft Aspekte klären.
JE Die Diskussion zwischen uns ist Programm, aber wir bauen zuviel, um alle Gebäude miteinander entwerfen zu können. Wir müssen uns deshalb auf den anderen verlassen; das ist unsere Arbeitsteilung.

IF Sie gehören zu den größten und bekanntesten deutschen Architekturbüros. Wenn Sie Ihre Architektur und Ihre Arbeitsweise mit denen anderer Büros vergleichen, welche würden Sie dann nennen?

JE Ein Vorbild aus der älteren Generation ist für mich Norman Foster. Wie dessen Büro hervorragende architektonische Ideen auf einem hohem Level realisiert, wie Experimente im Konstruktiven umgesetzt werden, das finde ich bewundernswert. Jean Nouvel zum Beispiel hat aufregende Ideen, aber mit der Ausführung hapert es bei seinen Bauten. Norman Foster baut perfekte Konzepte. Das ist es, was auch uns interessiert. Wir wollen keine Häuser abliefern, die nicht funktionieren, die fehlerhaft sind. Wir entwickeln Ideen, die kreativ und tragfähig sind.
MZ Jürgen hat betont, wie gut er ein Personenbüro findet, hinter dessen Architektur bekannte Köpfe stehen. Ich sehe das anders: Ich meine, wir brauchen eine Ausgewogenheit zwischen einem leistungsfähigen Büro mit guten Mitarbeitern und unserer Präsenz als handelnde

cides what a building should look like, how it should function, in other words, ultimately only one of us defines the architectural stance taken. But from that point on, we both support the solution the other person has come up with.

IF Working like that means you have to communicate frequently with one another. How do you manage that, given your five locations?

JE We don't see each other every day, which is a good thing. We are able, however, to make several decisions by phone, and indeed do so. In addition, once a month we get together with our senior staff. Our cooperation is based on confidence in the other person, and their work. That also means tolerating the other's decisions about design. It means I simply accept that little touch by which Michael pursues a harder or more reduced style than me. Which is not difficult.
MZ When you have as large a studio as we do, there is a tendency to lose contact with people. That means you have to constantly reassess your own position, and rely on feedback. If you are on the same wavelength as your partner work-wise, you can rely on their giving you an honest opinion. That is a good feeling, you need that.

IF I appreciate that you can handle problems with clients, financial matters, or discussions about staff over the phone, but can you explain to me how you discuss architectural plans the same way?

MZ Of course, you can't discuss architectural plans on the phone but you can talk about any difficulties you are having with them. It goes without saying that designs are discussed with the blueprints and models in front of you. But if I am working on an exciting competition then I sometimes need some input on a problem that has arisen, which can either be solved one way, or in another, completely different, way. In such cases you just have to say "Come on, let's have look." And the other person's opinion is important as it helps to clarify certain aspects.
JE Such discussions are part and parcel of our work together, but we have too many projects running to be able to approach every one of them as a joint undertaking. That means we have to rely on each other; that is our particular division of labor.

IF You are one of the largest, best-known German architects' studios. If you were to compare your architecture and methods to that of other offices, which would you mention?

JE An elder-generation role model for me is Norman Foster. I find it admirable the way his studio produces outstanding architectural ideas at a high level, and how structural experiments are realized. Jean Nouvel may have exciting ideas, but he tends to come a cropper when it comes to actually implementing his concepts. Norman Foster builds perfect concepts. Which is what we also seek to do. We have no interest in producing buildings that don't work in practice or are flawed. We develop ideas that are creative and feasible.
MZ Now Jürgen has stressed how good he finds a firm

Personen. Wir sind gerade an dem Punkt, wo unser Büro unter unseren beiden Namen zum Benchmark wird. In Deutschland und in unserer Altersgruppe würde ich uns mit Christoph Ingenhoven vergleichen oder mit Hadi Teherani. Das Thema der Innovation ist immer eine Herausforderung. Man muss mit jedem Entwurf etwas Neues wagen. Gleichzeitig muss ein Bau aber noch nach Jahren funktionieren und auch gut altern können.

IF Meinhard von Gerkan hat den Bauherren einmal mangelnden Mut vorgeworfen und hat in diesem Zusammenhang Fehler am Bau als architektonische Forschung bezeichnet.

MZ So eine Bemerkung ist schnell gemacht. Und meistens wird einem daraus ein Strick gedreht. Trotzdem ist etwas Wahres daran. Bauherren wagen zu wenig. Wäre das immer so gewesen, hätte es nie Innovationen gegeben. Die Menschheit braucht Innovation, sonst entwickelt sie sich nicht weiter. Architekten wollen ebenfalls Innovationen; ich spreche allerdings dabei nicht von leichtsinnigem Handeln.
JE Der Bauherr ist heute gegenüber dem Architekten misstrauischer geworden. Dennoch gelingt es uns oft, ihn von innovativen Konzepten zu überzeugen, wenn wir ihrer ganz sicher sind. Wir haben in unserer Partnerschaft gelernt, Konzepten auf den Grund zu gehen und Details sehr lange zu diskutieren. Nach solchen Diskussionen können wir uns auch dem Bauherrn überzeugend deutlich machen. Wir brauchen schließlich den Bauherrn als Partner; die Rolle des Architekten als überheblicher Künstler hat heute ausgedient.

IF Müssen Architekten heute vielleicht größere Überzeugungskraft bei Bauherren aufbringen?

JE Ja, dass Architekten bisweilen als Scharlatane angesehen werden, daran sind sie im Wesentlichen mit schuld. Ihr Image ist derzeit denkbar schlecht: Man geht doch inzwischen ganz selbstverständlich davon aus, dass sie die Kosten nicht einhalten. Es kommt nicht von ungefähr, dass auf dem Markt inzwischen große Bereiche der Architektenleistungen von anderen angeboten werden – etwa von Projektsteuerern. Die Architekten verlieren zunehmend an Terrain.
MZ Viele Bauherren suchen heute aber auch wieder die Nähe guter Architekten. Daraus resultiert häufig Architektur als Marketingstrategie. Warum nicht? Bauherren leisten sich durchaus etwas Besonderes, aber dann müssen sie sich auch darauf verlassen können, dass ein Bau funktioniert. Auf einen außergewöhnlichen Entwurf ohne Risikoeinschätzung lässt sich heute niemand mehr ein. Allerdings sind die Mahner, die keinerlei Risiko tragen wollen, an einem Bau immer in der Mehrzahl.

IF Hat das damit zu tun, dass es im Bausektor kaum noch Einzelbauherren gibt, sondern zunehmend Projektentwickler und Controller? Gibt es die altmodischen Bauherren überhaupt noch? Haben Sie solche Bauherren?

JE Ganz selten. In den letzten Jahren hat sich die Bauherrnschaft völlig umstrukturiert. Es gibt noch entscheidungsbefugte Personen, aber es sind dann Entwickler, die als Einzelpersonen in einem Markt erfolgreich sind und

consisting of individuals, in which there is a well-known mind behind each piece of architecture. I see that differently: To my mind, we need to find a balance between an efficient studio with good staff and our role as those holding the reins. We have reached the point where, operating under our two names, our studio is becoming a benchmark. With regard to architects in Germany and in our age group I would compare us to Christoph Ingenhoven or Hadi Teherani. Being innovative always constitutes something of a challenge. You have to risk something new with every design. And then again, a building must still function years later, and be able to age gracefully.

IF Meinhard von Gerkan criticized developers for not taking enough risks, and in this context referred to construction errors as architectural research.

MZ It is easy to make a remark like that, and all too often it becomes a noose around your own neck. Nonetheless, there is some truth in it. Developers are not daring enough. If things had always been like that we would never have had any innovations. Mankind needs innovation; otherwise evolution would grind to a halt. And architects want innovation too, but by that I don't mean irresponsible action.
JE Of late developers have come to trust architects less. Yet we often succeed in convincing them of innovative concepts once we are quite sure of those ideas ourselves. We have learned in our partnership to explore the concepts thoroughly and to take a long time deliberating the details. Such discussions allow us to give clear, convincing explanations to the developer. At the end of the day, the developer has to be our partner; long gone are the days when architects acted like conceited artists.

IF Would you say that architects nowadays need to demonstrate much greater powers of persuasion with developers?

JE Yes, I would. Basically, architects are partly to blame for the fact that many see them as charlatans. Their image is pretty tarnished at present. It's considered par for the course that they won't stay within their budget. So it is hardly surprising that a lot of the services traditionally provided by architects are now being offered by others – say by project managers. Architects are increasingly losing their traditional domain.
MZ But today it is also the case that many developers want good architects on board. As a result, architecture often becomes a marketing strategy. And why not? Developers want something special but then they must be able to rely on a building functioning in practice. Today, nobody would accept an unusual design without first assessing the risks involved. However, those urging caution and who are loath to take risks with a building tend to be in the majority these days.

IF Does that have to do with the fact that individual developers are few and far between in the construction sector, having been replaced by project developers and controllers? Does the old-fashioned notion of a developer still exist, and, if so, do you work with such people?

Architekten beauftragen, sich aber ins Procedere des Bauens nicht einmischen. Diese Personen sind sehr erfolgreich in dem, was sie machen. Aber auch die Kraft dieser Einzelpersonen lässt immer mehr nach, weil die mangelnde Bereitschaft der Banken, sich im Bauen finanziell wie früher zu engagieren, deutlich schwächer geworden ist. Bei der Deutschen Flugsicherung zum Beispiel hatten wir noch einen Bauherrn mit Gesicht. Dieser Bauherr war für uns auch jederzeit erreichbar. Das Problem für uns ist, dass wir bei Entscheidungen immer an die Verantwortlichen, das heißt an den Vorstand heran müssen. Denn heikle architektonische Fragestellungen können im Grunde genommen nur die entscheiden, die einem Unternehmen vorstehen. Wenn wir Unternehmen als Bauherren haben, wo Vorstände oder Geschäftsführer für uns noch erreichbar sind und diese gerne mitmachen, dann ist es ein Spaß, ein Haus zu bauen.
MZ Ich fordere zunehmend eine neue Sichtweise ein, indem ich versuche klarzumachen, dass nicht der Auftraggeber unser Mandant ist, sondern das Projekt. Eine andere Haltung scheint mir kaum noch möglich. Denn es passiert immer häufiger, dass schon während des Baus ein Projekt weiterverkauft wird. Wenn das der Fall ist, hat man keine Ansprechpartner mehr, die sich durchgängig für ein Projekt interessieren und engagieren, seine Geschichte und die Diskussion über die Details kennen. Also ist meine Entscheidung von vornherein, die volle Konzentration auf den Bau, auf das Projekt selbst zu legen.

IF Gilt das, was Sie über den privaten Bauherrn sagen, auch für den öffentlichen? Für diesen realisieren Sie zahlreiche Projekte.

MZ In den letzten Jahren ist der Bund einer unserer wichtigsten Bauherren gewesen. Aber auch beim öffentlichen Bauherrn gilt, dass es die für das Bauen engagierte Einzelperson mit Mut zur Entscheidung kaum noch gibt.
JE Wohin die gesamte Entwicklung geht, ist nicht abzusehen. Der Prozess des Bauens wird insgesamt immer schwieriger, da wir Architekten nur noch selten mit allen Leistungsphasen nach HOAI (Honorarordnung für Architekten und Ingenieure) beauftragt werden. Das Schlimmste derzeit ist, wenn uns die künstlerische Oberleitung genommen wird. Einige Bauherrenvertreter wollen alles allein und ausschließlich wirtschaftlich entscheiden und versuchen, den Architekten von der Baustelle zu verdrängen. Erscheint man dort trotzdem, gibt es bitterböse Briefe, in denen steht, dass man dazu keinen Auftrag habe, dass man seinen Mund halten solle, um die Kreise nicht durcheinander zu bringen. Wir haben das selbst an einigen Projekten gespürt, dies ist eine ganz falsche Entwicklung.
MZ Einige Entwickler beginnen aber auch, die Nachteile dieser Tendenzen festzustellen. Sie erhalten auf diesem Weg nicht mehr die Qualität, die sie gesucht haben. Architektonische und funktionale Qualität kann nur garantiert werden, wenn der Bauauftrag in einer verantwortlichen, sprich inhaltlich lenkenden Hand bleibt. Ich glaube deshalb, dass die Entwicklung derzeit wieder auf die Architekten zuläuft.
JE Wenn so viele Leute am Bau verantwortlich sind, ist es interessant, bei einem fertigen Gebäude festzustellen, wie robust die Entwurfsidee war und wie viel sie aushalten konnte. Der Architekt muss erreichen, dass auch die Material- und Detailqualität stimmt.

JE Very rarely. In recent years the decision-making structures in the construction sector have changed completely. You do still find people authorized to make decisions but these are project developers, who are successful as individuals and commission architects, although they do not intervene in the construction procedure itself. These people are highly successful in what they do. But even they have less and less muscle because banks have become much more cautious about getting involved in the financing on the same scale as previously. At Deutsche Flugsicherung (German Air Traffic Control), for example, we knew who the developer was. And we could contact this person round the clock. Our problem is that we have to be able to talk to those responsible, in other words to the board of management when there are decisions to be made; because basically tricky architectural matters can only be decided by the people running a company. When a company is the client, when we can easily contact its board of management or managing director, and they are obliging, our work can be real fun.
MZ I am increasingly trying to insist on a new view of things here, by trying to make it clear that it is not the developer who is the client, but the project itself which is the determining factor. It hardly seems feasible to me to approach it any other way. Ever more frequently, projects are sold to someone else while we are still at the construction stage. When that happens you no longer have a contact person who is interested and involved in a project from start to finish, who knows its history and the discussions on details. So from the very start I decide to concentrate fully on the building, on the project itself.

IF Does what you say about private developers apply to the public sector too? Many of your projects are for the public sector.

MZ In recent years the government has been one of our most important clients. In the public sector too, however, it is also true that individuals committed to building with the courage to make decisions hardly exist any more.
JE It is impossible to say where the trend will take us. The building process on the whole is becoming increasingly difficult, as nowadays we architects are seldom hired for all phases, as defined by the remuneration regulations for architects and engineers. At present the worst-case scenario is when the artistic direction is taken away from us. Some representatives of developers want to decide everything themselves and purely on economic grounds, and try forcing architects off building sites. If you do turn up after all, there are likely to be nasty letters saying that you do not have an assignment there, that you should keep your mouth shut, so as not to upset the apple cart. We have experienced this ourselves in a number of projects, and it is a very negative trend.
MZ That said, some project developers are beginning to realize the disadvantages of these trends. They are no longer getting the quality they wanted. Quality in terms of architecture and functionality can only be guaranteed when the building contract remains in responsible hands that determine the contents. Which is why I

MZ Aber die große Kunst dabei ist, dass die Häuser nicht banal werden dürfen. Jürgen hat gesagt, dass ich manchmal die härteren Entwürfe mache. Aber die kann man nur machen, wenn man weiß, dass sie so auch gebaut werden. Wenn man schon einen reduzierten oder sehr einfachen Bau macht, dann muss wenigstens die Ausführungsqualität stimmen, die Struktur einer Betonoberfläche oder die Fügung von Bauteilen. Nur wenn diese Gratwanderung gelingt, wird der Bau gut.

IF Die Qualität der Architektur ist ein weites Feld. Was heißt Qualität bei Ihnen?

JE Qualität darf nicht ausschließlich formal sein. Für uns hat Qualität mit den Bedürfnissen von Menschen zu tun. Die Gestaltung von Lebensräumen bedarf einer ganzheitlichen Sicht.
MZ In Deutschland wird Qualität in der Architektur sehr am Entwurf festgemacht. Unabhängig davon gibt es weitere Parameter: die Ziele eines Bauherrn, Fragen der Finanzierung und anderes. Für uns ist es wichtig, die Begleitung eines Entwurfes in der Umsetzung mit hohem Ehrgeiz zu betreiben. Gute Architektur entsteht, wenn sich Bauherren von uns beraten lassen und der Bauprozess eine zentrale Rolle spielt.

IF Wenn man Ihnen zuhört, gewinnt man den Eindruck eines sehr praxisorientiert arbeitenden Büros. Trotzdem die Frage: Haben Sie Visionen? Haben Sie Wünsche an Ihre Architektur, die über die gute funktionale Lösung und die technische Realisierung hinausgehen?

JE Ich persönlich finde Visionen wichtig. Man setzt sich damit Ziele, die außerhalb des eigenen täglichen Spektrums liegen. Man kann an ihnen die eigenen Entscheidungen kontrollieren und sehen, wie man sich weiter entwickelt. Visionen sind auch deswegen wichtig, weil sie über die Realität hinausgehen. Sie geben uns die Möglichkeit, Dinge auf einer anderen Ebene als der des Alltags zu sehen. Das macht frei und regt an. Visionen geben einem die Möglichkeit, Entwürfe und Konzepte wie von einem anderen Stern zu betrachten. Das hilft oft, wenn man neue Ansätze sucht.
MZ Vision ist ein großes Wort. Doch bei aller Architektur, die wir machen, ist es wichtig, Visionen zu haben. Visionen sind Ideen, die außerhalb des eigenen Weges liegen, die man nicht zielgerichtet anpeilen kann. Visionen können andererseits Träume von konkreten Bauaufgaben sein: eine große Brücke zum Beispiel, überhaupt in einem extremen Maßstab zu bauen.

IF Visionen sind für Ihr Arbeiten keine abgehobenen Vorstellungen, sondern, wenn ich Sie richtig verstanden habe, vor allem pragmatische Ideen, die Sie anregen. Von welchen Bauaufgaben, die Sie bisher noch nicht gestellt bekommen haben, träumen Sie? Ist es nur die große Brücke, von der Sie schon sprachen?

MZ Ich habe den Wunsch, einmal eine Kirche zu bauen, einen kontemplativen starken Raum. In dieselbe Richtung geht der Wunsch, ein Museum zu entwerfen. Darüber hinaus würde ich mich gern stärker mit dem Thema Wohnen beschäftigen und interessante Räume für das tägliche Leben schaffen.

think that the trend is once again coming round to architects.
JE With so many people responsible for a building, it is interesting to see in a finished building just how robust the design idea was, and how much it could withstand. The architect must also ensure that the quality of materials and details is right.
MZ But the skill here is for buildings not to become banal. Jürgen said that I sometimes make the more difficult designs, but you can only make these kinds of designs if you know that they will actually be built like this. If you are making a minimalist or very simple building, then at least the quality of building must be right – the structure of a concrete surface or the integration of building components. A building will only be good if all these fine points work.

IF The quality of architecture is a broad book. What does quality mean for you?

JE Quality should not be limited exclusively to form. For us, quality is to do with people's needs. You must take a holistic approach when designing residential property.
MZ In Germany, quality in architecture is very much determined by the design. There are other parameters, which have nothing to do with this: the aims of the developer, financial considerations and other matters. For us it is important to be highly ambitious when accompanying a design through the implementation phase. Good architecture is created when developers allow us to advise them and when the construction process plays a key role.

IF Listening to you, I get the impression that you both run a very practically-minded office. But I'm going to ask anyway: Do you have visions? Do you have wishes regarding your architecture that go beyond well-functioning solutions and their technical implementation?

JE Personally I find visions important. They allow you to set targets outside of your own daily spectrum. They allow you to control your own decisions, and see how you are developing. Visions are also important because they go beyond reality. They give us the opportunity to see things on a different level from that of everyday life. This allows you to feel free, and is inspiring. Visions allow you the chance to observe projects and concepts as if viewing them from another planet, which is often a big help when you are looking for new approaches.
MZ Vision is a big word. Yet in all our architecture it is important to have visions. Visions are ideas that lie beyond the everyday, ideas that you cannot simply set out methodically to create. On the other hand, visions can be dreams of actual building tasks: for example a large bridge, or just building on an extremely large scale.

IF If I have understood you correctly, in your work visions are not lofty ideas but, primarily, pragmatic ideas that inspire you. Which building task do you dream of which you have not yet been asked to do? Is it just the large bridge you mentioned?

MZ At some stage I would like to build a church, a highly contemplative place. A museum is also something I

JE Eine Kirche zu bauen würde ich Michael überlassen. Von einem Museum träumt jeder Architekt, auch ich. Die Freiheit, sich primär auf den Raum zu konzentrieren, ist verführerisch. Aber ich würde ebenso gern eine interessante Fabrikanlage bauen und mich mit dem Thema der totalen Reduktion der Form auf die Funktion beschäftigen, mit Fragen der Wiederholung und des industriellen Details.

IF Industriebau ist in vielen Fällen ja nichts anderes als das Ordnen von Funktionen. Die Gestalt, die sich daraus ergibt, ist selbstverständliches Ergebnis dieser Ordnung. Was reizt Sie daran?

JE Das liegt wohl daran, dass ich mich beim Entwurf oft sehr quäle, bis ich eine Form gefunden habe. Ich setze keine Form, wie andere Architekten dies häufig tun. Die städtebauliche Lösung habe ich gewöhnlich recht schnell, aber danach wird es schwer. Eine Form darf ja nicht ästhetischer Selbstzweck sein, sie muss sich nach dem Studium aller Randbedingungen und des Ortes schlüssig ergeben. Darin liegt für mich die Faszination des Entwerfens.
MZ Form sollte nie Selbstzweck sein. Das ist auch für den Museumsbau wichtig. Trotzdem gibt es überraschende Beispiele wie zum Beispiel die Bundeskunsthalle von Gustav Peichl in Bonn, wo man außen auf formale Gags trifft, die sich im Innenraum dann aber als durchaus funktional und dienend herausstellen. Ein stark plastisch definierter Raum kann auch funktional sein. Jede gute Kirche ist das.

IF Der Museumsbau der letzten Jahrzehnte hat in Deutschland, aber auch anderswo, Bauten hervorgebracht, die sich in erster Linie selbst feiern und erst danach Raum für Kunst sind. Wie weit sehen Sie dies als richtig oder falsch an?

JE Ein Museum, das ich sehr schätze, ist das Museum der Fondation Beyeler von Renzo Piano in Riehen (Basel). Es ist ein sehr schönes Haus, das auch seine Funktion beispielhaft erfüllt; es ist ein überzeugender Raum für die Kunst und in einem sehr menschlichen Maßstab. Renzo Piano zeigt in seinen Bauten eine ähnliche Offenheit und Vielfältigkeit wie Norman Foster. Beide sind keine Architekten, die immer dieselbe formale Sprache sprechen oder nur einem Material anhängen.
MZ Das Museum in Mönchengladbach von Hans Hollein ist ein Beispiel für ein Haus, das sich als Monument sieht. Das mag ich nicht, und es funktioniert meiner Meinung nach auch nicht. Ich habe Angst davor, dass eine bestimmte Form oder Haltung zur Masche oder zum Dogma werden könnte, die man dann immer wiederholen muss. Das möchte ich in keinem Falle. Natürlich bedeutet das nicht, dass eine einmal gefundene gute Idee oder Lösung nicht erneut eingesetzt werden darf. Aber grundsätzlich wünsche ich mir die Offenheit, immer wieder neu anzufangen. Und manchmal kommt dabei im Dialog zwischen uns und unseren Mitarbeitern ein Entwurf heraus, der uns selbst überrascht, weil er spannend ist und unerwartet anders. Die Haltung solcher Entwürfe zeigt unsere Handschrift, nicht aber die Form.

would like very much to do. Moreover, I would like to become more involved with the theme of residential living, and create interesting settings for everyday life.
JE I would leave building the church to Michael. But every architect dreams of a museum, myself included. The freedom to concentrate primarily on the space is seductive. But I would just as much like to build an interesting factory complex and involve myself with the way the form is reduced totally to the function, with all the issues of repetition and industrial details.

IF In many cases building for industry is nothing more than finding the right order for functions. The ensuing design is of course the product of that order. What do you find appealing here?

JE Well, I guess it is because when I am designing something I often feel tormented until I have found the right form. I do not decide on a form first, as other architects often do. I generally come up with a solution in terms of the town planning very quickly, but then it gets difficult. A form must not be an aesthetic solution in itself; it must emerge after studying all the relevant conditions and the location. To my mind, that's the fascination of project design.
MZ Form should never exist solely for its own sake. That is also important when building a museum. Nevertheless there are surprising examples such as with Gustav Peichl's Bundeskunsthalle in Bonn, where you encounter formal gags on the exterior, which on the inside turn out to be totally functional and purposeful. A clearly sculptured room can also be functional. As is every good church.

IF In Germany and indeed elsewhere, museum construction over the last few years has resulted in buildings that first and foremost fête themselves and only secondarily function as a space for displaying art. How right or wrong would you say that is?

JE One museum that I rate very highly is Renzo Piano's Fondation Beyeler Museum in Riehen, near Basle. It is a beautiful building that also fulfills its function in an exemplary manner; it works very well for art and has a very human scale to it. In his works Renzo Piano demonstrates an openness and diversity similar to that of Norman Foster. They are both architects who do not always rely on one and the same formal idiom or the same material.
MZ Hans Hollein's museum in Mönchengladbach is an example of a building that considers itself as a monument. I don't like that, and in my opinion it doesn't work either. I'm scared that a certain form or attitude could become a trend or dogma that has to be repeated again and again. I really don't want that to be the case. That doesn't mean, of course, that a good idea or solution cannot be used again, but in principle I prefer an open-minded approach that means I can start from scratch again. And sometimes a draft emerges out of discussions between ourselves and our staff with which even we are surprised, because it's exciting and unexpectedly different. The stance of draft projects like this and not the form reveals our signature.
IF From which Modernist aesthetic principles do you take your cue?

IF An welche ästhetischen Prinzipien der Moderne knüpfen Sie an?

JE Grundsätzlich an Einfachheit und Klarheit in der Konzeption wie im Detail und dem Experimentieren mit neuen Formen. Auch die Materialauswahl und Zusammenstellung ist für uns wichtig ...

IF ... aber nicht so wichtig, dass Sie damit bestimmte Werte verbinden?

MZ Nein. Man kann Material nicht dogmatisch sehen. Wir arbeiten mit einer Vielzahl von Materialien: Putz, Stahl, Klinker, Beton, Holz, Glas – in spannungsreichen Kombinationen. Eine Holzwand kann bisweilen eleganter sein als eine Wandverkleidung aus Naturstein. Wenn ein Bauherr etwas Solides, Repräsentatives wünscht, muss das keineswegs auf Naturstein und Spiegelglas hinauslaufen.

IF Wie wichtig ist für Sie die Integration eines neuen Hauses in seine Umgebung? Muss es sich unterordnen oder kann es auch individualistisch sein?

JE In einer gewachsenen Umgebung zu planen heißt, mit vorhandenen Strukturen und Körpern zu arbeiten. Das Vorhandene muss dabei weiterentwickelt werden. Unser Bürobau in Braunschweig oder die Dresdner Bank in Leipzig nehmen die Maßstäbe ihrer historisch gewachsenen Nachbarschaft auf, sind aber gleichwohl unangepasste, individuelle Lösungen.
MZ Die Konzeption eines Baus findet immer auf zwei Ebenen statt, auf der städtebaulichen und der gestalterischen. Städtebaulich sollten sich Gebäude einordnen, man muss sie als Ergebnis einer Auseinandersetzung mit der Umgebung erkennen. Man muss Maßstäbe des Ortes aufnehmen. Dies nenne ich die dienende Funktion. Architektonisch darf es dann absolut eigenständig sein. Häuser müssen ihre Gestalt aus der Jetztzeit ableiten. Solche gestalterische Individualität ist nicht Willkür. Sie ist vielmehr das Ergebnis der komplexen Auseinandersetzung mit einer Aufgabe.

IF Sie entwickeln einen Bau aus der Aufgabe heraus, Sie lehnen Formalismen ab, Sie haben keine Vorliebe für bestimmte Materialien und Proportionen. Sie propagieren Offenheit und eine soziale Dimension Ihrer Architektur. Was ist darunter zu verstehen?

JE Mit sozialer Dimension meinen wir, dass es wichtig ist, bei städtebaulichen Aufgaben darauf zu achten, öffentliches Leben möglich zu machen, urbane Räume lebendig zu gestalten. Bei der Innenstadtentwicklung von Metz haben wir uns Gedanken darüber gemacht, wie man die dortigen städtischen Räume miteinander verknüpft, wie man neue lebendige Verbindungen schafft. Wenn wir Hochhäuser entwickeln, versuchen wir die Erdgeschosszonen frei zu halten für Restaurants, Cafés und Läden, damit auch außerhalb der Arbeitszeit Leben möglich wird. Ganz wichtig sind für uns solche Überlegungen auch bei Bauten auf der grünen Wiese. Im Haus der Deutschen Flugsicherung gibt es eine große Eingangshalle und Himmelsleitern als Orte für informelle Begegnungen. Eine Cafeteria im Zentrum der Anlage ist ein Ort zum Entspannen und schwebt über einer künstlichen Wasserfläche.

JE Basically from the simplicity and clarity in both conceptualization and attention to detail as well as the experimentation with new forms. The choice of material and compilation is important for us...

IF ...but not so important, that you associate certain values with it?

MZ No. You must not consider material dogmatically. We work with a variety of materials: plaster, steel, clinker, concrete, wood, glass – in exciting combinations. A wall made out of wood can at times be more elegant than a wall dressed in natural stone. If a client wants something solid, illustrious, it doesn't necessarily have to be natural stone or reflective glass.

IF How important is it for you that a new building blends in with its surroundings? Does it have to fit in, or can it be individual?

JE Planning a building in a developed area means working with structures and edifices that already exist. It must be a further development of what is already there. Our office building in Brunswick or the Dresdner Bank building in Leipzig absorb the scale of their historical surroundings and yet are non-conformist, individual solutions.
MZ The draft for a building operates on two levels, the town-planning level and the design level. With regard to town planning the building should blend in, it should be seen as the result of an interpretation of the surroundings. One has to absorb the scale of the location. I refer to this as the service function. Architecturally it can be totally independent. Buildings must derive their design from the here-and-now. Such individuality in design is not arbitrary. It is rather the result of the complex interpretation of a task.

IF You develop a building from the brief at hand, you spurn formalism, you have no preference for particular materials and proportions. You propagate openness and a social dimension in your architecture. What does that actually mean?

JE What we mean by a social dimension is that it is important in town planning projects to foster public life, and to design urban spaces in a lively way. In developing the master plan for downtown Metz we thought about how to combine the city spaces there with one another, how to create new and lively links. When we design high-rises we try to reserve the ground floor level for restaurants, cafes and shops, so that there is also something going on outside working hours. Such considerations are also very important for us when building out in the open. In the DFS building there is a large entrance hall and freestanding staircases top-to-bottom where staff can meet informally. A cafeteria in the center of the complex is designed as a place for relaxation, and hovers above an artificial pond.
MZ As for the social dimension of architecture, I believe that architects should take the duty of designing the environment seriously and put it into practice. With regard to this responsibility there is no room for slack. "God sees everything," a colleague once told me. Not

MZ Mir geht es bei der sozialen Dimension der Architektur darum, dass der Architekt sein Mandat zur Gestaltung der Umwelt ernst nimmt und ausübt. Im Sinne unserer Verantwortung darf es keine Nachlässigkeit geben. „Der liebe Gott sieht es immer", hat ein Kollege einmal gesagt. Nicht jeder Mensch wird die Gestaltung durch den Architekten bemerken, aber es ist wichtig, dass es sie gibt. Sie wirkt auch unterschwellig.

IF Um so arbeiten zu können, müssen Architekten etwas über die Wirkung von Architektur wissen. Das ist aber nicht Teil ihrer Ausbildung. Darüber lernen sie an der Universität nichts.

MZ Die Erfahrung ist die wichtigste Quelle unseres Wissens. Jedes neue Gebäude ist eine Erweiterung dieser Erfahrung. Man kann nicht sagen: „Ich habe noch kein Haus gebaut, aber ich verstehe die Welt." Manches lernt man durch Theorie, manches durch Tun. Sehen lernen ist etwas, das nur durch Neugier und eine wache Beobachtung geübt werden kann.
JE Durchs Tun lernen bedeutet die Absage an Wiederholung. Man muss sich Experimenten aussetzen; die können auch daneben gehen, sie dürfen auch weh tun. Man muss an seine Grenzen gehen, um zu erfahren, wo sie sind. Das ist der Lernprozess und Ausgangspunkt für neue Ideen.
MZ Das muss schon in der Ausbildung trainiert werden. In der Hochschule werden leider immer weniger Varianten für eine gestellte Aufgabe gemacht. Die Studenten machen es sich zu einfach. Sie denken und arbeiten nicht mehr in Alternativen. Man muss sich aber überfordern, um zu lernen. Ich habe im ersten Jahr meiner Berufstätigkeit zwölf Wettbewerbe gemacht. Das war ein Horror, aber so habe ich gelernt, unter Druck zu arbeiten und in Alternativen zu denken. Das schafft Erfahrung.
JE Architekten sehen sich als Generalisten, aber erfüllen diese Rolle oft nicht. Sie wissen viel zu wenig von dem, was es außerhalb ihres Berufes noch gibt. Ein Architekt muss über seinen Tellerrand schauen, und das muss schon in der Ausbildung beginnen. Wie will ich Städtebau machen, wenn ich nichts von seiner Geschichte weiß; wie soll ich ein Museum entwerfen, wenn ich von Kunst keine Ahnung habe? Für Architekten ist es wichtig, die Facetten des Lebens zu kennen.

IF Stichwort Kunst. Wie gehen Sie mit der Kunst in Ihren Bauten um, oder gehören Sie zu den Architekten, die ihren Bau für Kunst genug halten?

JE Nein. Wir versuchen, die Kunst von Anfang an in unseren Entwurf zu integrieren. Häufig arbeiten wir schon im Wettbewerb mit Künstlern zusammen.
MZ Der Künstler hat eine Katalysator-Aufgabe, eine gesellschaftliche Katalysator-Funktion. Unsere Bauaufgabe ist immer konkret, der Künstler kontrolliert ihre Wirkung.
JE Wir suchen bei den Künstlern, mit denen wir arbeiten, die Konfrontation und die Auseinandersetzung mit dem Gebäude. Es geht uns bei der Kunst nicht um eine Dekoration unserer Architektur; deswegen wollen wir auch immer neue Partner. Wir gehören nicht zu den Architekten, die immer mit denselben Künstlern zusammenarbeiten, deren Effekte man kennt und kalkulieren kann. Die Freiheit der Künstler und ihr Können ist beneidenswert. Und ich akzeptiere, dass viele sich weigern, mit ihrer Kunst die

everyone will notice an architect's design, but it's important that it's there. It works subcutaneously as well.

IF In order to be able to work like this, architects have to understand something about the impact of architecture. That, however, does not feature in their training. They are taught nothing about it at university.

MZ Experience is the most important source of knowledge. Every new building serves to increase the depths of experience. You cannot say, "I have never built a house, but I understand the world." Some things you learn from theory, some from getting your hands dirty. Learning to see is something that can only be perfected through curiosity and sharp observation skills.
JE Learning by doing means rejecting repetition. You have to be open to experimentation; it may go pear-shaped, it may be painful. But you have to probe your limits in order to experience where they are. That is part of the learning process and the starting point for new ideas.
MZ This ability has to be trained as part of an architect's education. In university, unfortunately, fewer and fewer designs actually focus on the task set. Students take the easy way out. They do not work and think in terms of alternatives. You have to really strain your brain in order to learn. In the first year of my working life I entered 12 competitions. It was horrible, but that is how I learned to work under pressure and to think in alternatives. This is how you gain experience.
JE Architects see themselves as all-rounders, but they often do not fulfill this role. They understand much too little of what exists outside their own career. But an architect must look beyond his own back yard and start doing so while still in training. How can I work in town planning when I know nothing of its history; how can I design a museum when I have no clue about art? It is important for architects to understand the different facets of life.

IF Now that you mention art, how do you deal with art in your buildings or do you consider your buildings art in themselves?

JE No. We try to integrate art into our proposals right from the start. We often work together with artists in competitions.
MZ Artists function as catalysts, as social catalysts. Our task in building is a practical one; the artist controls the effect it has.
JE What we look for in the artists we work with is for them to confront a building and come to terms with it. For us, art is not decoration for our architecture, which is why we are always looking for new partners. We are not the type of architects who always work with the same artists, whose touches we are familiar with and can anticipate. The freedom and skills which artists have is enviable. And I accept that many are reluctant to cover up the weaknesses in a building with their art, as a lot of architects would wish them to do.
MZ I have experienced excellent and many surprising results through working with various artists. Bernd Schulz, for example, made a light installation in our

Schwachstellen eines Baus zu überspielen, wie dies manche Architekten wünschen.
MZ Bei meiner Zusammenarbeit mit verschiedenen Künstlern sind hervorragende und viele überraschende Ergebnisse herausgekommen. So hat Bernd Schulz in unserem Braunschweiger Büro eine Lichtinstallation gemacht. Sie sollte aber nur in Form von Belichtungsbildern übrig bleiben. Er hat nächtelang mit Taschenlampen und Neonröhren gearbeitet. Er hat unser ganzes Haus bespielt, uns im besten Sinne gestört. Dadurch haben wir gelernt, unsere Räume anders zu sehen. Das ist eine wunderbare Wirkung von Kunst.

IF Ich würde gern noch einmal auf das Thema Handschrift zurückkommen. Sie sagen, Ihr Büro folge keinen vorgefassten Formen. Dann erwähnen Sie die Angst vor einem banalen Bau. Wie weit liegen für Sie Neutralität und Banalität auseinander?

JE Neutral heißt, dass man sich von einem Bau distanzieren möchte. Handschrift bedeutet, dass man ihm einen Charakter gibt und das Haus als unsere Architektur erkennt. Wir identifizieren uns sehr mit unseren Bauten. Wir freuen uns auch, wenn man sie als unsere erkennt. Wir wollen allerdings nicht, dass Haus Nummer vier aussieht wie Haus Nummer sechs.
MZ Es geht uns nicht um Neutralität, sondern um die Freiheit, mit jedem Bau eine andere und neue Handschrift zu wählen. Ich stelle es mir schrecklich vor, in 20 Jahren so zu bauen wie heute.
JE Ich suche Individualität im Bauen, nicht Neutralität. Es geht mir um ein großes Repertoire. Es geht darum, viele Architektursprachen zu sprechen und diese gut zu beherrschen. Dennoch denke ich, dass unsere Architektur schon jetzt einen Grundtenor kennt. Sicher müssen wir aber noch mehr bauen, damit man ihn deutlich spürt. Für uns ist immer wieder der Umgang mit dem Material wichtig. Wir verwenden Material industriell. Wir wollen keine alte Handwerksromantik suggerieren, die es nicht mehr gibt. Ganz im Gegenteil, wir stehen dazu, dass unsere Welt sich verändert hat und weiter verändern wird. Wir gestalten eine neue Welt. Wir sind nicht nostalgisch orientiert, sondern der Zukunft zugewandt. Unsere Häuser sind zurückhaltend, aber nicht neutral. Es ist wichtig beim Bauen, dass man viele Metaphern hat.

IF Was meinen Sie mit Metaphern in diesem Zusammenhang?

JE Metaphern sind Bilder, die man braucht, um seine Entwurfsidee zu präzisieren. Metaphern transportieren, was ich mit einem städtebaulichen Thema oder einer Architektur vermitteln will, für was das Gebäude steht. Metapher ist die Idee, die meine Absichten bildlich beschreiben kann.
MZ Noch einmal zur Frage Individualität contra Neutralität. Wenn man die vier Projekte nimmt, die ich in den letzten vier Jahren in Braunschweig realisiert habe – unser Büro, mein Einfamilienhaus, die Volkswagen Halle und die HBK-Bibliothek –, so sind alle städtebaulich dienend. Alle gehen auf den Ort ein, an dem sie stehen, sie definieren sich über ihn. Auf der Gestaltungsebene heben sich alle vier jedoch von ihrer Umgebung ab, haben alle eine individuelle Gestalt, alle sind relativ einfach, alle sind anders als

office in Brunswick. However, all that was supposed to remain were light images. For nights on end he experimented with flashlights and fluorescent tubes. He lit up our whole building, disturbed us in the best way possible. And through this we learned to see our rooms in a new light. This is an example of the wonderful effect art can have.

IF Let's go back to the topic of a clear signature again. You say that your studio does not follow any preconceived forms. And then you mention that you are afraid that a building may turn out banal. To what extent do neutrality and banality differ in your eyes?

JE Neutral means that you wish to distance yourself from a building. A signature means that you have given it character, and that the building was discernibly created by you. We identify very closely with our buildings, and are pleased when people recognize them as being our work. What we don't want, however, is that building no. 4 looks like building no. 6.
MZ It is not neutrality we are concerned with, but the freedom to choose a new, different signature for every building. I think it would be terrible if in 20 years time we were still building the same way as today.
JE I am looking for individuality in building. I am interested in having a large repertoire, in speaking a range of architectural languages and having a thorough command of these. Nevertheless, I believe that our architecture already has an underlying theme. Of course we have to build a lot more so that it can be sensed clearly. Time and again we realize just how important the way we deal with material is. We use material in an industrial way. We do not want to give an impression of old, handcrafted romanticism. On the contrary, we stand by the fact that our world has changed and will continue to do so. We are designing a new world. We are not nostalgic; we look to the future. Our buildings are restrained but not neutral. When building, it is important to have many metaphors.

IF What do you mean by metaphor in this context?

JE Metaphors are the images you need in order to make the idea for a project more precise. Metaphors are vehicles for conveying what I wish to communicate with a town planning theme or piece of architecture, what the building stands for. A metaphor is the idea that describes my intentions in graphic terms.

MZ Let's return to the question of individuality as compared to neutrality. If you take the four projects I have worked on in Brunswick in recent years – our studio, my family home, the Volkswagen Hall and the library at the Brunswick School of Art – they all support town planning. They all take into account their location; indeed they are defined by it. Yet at the design level, all four are set apart from their surroundings, they all have an individual style, all are relatively simple, and all vary from the buildings surrounding them. In one case the solution was transparent glass, whereas the house is inward looking, designed like a monastery courtyard. The library at Brunswick School of Art places a cube within a cube; both respond differently to the

ihre Nachbarschaft. Einmal ist die Lösung gläsern-transparent, im Falle des Wohnhauses introvertiert, an einem klösterlichen Hof orientiert. Die HBK-Bibliothek zeigt einen Würfel im Würfel; beide reagieren unterschiedlich auf die Umgebung. Kein Bau ähnelt dem anderen; das meine ich mit einer Haltung, die keine Handschrift ist. Aber entstanden sind alle vier Bauten aus dem sorgfältigen Studium der sie umgebenden städtebaulichen Gegebenheiten und der präzisen Umsetzung ihrer Funktion. Nicht Neutralität wollen wir, aber die Reduktion, die Einfachheit und die Ruhe einer Architektur, die eben nicht der letzte modische Schrei ist.

IF Sverre Fehn, einer der großen skandinavischen Architekten, hat gesagt, er gehe bei keinem Wettbewerb das Grundstück anschauen. Die Realität sei unter Umständen so stark, dass sie seine Idee kaputt mache. Er setze sich nicht der Gewalt einer konkreten Situation aus. Was tun Sie?

JE Sich über den Ort bei einem Wettbewerb oder den Standort für ein neues Haus zu informieren, ist absolut notwendig. Es ist aber ebenso wichtig, den Ort selbst aufzusuchen, ihn zu erfahren, seine Besonderheiten zu verstehen. Wenn es diese nicht gibt, dann kann ich einen autarken Entwurf machen, der auf nichts Rücksicht nimmt. Ob ich mich einem Ort annähern muss oder ob ich gegen ihn arbeiten will, kann ich nur vor Ort entscheiden. Da helfen auch keine Fotos und Pläne.
MZ Ich kann diese Haltung gut verstehen. Ich finde es auch albern, wenn man auf einem wüsten Grundstück herumläuft und nach Inspirationen sucht. Dennoch fahre ich hin und schaue mir die konkreten Gegebenheiten eines Ortes an und analysiere ihn. Aber ohne historische Informationen weiß man nicht, warum ein Stadtgrundriss so ist, wie er ist. „Genius Loci" heißt nicht nur das Einatmen der Besonderheiten einer Situation, sondern auch deren Studium.

IF Wie halten Sie es mit großen und kleinen Bauaufgaben? Können sie bei großen Maßstäben die gleiche Sorgfalt der Ausarbeitung garantieren, wie mir das andere Architekten immer wieder versichern?

JE Bei größeren Häusern muss man die Details vereinfachen, man muss eine Durchgängigkeit der Gestaltung finden, die den Bau zusammenbindet und zusammenhält. Gelingt einem das nicht, ist die Gefahr eines Detailsammelsuriums groß. Dennoch finde ich den Bau eines sehr großen Hauses häufig einfacher als den eines kleinen. Bei kleinen Aufgaben, zum Beispiel bei einem Einfamilienhaus, das man für eine individuelle Situation entwirft, ist die Aufgabe des Architekten wesentlich schwieriger.
MZ Es gibt Architekten, die bei großen wie bei kleinen Aufgaben eine gleichermaßen durchgängige Haltung haben. Wenn man aber soviel baut wie wir, besteht die Gefahr, nicht alles so unter Kontrolle zu haben, wie wir uns das wünschen. Wenn man einen guten Projektleiter hat, der einen Entwurf begriffen hat, bekommt man selten Probleme. Wir sind auf ein gutes Team angewiesen, darauf, dass alle, die an einem Projekt arbeiten, das Konzept verstanden haben und sich damit identifizieren. Dann klappt es auch auf der Baustelle, dann wird auch ein großes Haus mit der gleichen Sorgfalt behandelt wie ein kleines. Ein guter Projektleiter muss nicht selbst entwerfen

environment. No one building resembles another – this is what I mean when I say a stance that is not a signature. Yet all four buildings emerged from a careful study of the surrounding town planning, and transcribing their function precisely. We are not after neutrality but reduction, the simplicity and peace of architecture that is not the latest fashion statement.

IF Sverre Fehn, one of the greatest Scandinavian architects, once said that he never looks at the piece of land for any competition. In some cases the reality is so pervading that it destroys his ideas. He cannot expose himself to the force of a real situation. What do you do?

JE Finding out about the place involved in a competition, or the location of a new house is absolutely imperative. And it is just as important to check it out yourself, to experience it and understand its peculiarities. If it does not exist then you can make an independent design, which need not take any other factor into account. I can only decide when I am there whether I wish to get closer to a place or work against it. Photos and plans are of no help whatever.
MZ I can appreciate what Fehn says really well. I find it ridiculous as well to walk around a desolate piece of land looking for inspiration. And yet I still go there and take in the place, analyze it. But without information on the history of the place you have no idea why a ground plan is the way it is. "Genius Loci" means more than just taking in the characteristics of a place, it means studying them too.

IF How do you go about large and small projects? When you are working on a large-scale, can you guarantee the same careful attention to detail that other architects repeatedly assure me is possible?

JE With larger buildings you have to simplify the details, ensure there is a consistency about your design that lends the building a degree of cohesion. If you don't, there is a danger of producing a confusing hotchpotch of details. Yet I often find it easier to design a large building than a small one. The architect faces a much tougher task when tackling small projects; let's say a detached house for a specific situation.
MZ There are architects who maintain the consistent approach whether they are dealing with large-scale or smaller projects. But if you build as much as we do you run the risk of not having everything as much under control as we would like. If you have a good project manager, someone who understands what is required, you seldom encounter problems. We rely on a good team, on everyone involved in the project understanding the concept and identifying with it. Once you have that, things on the site run smoothly, and the same care is taken over a large house, as would be given to a small one. A good project manager is not required to do design work, but he must have the key elements of the plan in his head, and be able to check the details against it. And in an emergency he must alert us to the fact that something is going wrong. But that only works when employees see themselves as partners in a dialog rather than just recipients of orders.

können, aber er muss die wichtigen Elemente eines Entwurfes im Kopf haben und daran die Details überprüfen können. Und im Notfall muss er Alarm geben, wenn er sieht, dass etwas schief läuft. Das funktioniert aber nur dann, wenn sich ein Mitarbeiter nicht nur als Befehlsempfänger versteht, sondern als Dialogpartner.
JE Wir haben in unserem Büro circa 30 Projektleiter. Sie sind für uns die wichtigsten Mitarbeiter, und teilweise arbeiten sie seit langem für uns. Sie kennen uns gut und wissen, wann sie mit Problemen zu uns kommen müssen.
MZ Es ist wunderbar, wenn Leute selbstständig und stark sind und man sie nicht überwachen muss. Diese Aufpasserei nervt, und man kommt immer zu spät, weil die Fehler gewöhnlich schon gestern und nicht heute passiert sind und man nichts mehr ändern kann.
JE Wir versuchen, einen Projektleiter, wenn möglich, vom Entwurf bis zur Ausführung in einem Projekt zu belassen. Gerade bei langen Planungszeiten kann das wirtschaftlich sehr hart sein, denn der Projektleiter übergibt sein Projekt in der Regel erst, wenn es fertig ist. Gute Projektleiter sind deshalb inzwischen nicht nur für ein, sondern für zwei oder drei Projekte verantwortlich. Trotzdem ist eine gezielte Kontrolle notwendig.
MZ Bei großen Projekten geht das auch nicht anders. Da ist eine Hierarchie notwendig. Ein guter Projektleiter, der gegenüber dem Bauherrn der Repräsentant unseres Büros ist, muss den Entwurf von A bis Z kennen, ein beachtliches Spektrum an Wissen haben, und er muss ein Team leiten können. Das kann nicht jeder.
JE Bei der Zusammenstellung unserer Teams achten wir auf Eigenschaften von Menschen, die sich gegenseitig ergänzen. Nicht jeder ist in allem gut. Das versuchen wir auszugleichen. Was die allgemeine Qualifikation angeht, so erwarten wir von unseren Mitarbeitern vor allem die Fähigkeit, im Team zu arbeiten und zu kommunizieren. Wir erwarten Motivation, Neugierde und Bereitschaft, Verantwortung zu übernehmen.
MZ Wir haben häufig sehr junge, sehr gute Entwerfer, die aber wenig Erfahrung haben. Denen geben wir, wenn sie das wollen, einen älteren Projektleiter als eine Art Paten an die Seite. Er sitzt natürlich nicht bei der täglichen Arbeit dabei, sondern steht bei Bedarf zur Verfügung. So ein Pate hört den Problemen des jungen Entwerfers eine halbe Stunde zu oder schaut dessen Pläne an, macht seine Anmerkungen und ist wieder weg. Das hilft schon. Im Übrigen haben wir gerade unter den ganz jungen sehr talentierte Architekten. Sie sind neugierig, interessiert und lernen schnell. Sie sind sehr engagiert und wollen bauen. Wir werfen sie manchmal ins kalte Wasser. Das ist eine schwierige, aber auch wunderbare Situation. So habe ich auch bauen gelernt.

IF Wie lassen sich Ihre komplexen Bürostrukturen mit der individuellen Betreuung des Bauherrn verbinden?

MZ Dem Bauherrn gegenüber ist immer einer von uns beiden verantwortlich. Bei jedem wichtigen Gespräch über ein Projekt sind der Leiter der jeweiligen Niederlassung und der Projektleiter dabei. Das gilt für größere wie für kleine Projekte. Der Bauherr lernt also schon früh die Leute kennen, die für sein Projekt verantwortlich sind.
JE Die Projektleiter sind von den Vertragsverhandlungen über die zeitliche Organisation bis hin zur Zusammenarbeit mit den Fachingenieuren und schließlich bei der Übergabe eines fertigen Gebäudes an den Bauherrn dabei.

JE We have about 30 project managers in our office. They are our most important employees, and some of them have worked for us for years. They know us well, and know when they must come to us with problems.
MZ It is wonderful when you deal with independent, reliable people who don't need supervision. Monitoring people is nerve-wracking, and you are always too late, because the mistakes were usually made yesterday rather than today, and you can no longer rectify them.
JE Ideally, we try to keep a project manager on the one job from the first drafts through to construction. That can be tough going financially when you have long planning lead times, because typically the project manager does not hand over a project until it is complete. Consequently, we now tend to put good project managers in charge of two or three projects. But you cannot avoid a certain amount of careful control.
MZ Large projects would not work any other way. You need a hierarchy of sorts. A good project manager, who represents our office in dealings with the developer, must know the design inside out, have extensive know-how, and be able to manage a team. Not everyone can do that.
JE In assembling our teams we aim to bring together people who complement one another. Not everyone is good at everything. We try to make up for that. As for general abilities, we expect all our staff to be good team players, and have good communication skills. We expect motivation, curiosity and the willingness to take on responsibility.
MZ Often we have young, excellent designers, but they are lacking in experience. If they wish, we offer to put them with an older project manager, who acts as a kind of mentor. Naturally, he does not accompany them on a daily basis, but is at hand if needed. The mentor listens to the young designer's problems for half an hour, or looks at his plans, makes his comments, then leaves again. That helps. Incidentally, we have some really talented architects among the new blood. They are inquisitive, interested, and learn quickly. They are dedicated and keen to work. Sometimes we throw them in at the deep end and leave them to it. A tough situation, but wonderful too. That's how I learned architecture.

IF How do you reconcile your complex operating structures with dealing personally with the developer?

MZ One of us is always the contact person for the developer. Important discussions on the project are always attended by the head of the respective local office and the project manager. This applies to large and small projects alike. It means the developer gets to know the people responsible for his project at an early stage.
JE Project managers are present during contractual negotiations, involved in setting deadlines, in collaboration with the specialist engineers, and finally attending the hand-over of the finished building to the developer.

IF Are you saying then, if I might make a point of asking you again, that you don't feel your complex office structure is a disadvantage? Operating from five locations, isn't that four too many?

IF Sie empfinden Ihre komplexe Bürostruktur, um dies noch einmal deutlich nachzufragen, also nicht als Nachteil? Sind bei fünf Standorten nicht vier zu viel?

JE Nein. Sicher ist unsere Bürostruktur durch die fünf Standorte nicht einfach. Wenn wir jedoch Projekte aus der unmittelbaren Umgebung bearbeiten, dann kennen wir die Situation, die Behörden und wichtige Ansprechpartner. Das bewirkt ein effektiveres Arbeiten als an einem Standort in einem einzigen großen Büro. Diese dezentrale Struktur funktioniert gut und hat sich bewährt. Jedes unserer Büros hat seine eigene Identität. Nur wir beide müssen reisen. Wir sind regelmäßig in den anderen Büros, wir wissen genau, was dort passiert.
MZ Unsere Struktur hat den Vorteil, dass wir an fünf Standorten fest verankert sind. So kann man auch kleine Aufträge annehmen, die man sonst aus wirtschaftlichen Gründen ablehnen müsste.
JE Fünf kleinere Büros lassen sich auch jeweils flacher organisieren als ein großes. Die Struktur ist übersichtlich, und Probleme sind leichter zu lösen, berufliche wie personelle. Uns beiden ist eine flache Hierarchie wichtig. Sie funktioniert dezentral besser als an einem einzigen Standort.

IF Gibt es in Ihren Büros Architekten, die an mehreren Standorten arbeiten, die Sie sich gegenseitig bei Bedarf ausleihen? Oder ist jedes Büro eine autonome Einheit?

MZ Wenn wir Leute austauschen, und in letzter Zeit tun wir das häufiger, dann wegen eines temporären großen Arbeitsanfalls in einem Büro. Als Hilfe auf Zeit wird es gern akzeptiert. Doch normalerweise funktionieren die Büros als autonome Einheiten.

JE Allerdings taucht manchmal der Wunsch eines Mitarbeiters auf, doch einmal in einem anderen Büro zu arbeiten, aus Neugierde oder Wissensdurst. Das fördern wir, vor allem wenn bei der Rückkehr an unseren „Heimatabenden" dann über die Erfahrungen berichtet wird.
MZ Bei Käse und Wein werden die Projekte in aller Gründlichkeit für diejenigen vorgestellt, die nicht daran arbeiten. Das kam als Idee einiger engagierter junger Mitarbeiter auf. Ein solcher Abend ist nicht institutionalisiert, kann aber immer stattfinden, wenn jemand die Initiative ergreift.

IF Wie halten Sie es eigentlich mit der Weiterbildung Ihrer Mitarbeiter? Was halten Sie davon, dass laut Architektenkammer jetzt alle Architekten Weiterbildungen machen müssen?

JE Der interessanteste Aspekt einer Weiterbildung ist der Austausch von Personen unter unseren Büros. Nirgendwo können junge Leute so schnell und gründlich Einblicke bekommen. Wir arbeiten europaweit auch mit ausländischen Büros zusammen. Auch mit denen wollen wir den Austausch in Zukunft fördern.

IF Wie steht es eigentlich mit dem Quality Management Ihres Büros. Ist ein Audit schon erfolgt?

MZ Nein, noch nicht. Intern allerdings haben wir den Prozess der Qualifizierung inzwischen drei Jahre lang sorgfältig durchgeführt. Diese interne Arbeit ist sowieso wichtiger

JE No. Obviously, having five locations does not make for an easy office structure. But when we handle projects from the immediate area, we are not only familiar with the situation but also know the authorities and key contact persons. In fact, this makes our work more effective than if we operated out of a single, large office. This decentralized structure works well, and has proven successful. Each of our separate offices has its own identity. We two partners are the only ones who have to travel. We visit our other offices regularly, and know exactly what is happening there.
MZ One advantage of this structure is that we are firmly established at five locations. This enables us to also take on small commissions that we might otherwise have to turn down for economic reasons.
JE And with five smaller offices each has a leaner organization than would be possible for one large office. As the structure is more visible, more evident, problems are easier to solve, both professional and private ones. We both consider a flat hierarchy important, and it works better with a decentralized structure, than it would at a single location.

IF Do you employ architects who work at several locations, and whom you lend to each other when the need arises? Or is each local office an autonomous unit?

MZ Whenever we exchange staff, and this has happened more often recently, it is done for a limited period to cover a greater workload in another office. Such temporary postings are greatly welcomed, but normally offices operate as autonomous units.
JE Then again, sometimes an employee may express the wish to work in another office for a short period of time, out of curiosity and the desire to learn. We encourage this, especially when they report on their experiences during one of our "at home evenings."
MZ We sit down over cheese and wine, and discuss projects in great detail for the benefit of those not involved in them. This idea was put forward by several of our very keen young employees. Such evenings are not institutionalized, but rather take place spontaneously at someone's suggestion.

IF How do you go about ensuring that your employees continue their training? The German Association of Architects argues that all architects must attend further training courses. What do you say to that?

JE The exchange of staff between offices is the most interesting aspect of further training. Nothing else gives young people the opportunity to gain such insights so quickly and effectively. We also cooperate with foreign offices throughout Europe, and plan to foster exchange schemes with them in future.

IF What about quality management in your office? Has there been an audit yet?

MZ No, not yet. But we have been making careful preparations for an audit over the last three years. In fact, this internal work is much more important than the stamp you get for it. We now also have a QM manual, which we work from.

als der Stempel, den man dafür erhält. Inzwischen haben wir auch ein QM-Handbuch, mit dem wir arbeiten.
JE Wir haben nun auch lange genug daran gearbeitet. Jetzt kann das Audit erfolgen. Wenn man drei Jahre lang Fragen zur Qualität eines Projektes bis zur Pflege des Bauherrn mit allen Mitarbeitern diskutiert hat, dann kommt ein Punkt, an dem die Grenze erreicht ist. Das ist jetzt so.

IF Auf welche Art und Weise findet denn die Qualitätsdiskussion über die Projekte in Ihren Büros statt? Gibt es eine permanente Diskussion, oder gibt es sie an einem bestimmten Punkt der Arbeit?

MZ Wir nutzen jede Phase der HOAI und haben festgelegt, dass es zwischen jeder Phase ein allgemeines Auftaktgespräch gibt, in dem man die Regeln wieder überprüft und neu definiert.
JE Für dieses Gespräch müssen wir immer wieder sorgen. Nach dem Entwurf ist eine wirklich gründliche Qualitätskontrolle notwendig, weil dann der Projektleiter zum ersten Mal alle Pläne anschaut und überprüft.
MZ Dieses Vorgehen funktioniert aber nur zu 70 – 80%. Die wirkliche Qualitätskontrolle ist ein Mechanismus, der auf jeder Ebene eingebaut ist. Wir haben über einen Entwurf so viele Gespräche und so viele Präsentationen, dass Schwachstellen automatisch zur Sprache kommen.
JE Aber natürlich müssen wir unsere Mitarbeiter auch dazu anleiten, sich zu melden, wenn sie meinen, dass ein Detail nicht die Qualität hat, die wir fordern. Es gibt Mitarbeiter, die dafür Antennen haben, andere nicht. Es ist nicht zuletzt unser Engagement, das die Leute respektieren. Deswegen kommen die meisten frühzeitig mit einem Problem zu uns.
MZ Aber das sind nicht alle. Wenn das so wäre, wäre es gut. Leider gibt es immer noch zu wenige Mitarbeiter, die den Dialog suchen. Die größere Gefahr aber sind die, die unsicher sind, die keine Fehler bemerken und einfach weiter arbeiten. Für sie braucht man die genaue Kontrolle an der Schnittstelle von Leistungsphase zu Leistungsphase.

IF Gibt es bestimmte Bauaufgaben, bei denen eine stärker qualitativ orientierte Diskussion stattfindet?

JE Natürlich. Es gibt Lieblingsprojekte, bei denen man besonders penibel ist. Bestimmte Projekte liegen einem stärker am Herzen als andere. Wenn sie verwässert werden oder drohen kaputtzugehen, ärgert einen das besonders.
MZ Es gibt Projekte, die von allen Seiten leidenschaftlicher bearbeitet werden als andere. Da ist jeder automatisch bis über seine Grenzen gefordert. Interessanterweise machen solche Projekte am meisten Spaß. Gerade Projekte, die in gewissen Planungsphasen ganz schwierig gelaufen sind, sind zum Schluss manchmal die besten.

IF Der Architekt wird heute durch die Arbeitsteilung am Bau immer stärker zum Spezialisten. Das tradierte Verständnis des Architekten ist aber das eines Generalisten. Er ist eher Dirigent als Solist. Wie sehen Sie in Ihrem Büro die Rolle des Architekten?

MZ Wie weit die Rolle des Architekten als Dirigent wirklich geht, bestimmen letztendlich nicht die Architekten, sondern der Bauherr. Wir erbringen jede Konstellation: Wir bilden Arbeitsgemeinschaften mit anderen Büros, dann

JE We have worked on quality management long enough. Now we are ready for the audit. When you have spent three years discussing quality issues in a project with your staff that even includes looking after the developer, there comes a point when you have reached a limit. We have reached that point.

IF How do you organize the quality discussions on the projects in your offices? Is there an ongoing discussion, or do you schedule them at a certain point in your work?

MZ We make use of every stage of the remuneration regulations for architects and engineers, and have stipulated that between every stage there is general kick-off talk, in which we re-examine and redefine the rules.
JE We have to ensure these discussions are held regularly. After the design we need a really thorough quality control, because then the project manager looks at all the plans for the first time and checks them.
MZ But this procedure only has a 70-80 percent success rate. The real quality control is a mechanism that is incorporated at every level. We have so many talks and presentations about a design that weak points automatically get discussed.
JE Of course we have to get our employees to tell us when they think a detail is not of the required quality. There are staff who have a feeling for that and others who don't. It is not least of all our dedication that people respect. And most people approach us with problems at an early stage.
MZ But not all of them. If that were so, it would be good. But unfortunately there are still not enough employees who seek us out of their own accord. More dangerous are those who are unsure, don't notice any mistakes, and simply continue working. This is why you need a thorough check when one construction phase merges into another.

IF Do some construction tasks require discussions with a stronger emphasis on quality?

JE Of course. We have favorite projects, where we are especially meticulous. Certain projects mean more to you than others. If they get watered down or threaten to break down it is all the more annoying.
MZ There are projects everyone works on with greater passion than others. Consequently, everyone is automatically pushed to their limits. Strangely enough, such projects are most enjoyable. It is the very projects that proved really difficult in certain planning phases that sometimes turn out to be the best.

IF As a result of the division of labor in construction projects, architects are nowadays increasingly becoming specialists. Traditionally, however, they are seen as all-rounders. They are more conductors than soloists. How do you view the role of the architect in your firm?

MZ The extent to which architects can function as conductors depends ultimately not on the architects themselves but on the developers. We provide the various constellations: we form joint ventures with other offices, we are commissioned as general planners for the overall project, or only deal with the design in a general

sind wir als Generalplaner ganzheitlich beauftragt oder in einem Generalplanerteam nur mit dem Entwurf befasst. Aber das Generalistische des Architektenberufes ist uns wichtig, und, ob wir nun damit beauftragt sind oder nicht, wir stellen alles infrage, was uns nicht plausibel erscheint.
JE Was den Architekten zum Generalisten macht, ist seine Aufgabe, alle Aspekte und Teilbeiträge städtebaulich, funktional, konstruktiv und formal zu einem überzeugenden Werk zusammenzufügen.

IF Sie gehören zu den ersten Büros freischaffender Architekten, die als Generalplaner aufgetreten sind. Wie ist Ihre Erfahrung?

MZ Ja, wir gehörten zu den Pionieren. Derzeit allerdings ist unsere Tätigkeit als Generalplaner schon wieder rückläufig. Das liegt an den Bauherren, die begriffen haben, dass nicht alles bei der Generalplanung so funktioniert, wie sie sich das vorgestellt haben. Bei der traditionellen Verteilung zwischen Bauherr, Architekt und Fachplaner hat man immer ein klassisches Dreiecksverhältnis. Bei dem Generalplanervertrag gibt es nur ein bilaterales Vertragsverhältnis, hier Bauherr, dort Generalplaner. Das kann für den Bauherrn ein Vorteil sein, wenn es gut läuft. Wenn aber Teams zusammengeschaltet werden, die nicht zusammenpassen, dann kann eine solche Tätigkeit im Desaster enden. Wenn die Personen nicht stimmen, geht diese Konstellation schief. Insofern übernehmen wir als Büro die Generalplanung nur, wenn wir unsere Partner frei wählen können. Letztlich geht es immer darum, dass man mit den Menschen zurechtkommt; denn letztlich zählt der moralische, nicht der vertragliche Zugriff.
JE Alles in allem ist das Thema Generalplaner für uns durchaus aktuell; aber nur, wie gesagt, wenn wir uns mit dem Bauherrn darauf einigen können, dass wir die beteiligten Personen aussuchen. Wirtschaftlich verbirgt sich im Übrigen hinter der Generalplanerbeauftragung für ein Architekturbüro ein großes Risiko. Wenn die eigenen Subplaner mit Forderungen kommen, die man gegenüber dem Bauherrn nicht durchsetzen kann, dann entsteht eine unangenehme Puffersituation.

MZ Ich denke dennoch, dass die Erfahrungen der letzten Jahre den freiberuflichen Architekturbüros ein Terrain zurückgegeben haben, das schon verloren gegeben war. Der Gesamtanspruch des Architekten beim Bau erhält wieder eine Chance in dem Maße, wie es zu einer Professionalisierung des Berufsstandes kommt. Der Markt wird härter, der Druck größer. Die circa 100.000 Einzelkämpfer in Deutschland müssen sich zu größeren Einheiten zusammenschließen, sonst sterben sie. Jedes Büro wird in Zukunft große wie kleine Aufgaben übernehmen müssen; die Spezialisierung wird wieder abnehmen. Das ganzheitliche Entwerfen, das einmal den Berufsstand ausgezeichnet hat, erhält wieder Auftrieb. Das mag ein wenig optimistisch formuliert sein, aber ich glaube an diese Entwicklung.
JE In Deutschland sind die Architekten noch in der Lage, Einzelgewerksvergaben zu machen, ihre Baustellen zu kontrollieren. Sie decken damit einen Markt ab, den englische, französische und spanische Kollegen längst verloren haben. In diesen Ländern begleitet der Architekt nur noch ein Viertel des Bauprozesses, den Rest machen die Baufirmen. In Deutschland können Architekten, wenn sie es wollen und dazu in der Lage sind, die Qualität vom Anfang eines Entwurfes bis zur Fertigstellung kontrollieren.

planning team. But we place great importance on the all-round aspect of the architect's profession, and, whether we are commissioned to or not, we question everything that does not seem plausible to us.
JE What makes the architect an all-rounder is his being responsible for combining all aspects and contributions in terms of planning, function, construction and form, to create a successful building.

IF You were one of the first firms of freelance architects to offer your services as general planning contractors. How has that worked out?

MZ That's right, we were amongst the pioneers. But right now we are less in demand as general planning contractors. That has to do with the developers, who have realized that with general planning not everything turns out as they want. With the traditional division of labor between developer, architect and specialist planner, you always have a classic three-way working relationship. With a general planning contract you only have a bilateral contractual relationship between the owner and general planner. That can be advantageous for the developer, if it works well. But when teams are put together that don't get on, a situation like that can end in disaster. If the people involved aren't right, this mode of working will fail. That's why we only take on the general planning when we are allowed to choose our own partners. In the end, it is always a matter of getting on with people, because ultimately it comes down to morals, not the contract.
JE All in all, I would say we are certainly interested in acting as general planners, but only as said when there is an agreement with the developer allowing us to choose who we work with. Incidentally, there is a considerable economic risk involved for a firm of architects in accepting a commission as general planner. If the sub planners then lay demands on the table that we cannot persuade the developer to accept, you get an unpleasant piggy-in-the-middle situation.
MZ For all that, I think the experiences of recent years have allowed firms with freelance architects to recapture ground they had already lost. As the profession gains in standing, architects will be in a position to have a greater say in what happens on the site. The market is getting tougher, pressure is increasing. About 100,000 or so one-man outfits in Germany need to form larger syndicates, or they will come to grief. In future, every office will have to take on both large and small projects; there will be less specialization. The holistic approach to design that once characterized our profession will get fresh impetus. Maybe that sounds a little too optimistic, but I believe such a development will take place.
JE In Germany, architects are still in a position to distribute work themselves, to keep an eye on their building sites. They are effectively covering a market their English, French and Spanish colleagues have long since lost. In these countries the architect only accompanies a quarter of the construction process, while the rest is handled by construction companies. In Germany architects can if they wish, and are able to, control the quality from the start of a design through until a building's completion. They merely need to make this public

Das müssen sie nur nach außen kommunizieren, dafür müssen sie kämpfen, in ihrem eigenen Interesse, aber auch im Interesse einer allgemeinen Architekturqualität. Denn diese Qualität entsteht, wenn ein Architekt vom Entwurf bis zur Bauausführung ein Projekt betreut. Je mehr Verantwortliche am Bau, umso mehr geht die Qualität verloren oder reduziert sich zumindest.
MZ Schlimm ist, dass einige Kollegen die Zeichen der Entwicklung immer noch nicht verstanden haben oder sie leugnen. Sie erhalten nur noch den Auftrag für den Entwurf und müssen den Rest anderen überlassen; sie reden das schön und tun so, als wollten sie genau dies und nichts anderes. Man muss wieder reklamieren, dass wir Architekten das gesamte Spektrum der Erstellung eines Baus abdecken und dies auch wollen.

IF Ich sehe die Chance, von der Sie sprechen, aber ich glaube nicht so recht daran, dass die Mehrheit der Architekten dies auch so sieht und diese Ansicht teilt.

MZ Sie mögen insofern Recht haben, als viele kleine Büros die notwendige Umstellung gar nicht schaffen können. Aber große Büros wie unseres können es, und sie müssen diese Chance ergreifen.

IF Ihr Büro gehört zu den wenigen, die auf den Immobilienmessen Mipim in Cannes und Expo Real in München präsent sind. Verdanken Sie einen Teil Ihrer Aufträge und Ihres Erfolges diesen Auftritten und Besuchen?

JE Nein. Unser Erfolg hat damit nichts zu tun. Beide Messen sind für uns Arbeitserleichterungen. Auf der Mipim kann man konzeptionelle Themen mit seinen Partnern ansprechen; die Expo Real ist deutlich projektbezogener. Hier geht es beispielsweise um die Vermarktung eines Projektes und darum, wie es am besten am Markt durchgesetzt wird.
MZ Beide Messen entwickeln derzeit unterschiedliche Profile, um sich deutlicher voneinander abzusetzen. Beide sind ein gutes Zeichen für die Professionalisierung der Immobilienwirtschaft. Weitere vergleichbare Messen werden entstehen. Sie werden hoffentlich helfen, die Sprachlosigkeit zwischen der Immobilienbranche und den freien Architekten zu überwinden.
JE Inzwischen begegnet man vielen Kollegen auf beiden Messen. Aber die Besuche wollen gründlich vorbereitet sein. Man trifft dort keine Partner und Entscheidungsträger, wenn man sich nicht vorgenommen hat, sie zu treffen, oder sich nicht mit ihnen verabredet hat. Man etabliert dort keine Netze, wenn man sie nicht schon vorher organisiert hat. Auf der Mipim und Expo Real pflegt man seine Beziehungen und vertieft sie eventuell. Es lohnt sich für Architekten auch nicht, sich auf einem eigenen Stand zu präsentieren, wie es einige Kollegen getan haben.
MZ Auf keinen Fall. Wichtig ist, mit verschiedenen Projekten auf unterschiedlichen Ständen vertreten zu sein. Dann kann man mit einem Bauherrn von Stand zu Stand gehen und ihm zeigen, an was wir gerade arbeiten.
JE Diese Vernetzung ist für uns wichtig. Außerdem nutzen wir die beiden Messen als Anregung für Themen, die uns im Kopf herumgehen und bewegen. Man sieht, wie andere Kollegen ein Thema angehen, und daraus kann man dann lernen.
MZ Außerdem kann man sich durch den Besuch dieser beiden Messen zehn andere Reisen sparen. Man trifft dort alle Personen, die wichtig sind, auf einen Schlag.

knowledge, ensure it becomes known both in their own interests and in the interests of ensuring a certain standard of quality in architecture. After all, such quality is produced when an architect is charged with a project from design stage through to completion. The more decision-makers you have on a site, the more quality is lost, or at least suffers.
MZ What I find awful is that some of our colleagues have still not recognized or refuse to see the signs of the times. They are only commissioned with the design itself, and have to let others carry out the rest; they say it's for the best, and act as if this were precisely what they wanted and nothing else. We need to speak out for architects being given the whole spectrum of the construction, and of wanting to do this.

IF I recognize the opportunity you are referring to, but I am not so sure the majority of architects see things that way, or share your views.

MZ You may be right in as much as many small offices would never manage to make the necessary adjustments. But large offices like ours can, and they must grab this opportunity.

IF Yours is one of the few offices to attend the Mipim and Expo Real realty fairs in Cannes and Munich. Do you owe part of your success, and some of your commissions to attending these fairs?

JE No. Our success has nothing to do with that. Both fairs make work easier for us. At the Mipim fair you can speak to partners about conceptual topics; the Expo Real is much more project oriented. It is more about marketing a project, and how you can best achieve market acceptance.
MZ The present trend is for the two fairs to develop different profiles, in order to better distinguish themselves from each other. These are positive developments, signalizing the real-estate sector's increasing professionalism. Other, similar trade fairs will follow them. Hopefully, they will help overcome the poor communication between the real-estate sector and freelance architects.
JE You meet a lot of colleagues at both fairs. But such visits require careful preparation. You don't meet partners or decision-makers there unless you have decided to, or have arranged to do so. You can't establish networks there, unless you have laid the groundwork for them in advance. At Mipim and Expo Real you can cultivate existing connections, and maybe even improve on them. But it does not make sense for architects to present their own stand, as some colleagues have done.
MZ No, there's no point in that. What is important is to be represented by various projects at different locations. Then we can go from stand to stand with the developers, and show them the projects we are currently working on.
JE This sort of networking is important for us. Moreover, we use both trade fairs as inspiration for ideas that are going around in our heads. You can see how other colleagues address something, and can learn a lot from that.

IF Also sind die beiden Messen so etwas wie eine Infobörse oder ein Marktplatz der Kommunikation?

JE Genau so. Und die Immobilienbranche besteht bekanntlich zu 80% aus Kommunikation.
MZ Mir ist es wichtig, dass auf beiden Messen auch die Kommunalpolitiker vertreten sind. Sie sind zwar nicht in dem Maße präsent, wie es wünschenswert wäre, aber die wichtigen kommen immer häufiger.
JE Auf dem Münchner Stand sind sowohl der Oberbürgermeister als auch die wichtigen Planungspolitiker anwesend. Es wäre gut, wenn auch andere Oberbürgermeister und Politiker dort aktiv für ihre Stadt akquirieren würden.
MZ Ich glaube, dass viele Kommunen noch nicht verstanden haben, was diese Messen für eine große Chance sind. Natürlich braucht man einen guten Stand und ein klares Profil. Die Münchner haben beides. Deshalb ist der Stand auch so gut besucht.

IF Die Bauten in diesem Buch zeigen die große Bandbreite Ihrer Aufträge. Welche Bauaufgaben der letzten Zeit haben sich zu neuen Schwerpunkten Ihres Büros entwickelt?

JE Das sind sicher der Krankenhaus- und der Schulbau, aber auch der Wohnungsbau. Trotz niedriger Kosten reizt uns an diesen Aufgaben, dass es um mehr geht als um die Optimierung von Organisationsabläufen und Funktionen. Das ist selbstverständlich auch unsere Aufgabe; vor allem aber geht es darum, mit und in Architektur Geborgenheit und Sicherheit zu vermitteln. Wir können unsere Kinder nicht in Baracken ausbilden und kranke Menschen in klimatisierten Ufos genesen lassen.

IF Einige große Erfolge der Vergangenheit verdanken Sie dem Bürobau. Beherrscht er die unternehmerische Seite Ihres Büros?

MZ Nein, der Bürobau ist beispielhaft für unsere Arbeitsweise, aber nicht für unser Leistungsspektrum. Wir suchen gerade auf dem Gebiet des Bürobaus nach neuen Qualitätsmaßstäben. Der Bürohausbau fordert nicht nur anspruchslose Renditeware, wie viele meinen. Man kann auch hier sehr wohl eine marktgerechte Qualität erreichen. Wir schaffen uns Spielräume mit einer genauen Analyse der funktionalen Wünsche des Bauherrn. Wenn es dann an die Gestaltung geht, muss man versuchen, dem Bauwerk mit der Vielfalt der – auch technischen – Möglichkeiten eine klare Identität zu geben. Natürlich verleitet der Renditebau zum Schematismus, aber genau den kann der Architekt vermeiden, wenn er seine Aufgabe ernst nimmt.

IF Wie selbstverständlich ist für Ihr Büro die Einhaltung von Kosten? Aus dem, was Sie sagen, schließe ich, dass preiswerte Architektur für Sie a priori keine Einschränkung an Qualität bedeutet.

JE Die meisten unserer Aufträge haben wir über Wettbewerbe bekommen. Teilweise waren es Projekte mit einem sehr strengen Kostenrahmen. Diesen haben wir immer eingehalten. Selbst den komplexen Bau des Bundespresseamtes haben wir innerhalb des gesetzten Kostenrahmens abgeschlossen. Es ist für uns selbstverständlich, kostendeckend und termingerecht zu arbeiten. Dabei ist wichtig, dass Bauherren uns diesen Kostenrahmen am Anfang

MZ And you can save ten other journeys by attending these two fairs. Basically, you meet all the important people at one go.

IF So what you are saying is that both fairs offer something like an information exchange, or a marketplace for communication?

JE Exactly. And as we know, communication makes up 80 percent of the real-estate sector.
MZ It is important to me that both fairs are also attended by local politicians. They are not perhaps present to the extent one would wish, but the most important ones attend with increasing frequency.
JE Both the lord mayor and key planning politicians are present at the Munich stand. It would be great if other leading politicians would conduct active acquisition for their cities.
MZ I don't think word has got around in many communities yet that these fairs offer a great opportunity. Naturally, you need a good stand, friendly staff and a clear profile. The Munich lot has all three. That's why their stand gets so many visitors.

IF The buildings in this book show the broad scope of the contracts you have had. Looking at more recent projects, what new areas has your firm come to focus on?

JE Well, certainly hospital and school construction, but also house building. Though costs are lower, the fascinating thing about such projects is that you are doing more than just finding the best way of organizing procedures and functions. Of course, that is part of the work too, but the main task is using architecture to convey a sense of security. We can't allow our kids to be taught in run-down buildings or have ill people recover in air-conditioned UFOs.

IF You owe several of your recent successes to office construction. Does it dominate the entrepreneurial side of your office?

MZ No, office construction is exemplary for how we work, but not typical for our range of construction projects. In the area of office construction in particular we are looking for new quality standards. Office construction is not just about producing a low- quality product, as many people believe, profitable quality buildings are possible too. Here too, you can achieve quality that caters to market requirements. We give ourselves leeway by conducting a precise analysis of how the developer needs the building to work. When it comes down to the design, you must try to give the building a clear identity by drawing on the wide range of possible options – including technical ones. Of course, building for profit tends to encourage scheming, but it is precisely this that the architect can avoid, if he takes his work seriously.

IF To what extent is keeping to the budget a given for your office? From what you have said, I would conclude that you feel inexpensive architecture does not necessarily mean quality is impaired.

eines Projektes nennen. Wir prüfen ihn dann sorgfältig nach, um beurteilen zu können, ob die geforderte Leistung für diesen Preis auch zu machen ist. Mit Bauherren, die uns kein Budget nennen, lassen wir uns nicht gerne ein.
MZ Einen möglichen Auftrag abzulehnen, das trauen sich nur wenige Architekten. Wenn ein großer Auftrag winkt, lassen sie sich häufig darauf ein, in der Hoffnung, ungeklärte Fragen wie die der genauen Kosten im Bauprozess, werden sich schon lösen. Wenn es ein zu niedriges Budget gibt, muss umgeplant werden, und damit sind die Architekten oft die Betroffenen.
JE Bei den niedrigen Baupreisen kann man derzeit jedenfalls sehr preiswert und in einem sehr guten Standard bauen. Allerdings ist die Konkurrenz unter den Baufirmen tödlich. Gute Firmen gehen kaputt; der Mittelstand im Bauwesen kann diese Preise nicht mitmachen. So sind zum Beispiel die Hälfte aller deutschen Fassadenfirmen vom Markt verschwunden. Hier könnte es bald eine regelrechte Monopolsituation geben.
MZ Das ist bei den Generalunternehmern ähnlich. Und ihre Qualität nimmt zunehmend ab. Aber viele Bauherren bestehen schon wegen der Finanzierungsbedingungen auf den Generalunternehmer. Dass kaum einer mehr in der Lage ist, ein anständiges Haus zu bauen, wurde bisher oft vernachlässigt, aber auch hier zeigt sich eine Trendwende.

IF Sie haben nicht nur fünf Niederlassungen, sondern Sie sind auch Mitglied einer europäischen Gruppe, die European Architecture Network (EAN) heißt. Was ist darunter zu verstehen?

MZ Es ist ein freies Netzwerk, kein Unternehmen. Deutsche Unternehmen und Fonds wollen zunehmend auch im Ausland bauen und brauchen dafür Beratung. Diese Projekte wollen wir begleiten und haben dafür in der Schweiz und in Frankreich Partner gesucht und gefunden. Die Schweizer selbst haben ein Interesse an internationalen Kooperationen, weil sie dann auch große Aufträge erhalten.
JE Mit EAN, das heißt mit dem Atelier WW und Claude Vasconi, haben wir den internationalen Wettbewerb für ein neues Flughafencenter in Zürich-Klothen gewonnen. Er liegt zwar im Moment durch die Schwierigkeiten der Airlines auf Eis, aber sicher wird er noch einmal realisiert. Es geht uns bei diesem Netzwerk um Partner vor Ort, ohne die deutsche Architekten im Ausland nicht bauen können. Derzeit versuchen wir das Netzwerk in andere europäische Länder, neben Frankreich und der Schweiz, auszudehnen.
MZ Auch hier ist einmal wieder die menschliche Situation das wichtigste. Jeder der Partner hat in das Netzwerk zuerst einmal investiert, und jetzt beobachten wir, ob und wie es funktioniert. Zürich-Klothen war ein optimaler Start. Aber ein solches Netzwerk arbeitet nur gut, wenn die Interessenlagen unterschiedlich sind und man sich ergänzt.
JE Es macht keinen Sinn, wenn die Partner alle nach Deutschland wollen, um hier zu bauen. Wir brauchen Partner, die auf ihren jeweiligen lokalen Märkten einen Nachholbedarf haben und einen starken Rückhalt brauchen. Claude Vasconi, einer unserer Netzwerkpartner, ist aber immer wieder bei Wettbewerben in Deutschland mit uns in Konkurrenz. Das macht eine Kooperation schwierig.

IF Ich möchte einmal das Thema der deutschen Architektur ansprechen. Als Mitglied der Jury für den Europäischen Architekturpreis Mies van der Rohe musste ich mir sagen

JE We are granted most of our commissions through competitions. In some cases, these projects have a strict cost framework. And we have always stayed within it. Even with the Federal Information Agency building we kept within the cost framework. For us it is a foregone conclusion that we break even, and keep to our completion date. What is important is that the owner states the cost framework at the outset of each project. This allows us to check it carefully, to tell whether what we are being asked for can be produced at that price. We are not keen on working with developers who don't give us a budget.
MZ Only a few architects would risk turning down a possible commission. When a large contract is in the offing, many architects accept it in the hope that unsettled issues such as the exact costing will sort themselves out in the course of the construction process. If the budget is too low, the plans have to be scaled back, and it is often the architects that are affected.
JE At any rate, the current low construction costs make a really high standard possible. But competition between the construction firms can be deadly. Good firms go down; small and medium-sized construction firms can't compete with such low prices. For example, half of all German façade firms have disappeared from the market. We could soon see a real monopoly situation here.
MZ It is similar with the general contractors. And their quality is rapidly declining. Yet many developers insist on general operators solely for the financing conditions. The fact that there was scarcely anybody left capable of building a decent house was neglected, but a turn of the tide is emerging here, too.

IF Not only do you have five local offices, you are also a member of a European group, the European Architecture Network (EAN). What is behind that?

MZ It is a free network, not a company. Increasingly, German companies and funds want to build abroad, and need consultation services for this. We wanted to be a part of this, and searched for and found partners in Switzerland and France. The Swiss themselves are keen on international collaboration because it results in large commissions.
JE It was with EAN, or rather with Atelier WW and Claude Vasconi, that we won the international competition for a new airport center in Klothen, Zurich. Admittedly, it is on hold at the moment owing to the airlines' difficulties, but we are certain it will be realized. This network allows us to have local partners, without whom we could not build abroad. Currently, the network is trying to expand into other countries alongside France and Switzerland.
MZ Here too the personal situation is the most important. Each of the partners has invested equally in the network, and now we can see whether and how it works. Klothen, Zurich was an ideal start. But such a network only works well if each participant has different interests and you complement each other.
JE It makes no sense if all partners want to come to Germany and build here. We need partners who have some catching up to do in their respective local markets, and require strong backing. But Claude Vasconi, one of our network partners, often competes against us

lassen, sie sei sehr symbolisch und zu schwer. Ich konnte keine Präzisierung dieses Urteils erreichen. Was halten Sie davon?

JE Deutsche Architektur ist im Ausland zu wenig bekannt, sie wird nicht genug international kommuniziert. Sie hat nicht den ihr zustehenden Stellenwert im Vergleich zu anderen Ländern. Das muss sich ändern.
MZ Ich halte diese Einordnung für ein Marketinginstrument anderer Länder. Ausländische Architekten wollen hier bauen, und da ist dieses Argument hilfreich.

IF Deutsche Architekten bauen schwer, die anderen sind verrückt, spielerisch, fantasievoll?

JE Die so genannte spielerische und fantasievolle Architektur von außen ist deutlich oberflächlicher und grafischer als die deutsche. In Sachen Haltbarkeit und Bauschäden ist sie mehr als zweifelhaft. Wir in Deutschland sind es gewohnt, Häuser zu bauen, die einige Jahrzehnte stehen. Deutsche Architektur ist eine extrem überlegte Architektur; wir überlassen nichts dem Zufall. Das geht bis in die Nebenkosten hinein, die in anderen Ländern kein Thema sind. Wir denken ökologisch, auch das spielt in anderen Ländern keine so große Rolle wie bei uns. Gleichzeitig haben wir einen größeren Qualitätsanspruch an die Ausführung als anderswo. Hinter solchen Ansprüchen stehen Erwartungen und eine andere bauliche Tradition. Soll man das alles ändern und zurückdrehen?
MZ Schon die Bezeichnung „deutsche Architektur" ist nicht präzise. Damit ist wahrscheinlich Bauen in Deutschland gemeint, nicht etwa das Bauen deutscher Architekten. Ich glaube, dass die Charakteristik „schwer" im Sinne von komplizierter Baugesetzgebung gemeint ist. Zaha Hadid hat einmal gesagt, in Deutschland könne man nicht arbeiten, hier werde alles verboten. Sollte „schwer" bedeuten, dass wir erdenschwer und grob bauen, dann finde ich das eine völlig unberechtigte Unterstellung.

IF Deutschland ist Weltmeister in der Beschäftigung ausländischer Architekten. Sind diese hier erfolgreich, weil sie besser als die Deutschen bauen? Ist das Jüdische Museum in Berlin deutsche Architektur oder die bessere Architektur eines ausländischen Baumeisters, die ein deutscher Architekt so nicht hinbekäme?

JE Die Diskussion wird insgesamt zu verklemmt und pauschal geführt. Die Position der deutschen Architekten ist nicht selbstbewusst genug. Die Diskussion findet in jedem Fall auf Kosten deutscher Architekten statt und läuft gegen uns.
MZ Diese ganze Diskussion hatten wir schon einmal, als Ungers und von Gerkan ihr Manifest gegen das Bauen von ausländischen Architekten in Deutschland formulierten. Sie wollten damit nicht verbieten, dass in Deutschland auch ausländische Architekten bauen. Sie wollten damit lediglich darauf aufmerksam machen, dass Gleiches auch in anderen Ländern für deutsche Baumeister gelten müsse. Das aber ist bis heute nicht der Fall. Bauen in Deutschland und im Ausland ist eine Einbahnstraße für deutsche Architekten. Die würde ich gern beenden. Und ich würde mich gern der Konkurrenz ausländischer Kollegen stellen. Aber wir sind in Deutschland selbst zu liberal, uns gegen Verleumdungen zu wehren.

in competitions in Germany. That makes cooperation difficult.

IF I would like to address the topic of German architecture. As a member of the jury for the Mies van der Rohe European Architecture Award, I was informed that the architecture was highly symbolic and too difficult. I couldn't find any grounds for such a verdict. What do you think?

JE German architecture is too little known abroad, it is not communicated well enough internationally. It does not have the standing it deserves compared with other nations. That has to change.
MZ I believe this classification is a marketing instrument used by other nations. Foreign architects want to work here, and this argument serves their purpose.

IF German architecture is solid, foreign architecture crazy, playful, imaginative?

JE The so-called playful, imaginative architecture from abroad is much more superficial and graphic than the German. In terms of durability and building damage, it is questionable to say the least. Here in Germany we are still used to building houses that last for several decades. German architecture is extremely well thought through; we leave nothing to chance. This caution even extends to the running costs, which are not a topic in other countries. We have an ecological approach, which is not as important in other countries. Simultaneously, our quality standards for the actual construction are higher here than elsewhere. Underlying such standards are expectations and a different architectural tradition. Are we to change all that, and take a step backwards?
MZ Even the term "German architecture" is imprecise. What it probably means is architecture in Germany, but not that executed by German architects. Our complicated construction legislation could perhaps be described as "solid." Zaha Hadid once said, you could not work in Germany, everything is forbidden here. If "solid" means our architecture is too heavyweight and coarse, I would say this allegation is totally unfounded.

IF Germany is world champion in engaging foreign architects. Are they successful here because they build better than the Germans? Is the Jewish Museum in Berlin German architecture, or the superior architecture of a foreign architect, which a German could not have achieved?

JE On the whole, there are too many inhibitions, and generalizations in the discussion. The position of German architects is not self-confident enough. At any rate, the discussion harms the cause of German architects, and does us no good.
MZ We have had this whole discussion before, when Ungers and von Gerkan formulated their manifesto against constructions by foreign architects in Germany. They did not set out to forbid foreign architects from building in Germany. They merely wanted to alert people to the fact that the same must also hold for German developers in other nations. But that has not

JE Bauen im Ausland ist eine komplexe Materie. Es gibt zum Beispiel verdeckte Beschränkungen in Frankreich, an denen man nicht vorbeikommt. Wer dort ein Krankenhaus bauen will, muss dafür einen zertifizierten Ingenieur haben. Es gibt aber nur sehr wenige solcher Fachleute. Im Übrigen werben wir nicht genug für deutsche Architekten – wie es die Dänen und die Holländer für ihre Baumeister tun. Ein Lichtblick ist der gerade von uns gewonnene Wettbewerb für die Chinesische Nationalbibliothek in Peking. Hier hat es in der letzten Entscheidungsphase auf hoher politischer Ebene Unterstützung gegeben, die bei der Entscheidung zu diesem eingeladenen Wettbewerb unter neun international renommierten Architekturbüros sicherlich wichtig waren. Diese Einflussnahme sollte in Zukunft als Instrument eingesetzt werden.

IF Sie bauen aber doch zunehmend im Ausland. Was bauen Sie und wo?

MZ Wir bauen im nahen europäischen Ausland, die DG Bank in Luxemburg und die Salzburgarena, ein Messe-Forum. Letzteres ist ein Direktauftrag, den der Bauherr uns nach der Besichtigung unserer Mehrzweckhalle in Braunschweig gegeben hat.
JE Ich bin derzeit häufig im Ausland unterwegs. Unser Wunsch ist, dass aus Versprechungen konkrete Aufträge werden. Wie bei der Bibliothek in Peking: Wettbewerb gewonnen und nun daran arbeiten, dass das Projekt erfolgreich umgesetzt werden kann. In China sind wir, abgesehen vom Bibliotheksprojekt, weiter aktiv. Wir haben dort ein Gutachten für ein großes Projekt in Peking gewonnen, ferner auch den Wettbewerb für einen Universitätscampus in Schanghai.
MZ In Metz haben wir den Masterplan für die Innenstadt erstellt. Aber wir können in den Gebieten der Metzer Innenstadt keine Bauten auf städtischen Grundstücken erstellen, weil dieser Interessenskonflikt in Frankreich verboten ist. Man hat uns jedoch für ein anderes Projekt eingeladen. Weiter laufen mehrere Bewerbungen in Moskau. Außerdem haben wir gerade „high honorable mention" im Wettbewerb für das Ägyptische Museum in Kairo bekommen, als einziges deutsches Büro. Nur große und gut verdienende Büros können sich aber solche Akquisitionsbemühungen überhaupt leisten. Sie kosten viel Zeit und Geld; hier liegt die Zukunft für deutsche Architekten nicht! Sicher ist es schmeichelhaft, unter 2000 Architekturbüros in die engere Auswahl zu kommen. Aber zahlen müssen wir als Büro dafür.
JE Deshalb müssen wir uns darauf einrichten, internationale Abteilungen zu unterhalten, die nach ganz anderen Maßstäben, Honoraren und Verträgen arbeiten als für den deutschen Markt. Wir müssen uns daran gewöhnen, über den Tellerrand zu schauen und uns auf andere planerische Bedingungen einzulassen. Doch wir haben schon eine Menge Know-how gesammelt; jetzt müssen wir es umsetzen. Und vielleicht erhalten wir dafür auch endlich ein wenig mehr Unterstützung zum Beispiel von Seiten der Kammern. Die Bundesarchitektenkammer baut derzeit eine Gruppe von zehn Büros als Speerspitze auf, um mit ihnen und über sie das deutsche Bauen im Ausland zu fördern. Die Initiative heißt NAX, Netzwerk Architekturexport. Der Erfolg bleibt abzuwarten. AFEX ist dafür das Vorbild. Das ist eine französische Außenhandelsorganisation für Architekten. AFEX lässt hundert Architekten zu. Dort wird

been the case so far. Architecture in Germany and abroad is a one-way street for German architects. I would like to put an end to that. And I would love to compete with foreign colleagues. But we are too liberal in Germany to defend ourselves against such slanderous remarks.
JE Building abroad is a complex matter. In France, for instance, there are hidden restrictions you simply cannot get around. Anyone who wants to build a hospital there must have a certified engineer for the job. But there are only a few of this type of specialist. What is more, we don't do enough to promote German architects – like the Danes and Dutch do for their architects. But the competition we recently won for the Chinese National Library in Peking is a bright spot on the horizon. We received backing at a high political level during the last decision phase, and this was definitely decisive in a competition that nine internationally renowned architecture offices were invited to partake in. This influence ought to be employed as an instrument in future.

IF But you are increasingly building abroad. What are you building, and where?

MZ The projects are located in neighboring European countries, the DG Bank in Luxembourg and a trade fair forum in Salzburg. The latter is a direct commission, which the developer awarded us after visiting our general purpose building in Brunswick.
JE I am traveling abroad a lot just now. We hope that promises will translate into specific contracts like with the library in Peking. We won the competition, and now we are working on ensuring the project can be successfully realized. Aside from the library project, we have other things in the pipeline in China. We have won a contract for a large project in Peking, and the competition to design a university campus in Shanghai.
MZ In Metz we drew up a master plan for the inner city area. But we are not allowed to locate buildings on plots in the area owned by the city, because this conflict of interests is forbidden in France. However we have been invited to participate in another project. Then we have submitted several applications in Moscow. Moreover, we have just received high honorable mention for our entry to the competition for the Egyptian Museum in Cairo – the only German firm to get that. Only large offices that are making good money can afford such efforts at acquiring new contracts. They eat up a great deal of time and money; this is not where the future for German architects lies! Of course, it is flattering to be included in the short list when there are 2,000 architectural firms competing. But it is the office that ends up paying for it.
JE This is why we must gear ourselves towards maintaining international divisions, which work according to totally different standards, fees and contracts from those for the German market. We must get accustomed to looking beyond our own back yards, and working according to different planning conditions. At any rate, we have acquired a lot of know-how, and now is the time to use it. And maybe we will finally receive a little more support for it, say from the architectural associations. The German Association of Architects is currently setting up a group of ten offices as a

man nach Vorschlägen von Kollegen aufgenommen. Das ist ein kleiner Kreis, der vom Kultusministerium in Frankreich finanziert wird. AFEX organisiert im Ausland Veranstaltungen, bei denen AFEX-Mitglieder Vorträge halten können. Sie bekommen ihre Spesen und Flüge bezahlt und transportieren so französische Architektur in alle Welt. Das sollte sich die deutsche Kammer als Benchmark vornehmen. Wenn zum Beispiel der französische Staatspräsident nach China fährt, dann nimmt er sich AFEX-Leute mit. Ansätze hierzu sind nun ja auch endlich in der deutschen Politik zu finden, siehe unseren Wettbewerb in Peking.
MZ Ich bin gespannt, wie die deutsche Initiative sich entwickelt. Die Bundesregierung und vor allem das Wirtschaftministerium sollten sich noch aktiver für den deutschen Architekturexport einsetzen. Die Franzosen dagegen handeln. Von deren Kultur- und Handelsimperialismus können wir uns ein Stück abschneiden.

IF Was sind Ihre Wünsche für die nächsten zehn Jahre?

MZ Ganz egoistisch wünsche ich mir ein wenig mehr Ruhe, Atempausen, um auch über andere Themen als das Bauen nachdenken zu können. Für das Büro hoffe ich, dass die Professionalisierung der letzten Jahre uns hilft, die konjunkturellen Schwankungen zu meistern. Es wäre schmerzlich, viele der guten Leute, die wir derzeit haben, zu verlieren. Wir sind ein großes Büro, und das möchte ich nachhaltig ausbauen, in Deutschland und im näheren europäischen Ausland. Wir haben interessante Aufgaben, wir machen gute Architektur, wir sind gut aufgestellt!
JE Dem kann ich mich anschließen, und ich möchte, dass wir noch einmal zulegen, weiter dazulernen, noch innovativer werden. Das gilt für das Bauen und für das Nachdenken über unsere Architektur. Neben der Praxis müssen wir mehr inhaltlich arbeiten und forschen. Ich wünsche uns, Projekte mit noch größerem Anspruch zu realisieren. Die Fähigkeiten und die Energie dazu haben wir.

spearhead with which to promote German architecture abroad. The initiative is called NAX, the acronym in German meaning “network for the export of architecture.” It remains to be seen how successful it will be. It is modeled on AFEX, which is a French foreign trade organization for architects. AFEX admits a hundred architects. You are admitted on the recommendation of colleagues. It is a small association that is financed by the Cultural Ministry in France. AFEX organizes events abroad at which AFEX members can give presentations. They get their expenses and flight paid, and can communicate French architecture throughout the entire world. The German Association of Architects should take it as a benchmark. For instance when France’s state president travels to China, he takes some AFEX people with him We are finally beginning to see similar phenomena in German politics, as evidenced by our competition in Peking.
MZ I am intrigued as to how the German initiative will develop. The German government, and above all the economics ministry should make a more concerted effort to export German architecture. The French are active. We could learn a thing or two from their cultural and commercial imperialism.

IF What are your wishes for the next ten years?

MZ Thinking purely of myself, I would wish for a little more peace, time to breathe, time to think about things other than architecture. For the office, I hope that our professional approach of the last few years will help us to cope with the ups and downs of the economy. It would be painful to lose a lot of the good people we have now. We are a large office, and I would like us to continue expanding both in Germany and in not too distant European countries. We have some interesting projects, produce excellent architecture, we are well positioned!
JE I would agree with that, and I would like us to expand, learn more, become more innovative. That holds for our architecture, but also for our thoughts on our architecture. In addition to the actual design itself, we also need to be more topic-oriented in our work and research. I would like to think we will realize projects that are even more challenging. We have the ability and energy to do so.

Die Architektur von KSP Engel und Zimmermann 1993 – 2003 The Architecture of KSP Engel and Zimmermann 1993 – 2003

Ingeborg Flagge

Bürogebäude Weser-Nidda-Straße Frankfurt am Main Office Building Weser-Nidda-Strasse Frankfurt on Main

Objekt: Bürogebäude Weser-Nidda-Straße, Frankfurt am Main

Bauherr: Allianz Immobilien GmbH

Wettbewerb: 10/1999 – 1. Preis

Fertigstellung: 2003

BGF: 28.860 m²

Fotograf: Jean-Luc Valentin, Frankfurt am Main

Object: Office building, Weser-Nidda-Strasse, Frankfurt on Main

Client: Allianz Immobilien GmbH

Competition: 10/1999 – 1st Prize

Completion: 2003

GSA: 28,860 m²

Photographer: Jean-Luc Valentin, Frankfurt on Main

Im architektonisch heterogenen Umfeld der Mainzer Landstraße in der Finanzmetropole Frankfurt am Main zeigen sich die Bauten im Bestand zum Straßenraum hin gewöhnlich geschlossen. Dem will das neue monolithisch-skulptural wirkende Bürogebäude mit auffällig großen, einladenden Öffnungen in den Fassaden entgegenwirken.

Die Gebäudestruktur wird von zwei verdrehten, aus dem umgebenden Städtebau übernommenen Achsen bestimmt. Diese führen zur Verdrehung im Grundriss und werden durch die flankierenden Fassaden und Raumbegrenzungen der Innenhöfe aufgenommen.

Die Bauskulptur mit den tief in der Laibung sitzenden Fenstern, die durch ihre geschossweise alternierende Anordnung für Spannung sorgen, wirkt stark plastisch.

The Mainzer Landstrasse area in the city of the Frankfurt on Main banking metropolis, is typified by a wide variety of buildings, which tend to form a seamless line fronting onto the street. The new, monolithic, sculptural-looking office building seeks to counter this impression with conspicuously large, inviting openings in its façades.

The building is defined by two edges that are at an angle to the surrounding structures. Specifically, they lead to a swiveled layout, and are taken up by the flanking façades and the borders of the inner courtyards.

There is a sculptural feel to this monolithic building with its massive, cliff-like gray façade of natural stone; the position of the deep-set windows is staggered so that they alternate from story to story, creating an exciting rhythm.

Das Herz des Baukörpers ist ein über die gesamte Höhe des Gebäudes reichendes, gläsernes Atrium mit grünlich matt schimmernden ebenfalls gläsernen Umläufen, dessen Lage und Form sich aus den verdrehten Grundrastern entwickelt. Der obere gläsern-transparente Abschluss wirkt wie zwischen die monolithischen Arme der Büroflügel gespannt.

Aus der Anordnung der Büroflügel und der Verschränkung dieser zueinander entstehen vier natürlich belüftete und belichtete Innenhöfe, die sich um das zentrale Atrium um einzelne Geschosse versetzt nach oben schrauben. Die Höfe werden durch tiefe Einschnitte im Baukörper auch von außen wahrgenommen.

The heart of the building is a glass atrium that extends across the entire height of the building. Edged in matt green shimmering glass, the shape and position is derived from the angled underlying grid pattern. The upper transparent glass edge seems to be stretched between the monolithic arms of the office tracts.

Due to the arrangement of the office tracts and their interlocking composition four naturally lit and ventilated courtyards are created, which spiral upwards from the central atrium, their position changing step-by-step from one floor to the next. Moreover, they can be seen from the outside thanks to the deep cut-outs in the façade.

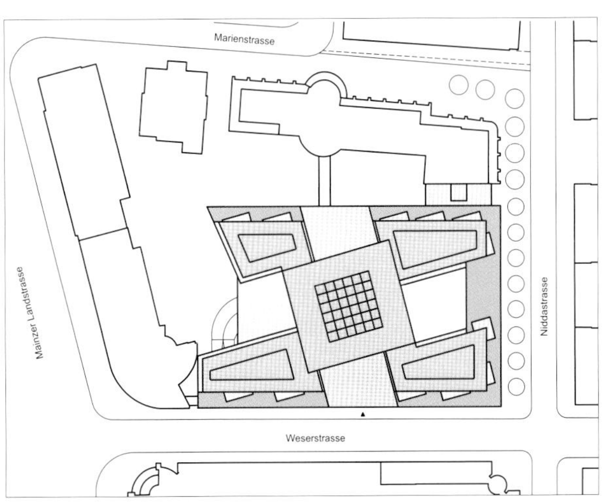

Die innen liegenden Bürobereiche sind über die Innenhöfe ebenfalls natürlich belichtet und belüftet. Durch Aufweitungen entsteht eine Bürolandschaft, die teamorientiertes Arbeiten fördert.

Die Geometrie des Grundrisses und die Erschliessung über die Glashalle erlaubt eine unabhängige Aufteilung der Büroflächen in vier Einheiten pro Geschoss.

Those office zones facing inwards also receive natural light and ventilation via the courtyards. Bulges in the layouts give rise to an office landscape that fosters team-oriented work.

It is possible to divide the office floor space into four separate units per story thanks to the shape of the layout and the access through the glass hall.

Bürohaus Mandelnstraße Braunschweig Office Building Mandelnstrasse Brunswick

Objekt: Bürohaus Mandelnstraße, Braunschweig

Bauherr: Dr. Petra-Sophia Zimmermann

Fertigstellung: 1998

BGF: 2.000 m²

Fotograf: Frank Springer, Bielefeld

Object: Office building Mandelnstraße, Brunswick

Client: Dr. Petra-Sophia Zimmermann

Completion: 1998

GSA: 2,000 m²

Photographer: Frank Springer, Bielefeld

Dass eine Stadtverwaltung in einem Sanierungsgebiet im historischen Zentrum der Stadt dieses nahezu immaterielle Haus, dessen offene Struktur die Grenzen von Innen und Außen aufhebt, als „Einzelmaßnahme" genehmigt, stimmt hoffnungsvoll. Dass die Architekten mit diesem transparenten Regal einen der schönsten Nachweise ihrer Architekturqualität geliefert haben und sich städtebaulich wie architektonisch mit ihrem Bürobau ein Markenzeichen gebaut haben, ist unzweifelhaft.

Der transparente Neubau, eine Stahl-Beton-Konstruktion mit raumhohen, Schaufenster gleichen Verglasungselementen, schließt die Häuserflucht und vermittelt zwischen den unterschiedlichen Höhen der umgebenden Bebauung. Die Tordurchfahrt birgt den repräsentativen Eingang.

This unusual almost immaterial building elides the difference between interior and exterior. The municipal authorities stated that they were making an "exception" when they permitted its construction in a redevelopment area within the historical town center. This is a hopeful sign. And it goes without saying that this "transparent bookcase" is one of the most beautiful examples of the architects' work. This office block is a symbol of their prowess and attests to their ability both as town planners and as architects.

This transparent new building is a steel and concrete structure with floor-to-ceiling glazing that almost resembles a shop window front. The edifice completes a row of buildings and brings harmony to the varying heights of the surrounding structures. The forecourt gate leads onto a representative entrance.

Mandelnstrasse
Aegidienmarkt

Während der gläserne Bau sich zur Straße als horizontal gegliederter Riegel zeigt, schwebt auf der Hofseite ein markanter Körper von dreieckiger Grundfläche. Beide Teile verbindet ein Kernbau, in dem die gesamte vertikale Erschließung sowie Sanitärbereiche und die zentralen Versorgungsschächte untergebracht sind. Das Treppenhaus ist ein eigenständiger Raum mit Glassheddach. Mit seiner hohen Aufenthaltsqualität dient es neben Ausstellungen und Events auch als „Ort der informellen Begegnung" und ermöglicht ebenfalls die autarke Erschließung von Teilflächen.

Das Gebäude wurde als Passivenergiehaus konzipiert. Der massive Kernbaukörper und die unverkleideten Stahlbetondecken speichern Wärme; über individuell steuerbare Klappen in der Fassade erfolgt die Kühlung. Durch die raumhohe Verglasung reduziert sich die künstliche Beleuchtung auf ein Minimum. Je nach Himmelsrichtung regulieren innen und außen liegende Lamellenrollos individuell den Lichteinfall. Wenn es bei Nacht beleuchtet ist, entäußert sich das große gläserne Haus und wird zum strahlenden Bild.

Ein lebendiges Ambiente, eine kooperative Arbeitsatmosphäre im Austausch mit der den Bürobau umgebenden Stadt – eine überzeugende Verwirklichung der Architekturprinzipien der Architekten.

While from the street, this glass structure seems to be a horizontal block; from the courtyard, it reveals itself as a striking triangular-based edifice. The two sections are joined by a central core containing all vertical access routes, the sanitary installations as well as the central supply shafts. The stairwell is a separate hall with a glass-covered saw-tooth roof offering superior exhibition space, a venue for special events or a "point for informal encounters". The flexible space allows specific areas to be used independently.

The building was designed to passively take advantage of available energy. The solid core and the undressed reinforced concrete ceilings store heat, while the cooling system functions via flaps on the façade which can be individually controlled. The floor-to-ceiling glass panes reduce artificial lighting to a minimum. Venetian blinds on the inside and outside regulate the angle of light, depending on the direction the room in question faces. When this giant glass building is illuminated at night, it turns into a transparent and glowing diorama.

A lively ambience and a collaborative working mood not to mention interaction with the city surrounding the offices – this is a convincing example of the practical application of KSP's architectural principles.

Wohn- und Geschäftshaus Bockenheimer Landstraße Frankfurt am Main

Apartment and Office Building Bockenheimer Landstrasse Frankfurt on Main

Objekt: Wohn- und Geschäftshaus, Bockenheimer Landstraße, Frankfurt am Main

Bauherr: Nord-West-Ring Grundstücksgesellschaft mbH & Co. Bockenheimer Landstraße KG

Fertigstellung: 07/1997

BGF: 13.500 m²

Fotograf: Stefan Schilling, Köln

Object: Apartment and office building Bockenheimer Landstrasse, Frankfurt on Main

Client: Nord-West-Ring Grundstücksgesellschaft mbH & Co. Bockenheimer Landstrasse KG

Completion: 07/1997

GSA: 13,500 m²

Photographer: Stefan Schilling, Cologne

Die Bockenheimer Landstraße im Frankfurter Westend ist eine der angesehensten Adressen zum Wohnen und Arbeiten in der Innenstadt. Moderne Verwaltungsbauten, teilweise Hochhäuser, im Wechsel mit großen, alten Villen bestimmen den heutigen Charakter des Viertels. Der neue Gebäudekomplex knüpft an diese Struktur an und entwickelt sie weiter.

Die drei Einzelbauten schließen vorhandene Baulücken an zwei Straßen. Sie liegen an einem von KSP konzipierten öffentlichen Durchgang, der durch einen Park führt und beide Straßen miteinander verbindet. Zu diesem Park sind alle Häuser erschlossen.

Der langgestreckte, weiß verputzte Büroriegel mit sieben Geschossen, dessen Brisesoleils ihn horizontal stark betonen, hat an der Bockenheimer Landstraße als Nachbarn einen Bürokubus, dessen Charakteristikum eine allseitige, doppelschalige Glasfassade ist. Sie ist hervorragend detailliert und zeigt eine ästhetisch ansprechende Haut, die die natürliche Belüftung der Büros und gleichzeitig Schallschutzfunktionen übernimmt.

Dem Bauherrn ging es bei diesen Bauten um schöne, marktgerechte Hüllen, die sich flexibel teilen und vermieten lassen. Das wurde optimal erreicht. Der Solitär des Wohngebäudes im rückwärtigen Teil des Komplexes mit acht Wohneinheiten zitiert in Form und Gestaltung die Struktur der früheren Villen des Westends.

The Bockenheimer Landstrasse in Frankfurt's Westend is one of the prime residential and business addresses in the center of the city. The district today sports a blend of modern administrative buildings, some of them high-rises, and spacious historical villas. This new complex takes up this unique mixture and advances it further.

Three individual edifices close the gaps in the line of buildings on two streets. They are next to a public passageway, likewise devised by KSP, that leads through a park and connects the two streets. All of the buildings can be accessed from the park.

The extended white stucco office block is seven stories high and its length is especially emphasized by the brise-soleils. It is located on the Bockenheimer Landstrasse (next to a cubic office block characterized by a double-skinned all-round glass façade) and boasts superb detailing. The outer skin is aesthetically appealing and simultaneously ensures natural ventilation as well as soundproofing.

The client wanted attractive and practical structures in which space could easily be divided and rearranged in order to facilitate renting, a goal that has been optimally achieved. The standalone apartment house at the rear of the complex contains eight apartments. In terms of shape and design, it is reminiscent of the former villas in Frankfurt's Westend.

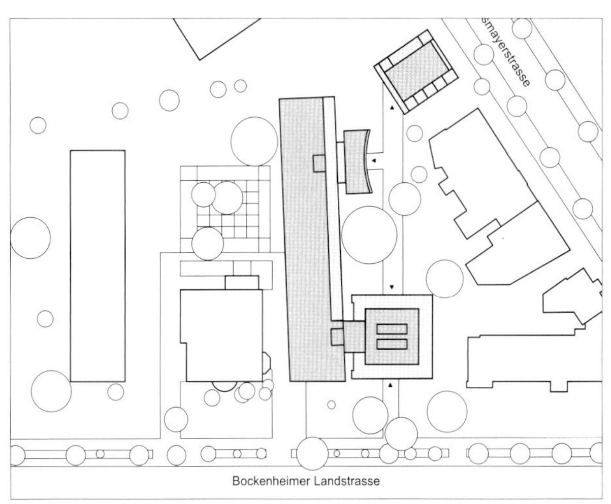
smayerstrasse
Bockenheimer Landstrasse

triton

Servicezentrum Nassauische Sparkasse Wiesbaden Nassauische Sparkasse Service Center Wiesbaden

Objekt: Servicecentrum Nassauische Sparkasse, Wiesbaden

Bauherr: Nassauische Sparkasse

Wettbewerb: 04/1996 – 1. Preis

Fertigstellung: 11/1999

BGF: 13.500 m²

Fotograf: Frank Springer, Bielefeld

Object: Nassauische Sparkasse Service Center, Wiesbaden

Client: Nassauische Sparkasse

Competition: 04/1996 – 1st Prize

Completion: 11/1999

GSA: 13,500 m²

Photographer: Frank Springer, Bielefeld

Der Standort ist ein Gewerbegebiet mit heterogener Bebauung, die Nachbarschaft ist zufällig. Die Architekten greifen die Struktur eines bereits vorhandenen Gebäudes auf und setzen sie fort. So entsteht in dem ansonsten baulich ungeordneten Gebiet eine Art urbaner Rhythmisierung.

Für den Zusammenschluss der bisher auf zehn verschiedene Standorte im Stadtgebiet verteilten Servicefunktionen mit insgesamt 200 Mitarbeitern wurden Kombibüros, Gruppenraumzonen, Sonderflächen und ein Konferenzzentrum benötigt.

Im Wesentlichen stellen die Architekten einen fünfgeschossigen Riegel parallel zum Bestand weit in die Tiefe des Grundstücks. In dieses „Regal“ mit seinen vollkommen flexibel zu teilenden Flächen können nach Belieben und entsprechend wechselnder Bedürfnisse Zellen- oder Großraumbüros eingebaut werden, die über eine zentrale, lichte Glashalle parallel zum Baukörper erschlossen werden. Ein Ort informeller Begegnung, der durch seine transparente Gestaltung einen ständigen Blick von den Büros über die Halle nach außen ermöglicht.

The location is a commercial area with heterogeneous structures, the neighborhood random. By taking up the structure of a nearby building and continuing it, the architects succeeded in creating an urban rhythm in a development otherwise lacking in order.

The idea behind the service center: to accommodate the various service functions which were previously divided across ten different locations in the city and performed by 200 staff members. This required multi-person offices, zones with group rooms, special areas and a conference center.

Essentially, the architects placed a five-story block parallel to the existing development setting it back towards the rear of the site. Thanks to the highly flexible arrangement of floor space, on these racks either cell or open-plan offices can be created as required and adapted to changing needs. Access to the offices is via a bright glazed hall running parallel to the main building. A place of informal meeting, the transparent hall provides an uninterrupted view from the offices out to the outside.

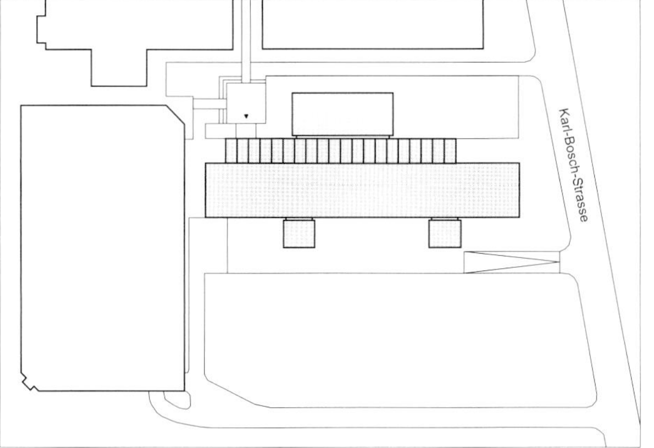
Karl-Bosch-Strasse

Wer den Weg zum Haupteingang nimmt, wird entlang eines großen Wasserbeckens dorthin geleitet. Der Weg führt an dem niedrigeren Bau des eleganten Konferenzzentrums vorbei, der als solitärer Baukörper vor die Glashalle gestellt ist. Das Bautenensemble wird außen von kühlen Materialien und Farben dominiert. Holzverkleidungen, Holzfenster und sparsam eingesetzte Farben im Inneren verstärken die Strenge und Klarheit des Servicezentrums.

Das Energiekonzept wurde mit besonderer Sorgfalt entwickelt: Das Gebäude ist durch seine bauphysikalische Optimierung, kombiniert mit Kühleinrichtungen, Betonkernaktivierung und automatisiertem Sonnenschutz, thermisch so ausbalanciert, dass auf eine Klimatisierung in den Büroräumen verzichtet werden konnte. Dieser Einsatz innovativer Technik hat zu der Einstufung des Baus als Low Energy Office (LEO) geführt.

Those heading for the main entrance pass alongside a large artificial pond and then the elegant conference center which stands alone in front of the glazed hall. Cool materials and colors dominate the ensemble's exterior, while inside wood paneling. Wooden windows and spare use of colors reinforce the stringency and clarity of the service center.

Particular care was devoted to the energy concept. Thanks to its excellent structural physics in conjunction with cooling facilities, concrete core activation and automatic sun protection, the temperature inside the building is so finely tuned that there is no need for air-conditioning in the offices themselves. This use of innovative technology led to the building receiving certification as a Low Energy Office (LEO).

Quartier du Sablon Nord Metz

Quartier du Sablon Nord Metz

Objekt: Quartier du Sablon Nord, Metz, Frankreich

in Kooperation mit BGM Atelier d'architecture, Montreuil + Latitude Nord, Paris (Landschaftsarchitekten)

Auslober: Stadt Metz, Frankreich

Auswahlverfahren, beauftragt: 1998

BGF: 222.000 m²

Außenfläche: 220 ha

Object: Quartier du Sablon Nord, Metz, France

in cooperation with BGM Atelier d'architecture, Montreuil + Latitude Nord, Paris (landscape architects)

Competition held by the City of Metz, France

Selection procedere, overall contract: 1998

GSA: 222,000 m²

Outside area: 550 acre

Deutsche Architekten erhalten kaum je die Chance, in Frankreich zu arbeiten. Deswegen ist die Beauftragung nach einem 1998 unter Beteiligung von Jean Nouvel, Christian Portzamparc, Richard Rogers, Oriol Bohigas und anderen internationalen Architekten durchgeführten Auswahlverfahren umso bemerkenswerter.

Die Architekten erhielten den Auftrag zur Erstellung eines Rahmenplanes für die Neubebauung des Quartier du Sablon in der Innenstadt von Metz. Die Aufgabe war, das 220 ha große Gelände der Industriebrache neu zu ordnen und neben Wohnen hochwertiges Gewerbe, Büros, Läden, ein Theater und eine Mehrzweckarena zu planen sowie einen überregionalen Landschaftspark anzulegen.

Zwischen Stadt und Park sehen die Architekten die Esplanade La Seille als verbindendes Element vor; südlich davon sollen ein Büro- und Wohnquartier entstehen, im Norden ein Dienstleistungs- und Handelszentrum, eine Mediathek und ein Kino. Das Quartier öffnet sich zur früher kanalisierten, nun wieder renaturierten Seille, deren Landschaft in die Gestaltung des Naherholungsgebiets einbezogen wurde.

Das deutsch-französische Architektenteam erhielt den Auftrag nicht etwa aufgrund eines nur formalen Architekturentwurfes, sondern weil ihre strategische Planung der Stadt eine allmähliche Realisierung der Pläne ermöglicht und das Konzept flexibel, aber dennoch ideenstark auf zeitliche und inhaltliche Veränderungen reagieren kann.

Rarely do German architects have an opportunity to work in France. This makes it all the more remarkable that in 1998 KSP Engel und Zimmermann were commissioned following a tender to which Jean Nouvel, Christian Portzamparc, Richard Rogers, Oriol Bohigas, and other international architects had responded.

The architects' brief was to provide a master plan for the redevelopment of the Quartier du Sablon, located in downtown Metz. The task was to re-organize the zoning in the 550-acre industrial estate, and devise not only a residential zone but also a high-end commercial area, offices, stores, a theater and a multi-purpose arena, as well as a supra-regional landscape park.

The architects visualized the Esplanade La Seille as a link between the city and park; to the south they foresaw an office and residential area, while the north was to accommodate a service and commercial center, a media resource center and a movie-theater. In the new master plan, the quarter opens out onto the river which had previously been channeled and was now restored to its original state, the meadows being incorporated into the formation of a greenbelt recreation area.

The team of German-French architects clinched the commission not with a formal architectural study, but due to the fact, that their scheme allowed the plans to be realized on a piecemeal basis through time. Their highly imaginative and flexible concept meant it was possible to respond to structural modifications or changes wrought by time.

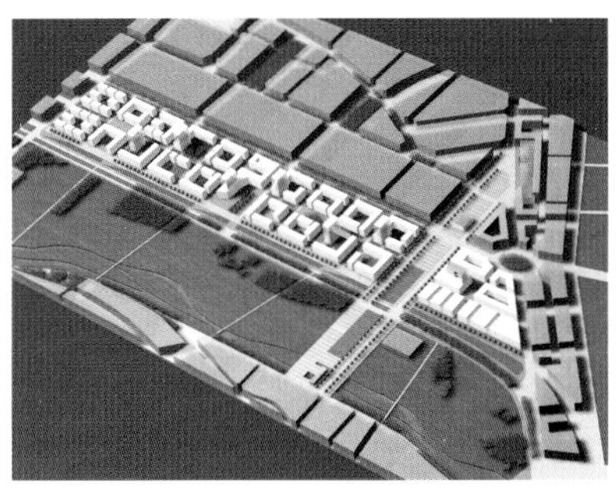

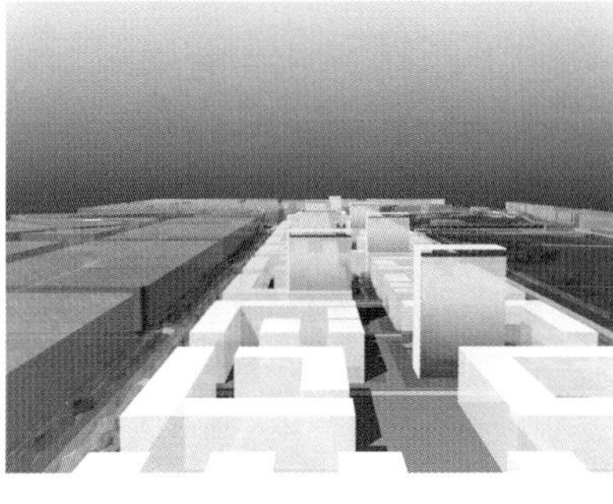

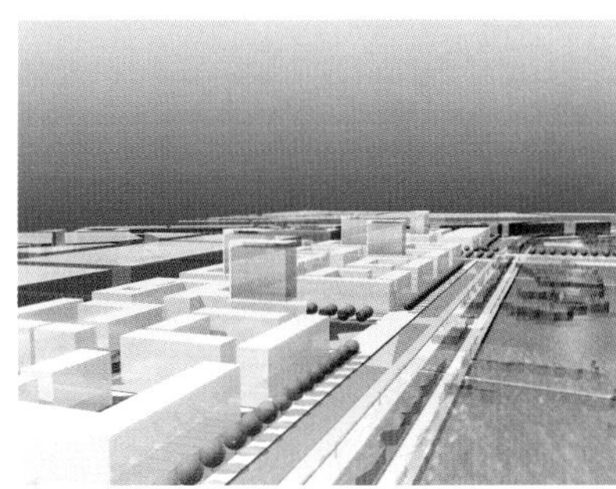

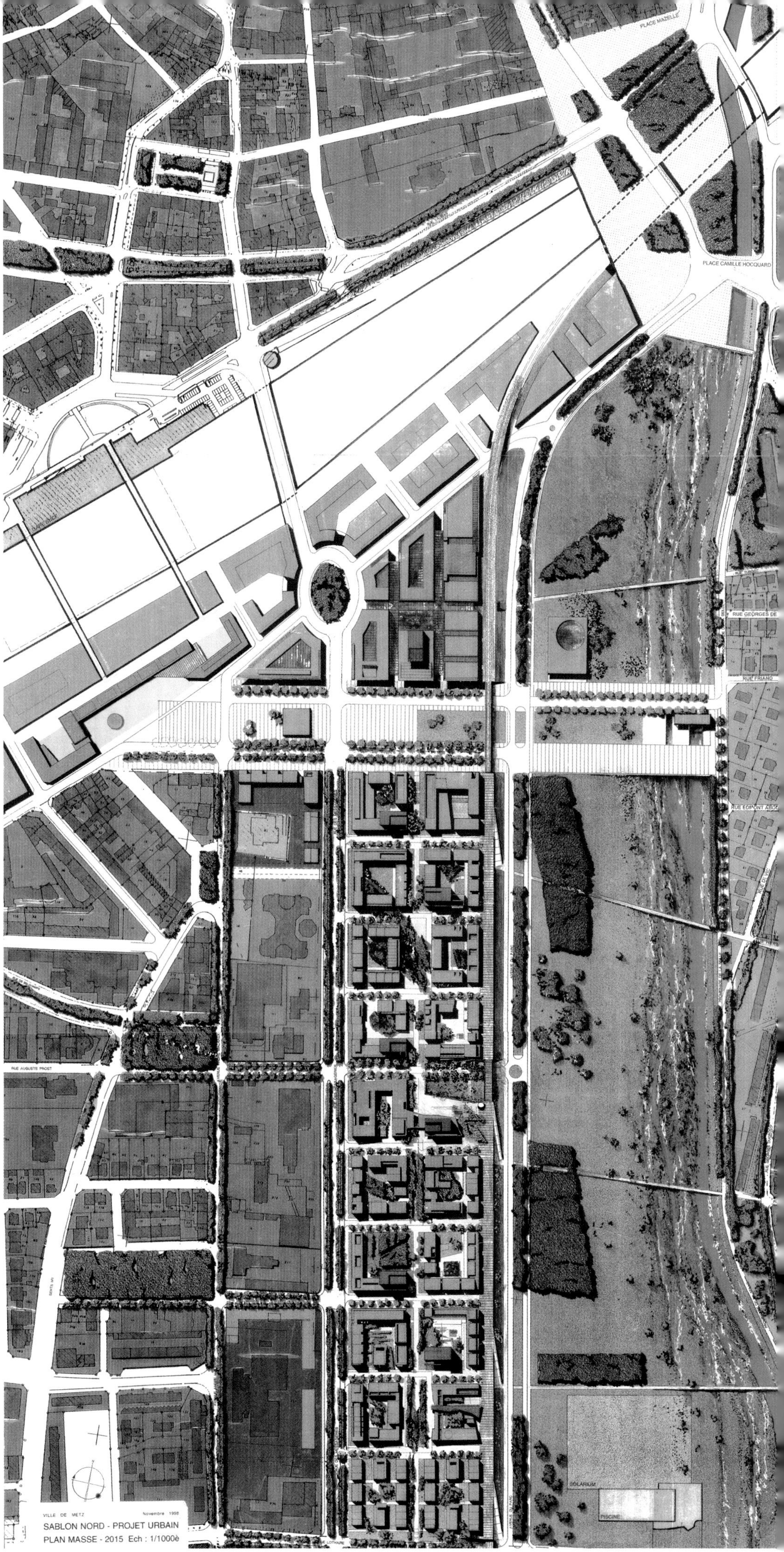

PLACE MAZELLE
PLACE CAMILLE HOCQUARD
RUE GEORGES DE
RUE FRIAND
RUE EDMONT ABO
RUE AUGUSTE PROST
SOLARIUM
PISCINE
VILLE DE METZ
Novembre 1998
SABLON NORD - PROJET URBAIN
PLAN MASSE - 2015 Ech : 1/1000è

Campus der Universität Songjiang Schanghai Songjiang University Campus Shanghai

Objekt: Campus der Universität Songjiang, Schanghai, China

in Kooperation mit ECADI East China Architecture Design Institute

Auslober: Chinesisches Bildungsministerium

Wettbewerb:
2000 – 1. Preis

BGF: 1,1 Mio. m²

Object: Songjiang University Campus, Shanghai, China

in cooperation with ECADI East China Architecture Design Institute

Competition held by the Chinese Ministry of Education

Town-planning competition:
2000 – 1st Prize

GSA: 1.1 million m²

Der Standort der geplanten neuen Universitätsstadt für 40.000 Studenten liegt in einem derzeit noch landwirtschaftlich genutzten Gebiet im Westen Schanghais in der Nähe der berühmten, 500 Jahre alten Gartenstadt Songjiang.

Der in Zusammenarbeit mit dem East China Architecture Design Institute (ECADI) entwickelte Masterplan wurde nach dem Gewinn des internationalen Wettbewerbs beauftragt. Er sieht eine Dreiteilung des Campus vor, sodass unterschiedliche Universitäten gebaut werden können. Weiter sollen zentrale Einrichtungen und verschiedene Wohngebiete dazu kommen.

Die Architekten haben als Raster für den Campus ein strenges Clustersystem unterschiedlicher Größen ausgewählt, um eine deutliche Separierung von bebautem Raum und landschaftsgestalteten Flächen zu erreichen. So kann jede der drei Universitäten ihre eigene Struktur und Identität entwickeln; untereinander sind sie durch große Achsen und Sichtbezüge miteinander verbunden. Als architektonische Dominante haben die Architekten ein Hochhaus, das über einem kreisrunden See zu schweben scheint, vorgeschlagen.

Die Raumstruktur des Campus macht historische Anleihen an der strengen Linearität der alten chinesischen Stadt und dem bewegten, lebendigen Naturraum, der die städtische Struktur harmonisch ergänzt, wie dies die beiden kosmischen Prinzipien Yin und Yang tun.

The new university for 40,000 students will be located in what is currently farmland in the west of Shanghai not far from the famous 500-year-old garden city of Songjiang.

The master plan was developed in cooperation with the East China Architecture Design Institute (ECADI) after the initial submission had won an international competition. The plan envisages a campus divided into three sections, enabling the construction of three different universities on one and the same site, while also foreseeing centralized institutions for all three and various housing complexes.

The architects have developed a grid layout for the campus featuring a strict system of clusters. The clusters will be of differing sizes in order to achieve a clear separation between built-up areas and those which will be landscaped. In this way, each of the three universities will be able to develop its own identity. At the same time, they will be connected by major axes and visual points of reference. The architects have suggested the construction of a high-rise that will seem to float over a perfectly circular lake and function as the dominant feature of the campus.

By both adhering to the strict lineation of ancient Chinese cities and taking into account the animated living natural domain (that harmoniously supplements the urban structures), the campus will emulate the cosmic principles of yin and yang.

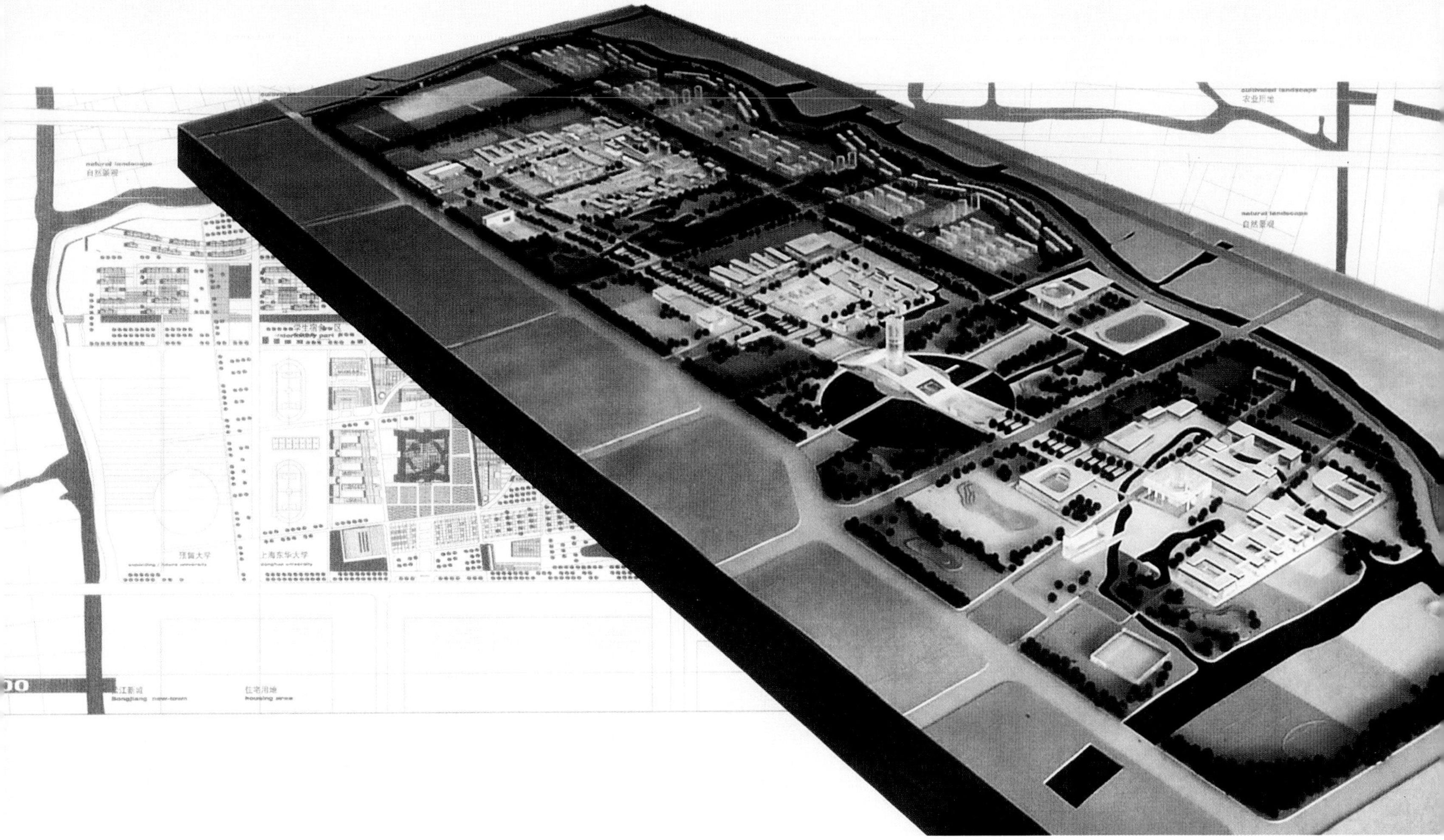

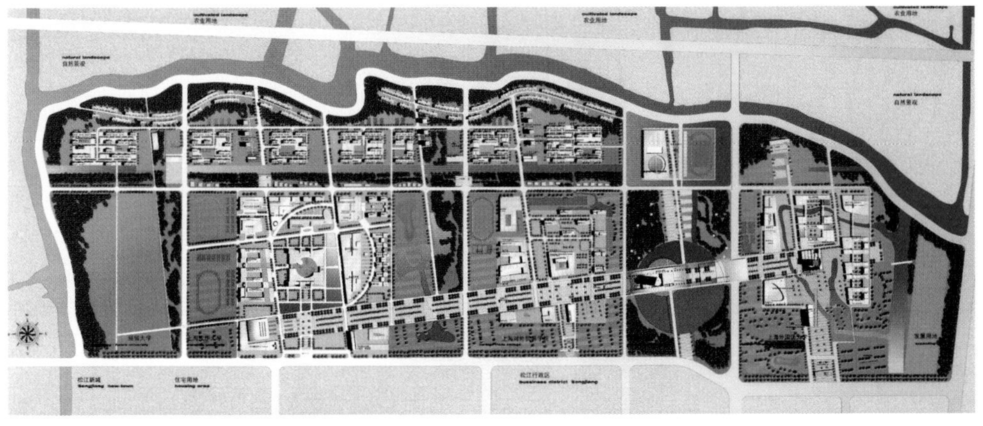

Das Stadtwerk Frankfurt am Main

Das Stadtwerk Frankfurt on Main

Objekt: Das Stadtwerk, Fankfurt am Main

Bauherr: Entwicklungsgesellschaft Ostend Verwaltungs GmbH

Wettbewerb: 2001 – 1. Preis, Entwicklung Masterplan Teilbeauftragung Hochbau

BGF: 120.000 m²

Object: Das Stadtwerk, Frankfurt on Main

Client: Entwicklungsgesellschaft Ostend Verwaltungs GmbH

Competition: 2001 – 1st Prize, development masterplan partial commission structural engineering

GSA: 120,000 m²

Rendering: Behrendt und Männchen

Die Hanauer Landstraße ist ein Viertel im Umbruch. In ihrer Mischung aus sorgfältig renovierten alten Gebäuden und guter neuer Architektur im Wechsel mit alteingesessenen Gewerbebetrieben ist sie in den letzten Jahren zu einem der lebendigsten Areale der Stadt geworden. Das Potenzial des Stadtteils zieht Investoren und Architekten an und ist noch längst nicht ausgeschöpft.

Das Stadtwerk heißt das Projekt, welches derzeit auf 40.000 m² des ehemaligen Ostgüterbahnhofs Frankfurts geplant wird. Das Gebiet parallel zur Hanauer Landstraße soll die Komponenten Arbeiten, Lifestyle und Ausgehen bedienen. So entstehen hier neben den Büros, die den Hauptanteil stellen, Restaurants, Geschäfte, ein Theater und ein Hotel.

KSP Engel und Zimmermann haben, nachdem sie den Wettbewerb gewonnen hatten, den in drei autarken Bauabschnitten realisierbaren Masterplan für das Gelände entwickelt und sind in der Folge mit der Planung mehrerer Gebäude in diesem Gebiet beauftragt worden. Der Masterplan propagiert die Wiedereingliederung der frei werdenden Gleisanlagen in den umliegenden Stadtraum, die jahrzehntelang keine Verbindung zueinander hatten.

The Hanauer Landstrasse is an emerging new district. A mixture of carefully renovated older buildings and good modern architecture alternating with traditional commercial premises has turned this area into one of the most lively sections of the city in recent years. It is a real magnet for investors and architects alike and still has great potential.

Das Stadtwerk is a project which is planned for 40,000 m² of Frankfurt's Ostgüterbahnhof, the former freight rail station. A combination of work, residences, and leisure time facilities is envisaged for the area parallel to the Hanauer Landstrasse. Thus, in addition to offices, which make up the largest part of structures here, there are plans for restaurants, shops, a theatre and a hotel.

After winning the competition, KSP Engel und Zimmermann set about devising a master plan for three autonomous building phases and were subsequently commissioned to plan several buildings in this area. The master plan calls for the reintegration of the now abandoned rail track zones into the surrounding urban environment. For many years the two areas lay without any connection.

Den Architekten schwebt eine Art Stadt in der Stadt für das Gelände vor, abwechslungsreich, lebendig, urban, mit Gassen, kleinen Plätzen und einer zentralen Mitte. Es geht darum, einer über lange Zeit heruntergekommenen Brache eine neue urbane Identität zu geben.

Ob dieser Traum von einem neuen Stadtteil so Gestalt annehmen wird, hängt von der richtigen Nutzungsmischung ab und inwieweit es gelingt, eine interessante, vitale Architektur unterschiedlicher Handschriften zu entwickeln. Mit der Beauftragung verschiedener anderer renommierter Architekturbüros zur weiteren Ausarbeitung hat der Bauherr bereits einen entscheidenden Schritt in die richtige Richtung getan.

The architects are planning a kind of city within the city. It will be diversified, lively, and metropolitan and will consist of small streets and squares as well as a central heart. The idea is to give an area, which has long since fallen into dilapidation a new urban identity.

Whether or not this dream of a new quarter can be realized depends on the correct mixture of zoning as well as on the development of interesting and vibrant architecture from a variety of different pens. By engaging different well-known architectural firms for the continued redevelopment of this area, a decisive step in the correct direction has already been taken.

Oost HOTEL

Wohnhaus Zimmermann Braunschweig Zimmermann Residence Brunswick

Objekt: Wohnhaus Zimmermann, Braunschweig

Bauherr: Familie M. Zimmermann

Fertigstellung: 1995

BGF: 480 m²

Fotografen:
Uwe Brodmann, Braunschweig
Klemens Ortmeyer, Braunschweig

Object: Zimmermann residence, Brunswick

Client: M. Zimmermann family

Completion: 1995

GSA: 480 m²

Photographers:
Uwe Brodmann, Brunswick
Klemens Ortmeyer, Brunswick

Zeitgenössisches Bauen von Wohnungen im historischen Bestand ist eine zweifache Herausforderung: Es bedeutet, eine zeitgenössische Gestaltung zu finden, die die Grenzen zwischen Alt und Neu klar herausarbeitet, und dies mit einer Bauaufgabe, in der sich die „Ursehnsucht des Architekten“ dokumentiert: dem privaten Wohnhaus.

Der weiß verputzte Kubus steht neben zwei renovierten barocken Stadthäusern und dem Chor einer gotischen Kirche. Er schließt eine der letzten Baulücken der Braunschweiger Innenstadt. Seine klare Gestalt setzt sich von den historischen Nachbarn deutlich ab und betont dadurch deren Identität und gewinnt eine eigene. Der kompakte Baukörper in der Sprache der Moderne liegt hinter einer niedrigen Mauer mit einem Tor, das an die frühere Hofeinfahrt an dieser Stelle erinnert. In der Fernwirkung deutet ein Sheddach einen Giebel an, der für alle benachbarten Bauten charakteristisch ist.

Creating contemporary apartments in an historical setting is a challenge in two ways. It requires elaborating a contemporary look that highlights the borders between the old and the new while also fulfilling the “ultimate desire” of any architect, namely to design a private residence.

This cube with its white plaster is located next to two renovated Baroque townhouses and the choir of a Gothic church. It fills one of the last available gaps in Brunswick downtown. The clear lines of the cube stand out clearly from the historical neighbors, lending the new building an identity of its own. The compact building in a Modernist vein is positioned behind a low wall with a gate reminiscent of the courtyard entrance which formerly occupied this site. From afar, the saw-tooth roof imitates the gables characteristic of all the neighboring residences.

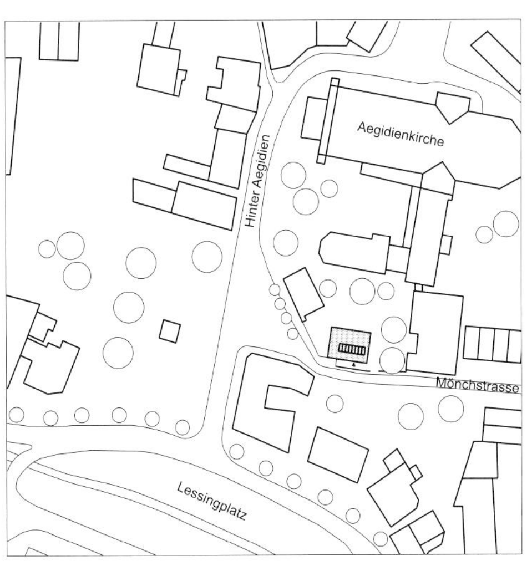
Aegidienkirche
Hinter Aegidien
Mönchstrasse
Lessingplatz

Der flächig wirkende Baukörper, in den Fenster- und Türöffnungen scharf einschneiden, orientiert sich in seiner Traufhöhe an den Nachbarhäusern der Mönchstraße. Die Mauern um das Grundstück zeichnen die Fluchtlinien der zerstörten Stadt nach.

Im Inneren des Hauses, das zur Gartenseite hin axial erscheint, ohne es jedoch zu sein, greift die Struktur der Räume die Jocheinteilung des in der Nähe gelegenen Paulinerchores auf.

Ein weiteres schönes Beispiel dafür, dass ein kompromisslos eigenständiges Haus in alter Umgebung diese keineswegs entwertet, wie viele Denkmalpfleger behaupten, sondern deren Charakteristika und Qualität eher herausarbeitet und betont.

The flat-seeming building with its sharply incised apertures for windows and doors, takes its orientation in eaves level from the neighboring buildings in Mönchstrasse. The walls surrounding the grounds follow the lines of the buildings in the city prior to its destruction in a bombing raid.

The interior seems to be axially aligned to the garden side, without this actually being the case and is sub-divided in keeping with the bays of the nearby Pauline choir.

This house provides a good illustration of the principal that an uncompromising and self-assured edifice in an historical setting need not in any way detract from the qualities of historical buildings (though there are some experts who would claim otherwise) and instead actually highlight their characteristic and beneficial properties.

Elbloft Hamburg-Neumühlen Westkai

Elbloft Hamburg-Neumühlen West Quay

Objekt: Elbloft Hamburg-Neumühlen, Westkai

Bauherr: Elbloft GmbH & Co. KG

Fertigstellung: 2003

BGF: 5.000 m²

Visualisierung: Ondrej Sklabinski

Object: Elbloft Hamburg-Neumühlen, West Quay

Client: Elbloft GmbH & Co. KG

Completion: 2003

GSA: 5,000 m²

Rendering: Ondrej Sklabinski

Von den weltbekannten Hamburger Landungsbrücken elbabwärts gelegen, kurz vor Oevelgönne mit seiner idyllischen Bebauung und dem Museumshafen, in nächster Nähe zu den luxuriösen Villen der Elbvororte und dem Containerhafen mit den riesigen Kränen im Blick, wandelt sich der Neumühlener Westkai derzeit mit atemberaubender Geschwindigkeit zu Hamburgs schönster Wasserlage. Die frühere schäbige Hafenbrache von zweifelhaftem Ruf mutiert zu einem attraktiven Büro- und Wohnungsstandort, der nahe genug an der Innenstadt liegt, um nicht „vor der Tür" zu sein.

Das „Elbloft" ist Auftakt einer Kette von insgesamt fünf Solitären annähernd gleicher Kubatur, die sich wie Hühner auf der Stange entlang des Kais auf der Polderanlage niedergelassen haben. Das weiße, L-förmige, fünfgeschossige Wohnhaus, das zur Wasserseite über den Polder hinausragt, steht luftig auf massiven Schottwänden, um die gelegentlichen Hochwasser unbedenklich überstehen zu können. Der als massiver Sockel ausgebildete 4,50 m hohe Polder fungiert ebenfalls als Hochwasserschutz und gleichzeitig als sturmflutsichere Tiefgarage. Im Erdgeschoss stehen 340 m² für Büros zur Verfügung. Die 24 hochwertigen Wohnungen verfügen über großzügige Balkone und Loggien.

Situated down the river Elbe from the world-famous Hamburg harbor gangways, a short distance before Oevelgönne with its idyllic buildings and museum harbor, and directly adjacent to the luxurious villas of the Elbe suburbs and the container port with its giant cranes, the Neumühlen West Quay is rapidly becoming Hamburg's most beautiful waterside location, in fact at a breathtaking speed. The former shabby harbor wasteland of dubious repute is becoming an attractive location for offices and apartments – close to the city but without being on its doorstep.

The "Elbloft" is the first of a chain of five solitary buildings, each with similar dimensions, which have settled like birds on a fence along the quay on the area of reclaimed land. The white, L-shaped, five-story residential building which extends over the polder towards the water, stands airily on massive bulkheads which keep it effortlessly above the occasional flood. The 4.50 m high polder functions as a massive base and protection from high water and at the same time as an underground garage safe from storm waters. On the ground level there is 340 m² of space available for offices. The 24 high-quality apartments have generous balconies and loggias.

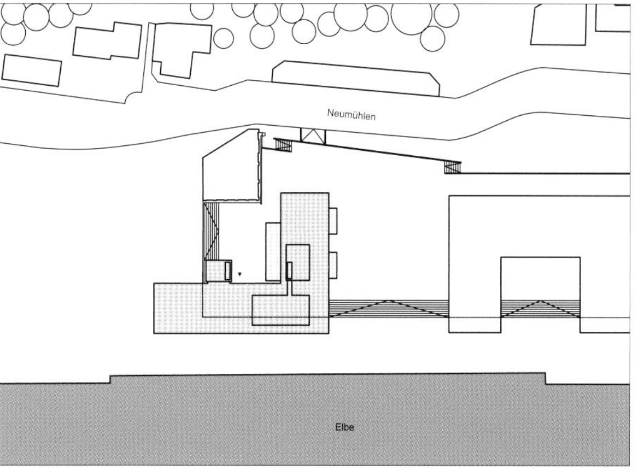

Im Gegensatz zu seinen Schwesterbauten – kristalline Bürobauten aus Glas und Stahl – wechseln sich in der landwärtigen Fassade Glasflächen mit großen Putzflächen ab. Zur Elbe scheint das „Elbloft" als weiß gerahmtes gläsernes Regal mit sich zurücknehmenden, fast fragil wirkenden Deckenscheiben. Die bodentiefe Verglasung der Wohnungen garantiert einen großartigen freien Ausblick auf die Elbe und die vorbeifahrenden Schiffe – eine in Deutschland einzigartige Aussicht. Die dezent luxuriös-komfortable Ausstattung der Lofts wird durch die reduzierte Materialwahl – Stahl, Glas und Sichtbeton – verstärkt.

In contrast to its sister buildings – crystalline office structures composed of glass and steel – the landward, glass façades are interspersed with large plaster surfaces. On the Elbe side, the "Elbloft" looks like a glass shelf framed in white with set-back almost fragile looking ceiling lines. The floor-to-ceiling glass fronts of the apartments guarantee a generous, unhindered view of the Elbe and the passing ships – a unique view in Germany. The unobtrusive, comfortably luxurious loft decor is underlined by a minimalist choice of materials, namely steel, glass and fair-faced concrete.

Hotel und Bürogebäude Elefantengasse Frankfurt am Main Hotel and Office Building Elefantengasse Frankfurt on Main

Objekt: Hotel- und Bürogebäude Elefantengasse, Frankfurt am Main

Bauherr: Grundstücksgesellschaft Bleichstraße mbH & Co. KG

Fertigstellung: 2003

BGF: 24.000 m²

Fotograf: Jean-Luc Valentin, Frankfurt am Main

Object: Hotel and office building, Elefantengasse, Frankfurt on Main

Client: Grundstücksgesellschaft Bleichstrasse mbH & Co. KG

Completion: 2003

GSA: 24,000 m²

Photographer: Jean-Luc Valentin, Frankfurt on Main

Die großstädtische Anlage, bestehend aus einem Hotel sowie je einem Büro- und Wohntrakt, liegt in der Innenstadt Frankfurts. Als Blockrandbebauung entlang einem Geviert aus Straßen umschließt der Komplex ein Technik- und Servicegebäude der Stadtwerke, das in den achtziger Jahren ohne städtebaulichen Bezug auf der damaligen Brachfläche errichtet wurde. Um das somit teilweise bebaute Grundstück überhaupt nutzen zu können, mussten ein Straßenzug und sämtliche unterirdische Versorgungsleitungen verlegt werden.

Der Bau gliedert sich in drei von außen erkennbare Einheiten, in denen die unterschiedlichen Nutzungen untergebracht sind. An der Vilbeler Straße liegt der Eingang zu einem Hotel mit 258 Zimmern, Konferenzräumen und einem Restaurant, das im ersten Obergeschoss an den Foyertrakt im Westen anschließt und dessen Küche sich entlang der Elefantengasse in die Tiefe des Grundstücks erstreckt. Hier werden im Erdgeschoss Einzelhandelsflächen ausgewiesen, in den Obergeschossen Hotelzimmer. Der sich vom Hauptbau gestalterisch-formal sehr absetzende Wohnungsbau mit insgesamt 33 Wohneinheiten bildet den Endpunkt des westlichen Flügels.

The urban complex consisting of a hotel, one office and one residential section lies in downtown Frankfurt. It takes up a four-sided street block and envelopes the municipal utilities' technical and service building, erected during the 1980s on what was then waste ground and not integrated into the urban fabric. In order to be able to use the partly developed plot at all, it was necessary to shift the line of an entire street, and all the underground supply cables.

From the outside, the ensemble is discernibly divided into three sections, which serve various different uses. Guests enter the hotel from Vilbeler Strasse. Inside are 258 rooms, as well as conference facilities, and, on the second floor, adjoining the foyer section in the west, a restaurant whose kitchen extends along the Elefantengasse and towards the rear of the site. Retail outlets are located on the ground floor, and hotel rooms on the upper stories. Very different in character and style is the residential complex with a total of 33 apartments that marks the end of the west wing.

nH HOTELES
HOTEL
nH HOTELES

Entlang der das Grundstück im Osten flankierenden Konrad-Adenauer-Straße bindet der zweigeschossige Konferenzbereich die übrige Hotelanlage an den Empfang. Im weiteren Verlauf folgt der über zwei Treppenhäuser separat erschlossene und flexibel in Nutzungseinheiten unterschiedlicher Größe zu unterteilende Bürotrakt der Straßenflucht. Das Erdgeschoss bildet entlang der Straße eine Arkade, in der Fußgänger entspannt bummeln können. Im Norden, entlang der Bleichstraße, schließt ein weiterer Büroflügel den städtebaulichen Block.

Der Gesamtkomplex reagiert mit seinen unterschiedlich ausgebildeten Fassaden auf die komplexe innerstädtische Situation. Lange Fensterbänder in der mit dunkelrotem Steinzeug verkleideten Fassade werden sanft um die runde Ecken gezogen und erinnern an die Gestaltung der Zwanziger-Jahre-Moderne. Große Glas- sowie helle Putzflächen verdeutlichen die verschiedenen Nutzungen in den Gebäudeteilen.

Der Neubau umfasst circa 100.000 m³ umbauten Raum – ein Volumen, das differenziert gegliedert ist und geschickt in das schwierige städtische Umfeld hineingestellt wurde.

Extending along Konrad Adenauer Strasse, which flanks the site to the east, the two-story conference section effectively links the remaining hotel ensemble to the reception. It is followed by the office section, which can be accessed separately via two flights of stairs, and is divided into units of varying size for flexible use; this section adheres to the line of the street below. On the ground floor is an arcade in which pedestrians can stroll at their leisure. To the north, along Bleichstrasse, an additional office wing forms the outer section of the block.

With its starkly contrasting façades the entire complex responds to the complex inner-city setting. Long strip windows set into the façade faced in dark-red stoneware are drawn gently around the rounded corners, calling to mind the Modernist projects of the 1920s. Large glass and pale plaster-faced surfaces underscore the differing uses of the building's sections.

The new complex delivers about 100,000 m³ of enclosed space. The ensemble with its differently styled sections was cleverly inserted into what was otherwise an awkward urban setting.

SONNENSTUDIO

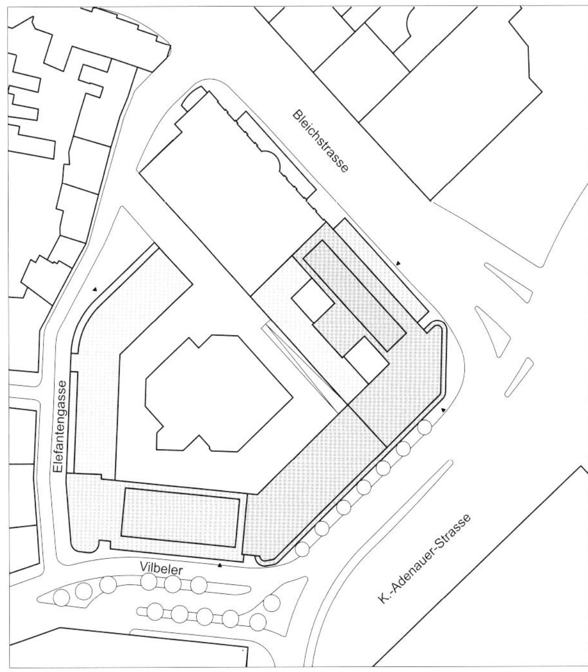
Bleichstrasse
Elefantengasse
Vilbeler
K.-Adenauer-Strasse

HOTEL

Verwaltungszentrum Dresdner Bank Leipzig Dresdner Bank Administration Center Leipzig

Objekt: Verwaltungszentrum Dresdner Bank, Leipzig

Bauherr: Merkur Grundstücks-Gesellschaft mbH

Wettbewerb: 02/1993 – 1. Preis

Fertigstellung: 1997

BGF: 36.500 m²

Fotograf: Stefan Schilling, Köln

Object: Dresdner Bank Administration Center, Leipzig

Client: Merkur Grundstücks-Gesellschaft mbH

Competition: 02/1993 – 1st Prize

Completion: 1997

GSA: 36,500 m²

Photographer: Stefan Schilling, Cologne

Die Ringstraße Leipzigs ist ein innerstädtischer Verkehrsraum, der die Zäsur zwischen Altstadt und den Erneuerungsbauten der Gründerzeit bildet. Am Ring liegen einige bedeutende Großbauten, denen sich der Neubau der Dresdner Bank auf einem seit dem Zweiten Weltkrieg unbebauten Grundstück sowohl städtebaulich als auch architektonisch in ungewöhnlicher Gestalt hinzugesellt. Die Gebäudezeile der Dresdner Bank schwenkt aus der Flucht des Dittrichrings aus und verzichtet damit auf das direkte Schließen der Lücke zwischen zwei Gründerzeitbauten.

Stattdessen greift ein großes, ausladendes Dach als transparentes Gitter weit in den öffentlichen Raum des vor der Bank entstehenden Platzes und verspannt optisch den Neubau mit den Nachbargebäuden. Das sich zur Westecke des Baus verschmälernde Dach konterkariert in seiner Form den Dreiecksplatz am Boden und lässt so zwischen beiden einen komplexen Raum entstehen, der sich aber nur nach genauer Analyse erschließt.

Die ungewöhnliche Symmetrie des Dachüberstandes – schräg zur scheinbaren Fassade aus quadratischen Steinrahmen mit großflächiger Verglasung bleibt auch nach einiger Gewöhnung ein Merkmal der Aufmerksamkeit und wird zum optischen Erkennungszeichen.

Leipzig's inner ring road is a boulevard in the middle of the city, which separates the old town center from the buildings erected in the late 19th century. There are a number of imposing structures along this route. And they now include an unusual addition in terms of town planning and architecture: the new Dresdner Bank building on a site which had been vacant since World War II. The Dresdner Bank building is not flush with the line of the late 19th century buildings next to it on the Dittrichring and thus does not precisely fit the gap between the century-old buildings on either side.

Instead, a large projecting roof juts out like a transparent screen into the public space of the plaza that has arisen in front of the bank. In this way, it seems visually to bracket the new edifice and its elderly neighbors. The west corner of the roof tapers and forms a contrast to the triangular plaza on the ground below it. This results in a complex space that only takes shape when you consider it more closely. The unusual symmetry of the projecting roof (slanting toward an apparent façade with square stone frames filled with large panes of glass) continues to attract your eye even after you have become used to it, functioning as a visual landmark.

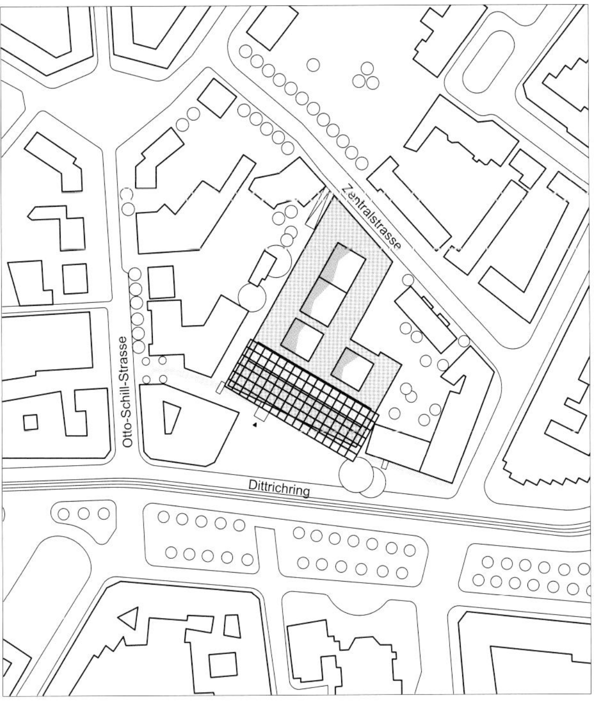
Zentralstrasse
Otto-Schill-Strasse
Dittrichring

Beim Näherkommen entpuppt sich die Fassade als Hülle einer Halle – von den Architekten Loggia genannt –, hinter der erst der eigentliche Bau beginnt. Die Rasterwand, die durch ihre markanten Steinrahmen den Rhythmus der alten Nachbarbauten bewusst aufhebt, steht wiederum schräg zu der innen liegenden Außenfassade des eigentlichen Hauses und gibt durch ihre Transparenz den Blick auf die skulptural ausgebildeten Köpfe der drei dahinter befindlichen Bürotrakte frei. Diese Transparenz verhindert die Abschottung des eigentlichen Verwaltungsgebäudes. Die seitlich abschließenden Wände der Stadtloggia aus einer minimalistisch gehaltenen Glaskonstruktion machen den Zwischenraum der Loggia als Ort deutlich, der sich vor der Stadt nicht verschließen, sondern sie vielmehr einbinden will.

On closer inspection, the façade turns out to be enclosing a lobby (or "loggia" as it is called by the architects) behind which the building proper first begins. The prominent stone frames of the grid-patterned wall are a conscious imitation of the neighboring older buildings. This wall, in turn, is slanted toward an interior wall which is the exterior façade of the actual building. By virtue of the fact you can look through it, you are offered a view to the sculpted crowns of the three office wings that are located behind it. This transparency prevents the actual administration building from becoming closed off. The side walls of the townside loggia feature a minimalist glass structure, transforming the intermediary space of the loggia into a place that seems to link up with the city rather than block it off.

HOTEL INTER-CONTINENTAL
P

Die Stadtloggia ist also nicht das von außen erwartete gänzlich öffentliche Atrium – temporär wird es für Ausstellungs- und Repräsentationszwecke genutzt –, sondern eher Verkehrs- und Durchgangsfläche für die hier arbeitenden Menschen. Für sie haben die Architekten drei sich tief in das Grundstück hinein entwickelnde Längsriegel mit Büros entworfen, die von schön angelegten, grünen und großen Innenhöfen getrennt werden. Diese dienen außerdem der Belichtung der sehr großflächig verglasten Büroräume, die dem Nutzer jegliches Gefühl der Abschottung nehmen.

However, the loggia turns out not to be the public atrium that was expected from outside – it will only occasionally be used for exhibitions and representative purposes. It is instead more of a thoroughfare for the people who work here, for whom the architects have composed three oblong office blocks which reach far back into the site. They are separated from each other by spacious, attractively lush and green courtyards that also provide light for the generously glazed offices and preclude any sense of isolation.

Oberlichter über den Türen versorgen die Flure mit Tageslicht. Eine helle und freundliche Arbeitsatmosphäre herrscht in den Büros wie auch in den Pausenzonen, die durch geweitete Enden der Flure entstehen und Raum für eine informelle Kommunikation bieten. Gläserne Brücken zwischen den Büroriegeln und tageslichthelle Treppenhäuser sorgen für kurze Wege zwischen den Etagen. Bei der Gestaltung der Fassaden wurden helle Materialien verwendet; dezente Grautöne herrschen bei den mit Glas, Stahl, Putz gestalteten Oberflächen vor und charakterisieren den Verwaltungsbau deutlich als ein der Moderne verpflichtetes Gebäude.

Skylights above the doors flood the corridors with daylight. A bright and friendly working ambience pervades the offices and rest areas; the latter are located at the ends of the corridors which have been widened for this purpose and constitute ideal spaces for informal communication. Glass bridges between the office blocks and stairwells which are lit by daylight keep the distances between the floors to a minimum. The façades were designed with materials that are light in hue: restrained gray tones prevail on surfaces that were designed with glass, steel and plaster. This administration complex is definitely indebted to the spirit of Modernism.

Bundesanstalt für Wasserbau Ilmenau Federal Waterways Engineering and Research Institute Ilmenau

Objekt: Bundesanstalt für Wasserbau, Ilmenau

Bauherr: Bundesrepublik Deutschland, Freistaat Thüringen vertreten durch das Staatsbauamt Suhl

Wettbewerb: 1996 – 1. Preis

Fertigstellung: 07/1999

BGF: 8.800 m²

Fotografen:
Jürgen Voss, Sarstedt
Friedemann Steinhausen, Potsdam

Object: Federal Waterways Engineering and Reserch Institute, Ilmenau

Client: Federal Republic of Germany, Free State of Thuringia represented by Staatsbauamt Suhl

Competition: 1996 – 1st Prize

Completion: 07/1999

GSA: 8,800 m²

Photographers:
Jürgen Voss, Sarstedt
Friedemann Steinhausen, Potsdam

Für die Außenstelle der Bundesanstalt für Wasserbau, die von Berlin nach Ilmenau verlegt wurde, galt es, auf einer brachliegenden Fläche in der Nachbarschaft der Technischen Universität einen Neubau mit Büro-, Labor- und Schulungsräumen zu planen. Die Architekten wurden in einem europaweiten Verfahren ermittelt; doch am Anfang ihrer Beauftragung stand ein Workshop, auf dem Bauherr und Architekt in einem offenen Dialog das Projekt konzipierten und diskutierten.

Der Standort des Baus für 110 Mitarbeiter ist ein Hang in unmittelbarer Nähe zu einem Naturschutzgebiet mit schönem Blick auf die Stadt und den Thüringer Wald. Der Baukörper öffnet sich zur Landschaft in einem großen, eleganten Bogen. Der ein- bis zweigeschossige Sockel ist aus der Hanglandschaft herausmodelliert und mit Muschelkalk, einem Stein aus der Region, verkleidet, der sich so hervorragend in die Umgebung einfügt. Dieser nimmt Versuchslabore, Werkstätten und Lagerräume auf.

The designated site for the new office of the Federal Waterways Engineering and Research Institute, which has relocated from Berlin to Ilmenau, was an undeveloped area adjacent to the Technical University. The new building was to contain offices, laboratories and training/teaching rooms. The project was put out on European tender. However, before construction began there was a workshop in which the client and the architects openly discussed the plans for the project.

The building houses 110 employees. It is located on a slope very near a protected area and has a nice view of the city and the Thuringia Forest. Shaped like a large bow, the building elegantly opens out onto natural scenery. The base of the building is partly one story and partly two stories high, as it is sculpted into the sloping landscape and faced with limestone from the region which pleasantly blends into the surroundings. The base houses laboratories, workshops and storage rooms.

Über dem Sockel erhebt sich ein zweigeschossiger Bau, der durch lange Fensterreihen und durch teilweise hinter die Fassade zurücktretende Bereiche leichter erscheint. Hier liegen die Büros. Die variable Breite des Gebäudes ermöglicht es, den Büros bedarfsgerechte Nebenflächen zuzuordnen.

Eine geschosshohe gläserne Fuge kennzeichnet den Eingangsbereich. Foyer und Vorplatz sind wie der Sockel ebenfalls in Muschelkalk ausgeführt. Das aus der Topografie der Landschaft heraus entwickelte Bauwerk setzt durch seine exponierte Lage und seine Gestalt, in der sich Schwere mit Schwung verbindet, einen weithin sichtbaren baulichen Akzent.

A two-story structure rises above the base. Long rows of windows and sections set back from the outer line of the building give the structure a feeling of lightness. The offices are located on the upper two floors. Thanks to the varying breadth of the building, offices can be allocated adjacent space as needed. A floor-to-ceiling glass insert is the distinguishing characteristic of the entrance, while the foyer and the forecourt are paved with the same limestone as the base of the building.

The shape of the building emerges from the surrounding topography and landscape. Its prominent position and shape combine solemnity with movement to create an architectural highlight visible from afar.

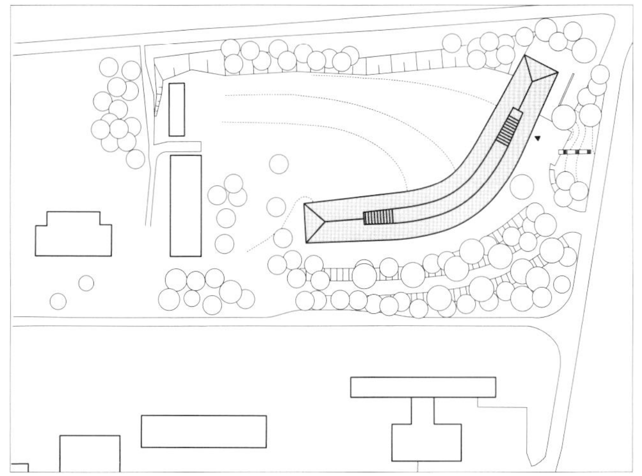

Kap am Südkai Köln Kap am Südkai Cologne

Objekt: Kap am Südkai, Köln

Bauherr: Objektgesellschaft KAP am Südkai mbH

Fertigstellung: 2004

BGF: 18.000 m²

Fotograf: Stefan Schilling, Köln

Visualisierung: b:f berlin

Object: Kap am Südkai, Cologne

Client: Objektgesellschaft KAP am Südkai mbH

Completion: 2004

GSA: 18,000 m²

Photographer: Stefan Schilling, Cologne

Rendering: b:f berlin

Ganz ohne Frage ist das Gebiet des Rheinauhafens Kölns Vorzeigebaustelle der nächsten Jahre. Der Rheinauhafen ist über 100 Jahre alt, und seine Geschichte ist eng mit der der Stadt Köln verbunden. Durch die Verlegung der Hafentätigkeiten vor einigen Jahren an weniger zentrumsnahe Lagen am Fluss fiel der exponierte Hafenbereich brach – und in einen Dornröschenschlaf. Seit mehr als zehn Jahren wird ent- und verworfen, entwickelt und geplant. Die Projekte zu seiner Umstrukturierung sind zahlreich. Aber erst allmählich gewinnen die Pläne, den citynahen Hafen in einen aufregenden neuen Stadtteil umzubauen, an Gestalt.

Im Juni 2003 fand der Spatenstich für das erste hochbauliche Projekt im Rheinauhafen, dem „Kap am Südkai“, statt. Im südlichen Anschluss an das im Volksmund als „Siebengebirge“ betitelte Ensemble von zum Rhein hin giebelständigen Speicherbauten entsteht parallel zum Fluss als südlicher Auftakt und mit Blick auf das Wasser ein 130 m langer gläserner Riegel. Er orientiert sich in seiner Höhenentwicklung an den Speicherbauten, endet aber in einem zehngeschossigen Turm, der den Endpunkt des langen Hauses bildet und den zeitgenössischen selbstbewussten Kontrapunkt zu den alten Hafengebäuden markiert.

The Rheinau port in Cologne will unquestionably continue to be the exemplary construction site of the next few years. The Rheinau port is more than 100 years old and its history is closely linked to that of the city of Cologne. After most port activities in Cologne were transferred away from the city a few years ago, this prominent port area fell into disuse. For more than ten years designs and plans for the redevelopment of this region have been created, presented, discarded, and created anew. It has been the subject of numerous restructuring projects but plans to convert this port near the center of the city into an exciting district have only very slowly taken form.

In June 2003, the ground-breaking ceremony was finally carried out for the first building project at the Rheinau port: it is called "Kap am Südkai." At the southern end of the ensemble of gabled warehouses facing the Rhine, fondly called the "Siebengebirge" by the locals ("Seven Hills," a region near-by) there will be a glass block, 130m long, facing the water and running parallel to the river. The progression in height takes its cue from the warehouses. However a ten-story tower will be built at the far end of the block. It will represent a contemporary and self-assured contrast to the older port buildings.

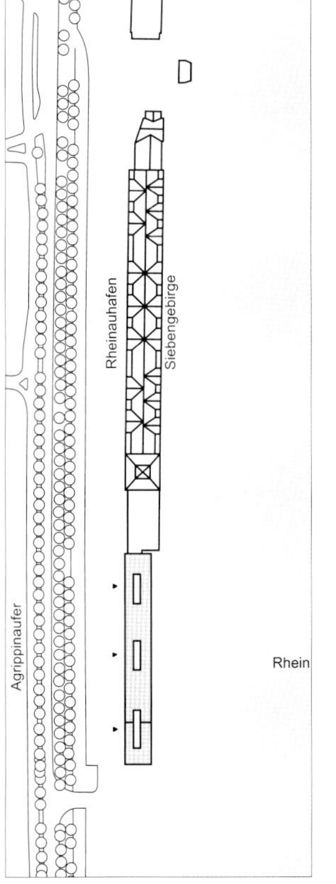
Rheinauhafen
Siebengebirge
Agrippinaufer
Rhein

Der gläserne Bau wird 14.000 m² Bürofläche umfassen und mit seinen aufwändigen Fassaden sowie aufgrund der attraktiven Lage eine erste Adresse für innovative Unternehmen werden. Der Gebäuderiegel gliedert sich in ein öffentlich zugängliches Erdgeschoss mit Café und Showroom, vier Normalgeschossen und einem Staffelgeschoss. Der Turm überragt den Riegel um weitere fünf Geschosse und endet mit dem als Konferenzgeschoss konzipierten Dachgarten. Von hier aus hat man einen überwältigenden Blick auf Strom und Stadt.

Flexible, in kleinen Teilen vermietbare Grundeinheiten, die sich um die drei Erschließungs- und Versorgungskerne gruppieren, runden das insgesamt stimmige und fortschrittliche Bürohauskonzept ab und werden das „KAP“ zu einer gefragten Immobilienadresse am Rheinauhafen machen. Denn was Düsseldorf erfolgreich vorgemacht hat – ein neuer Stadtteil am Rhein mit extravaganter Architektur –, kann in Köln nur überboten werden.

The glass structure will encompass 14,000 m² of office space. Its extravagant exterior as well as its attractive location will make it a prime location for innovative companies.The ground floor of the block will be open to the public and will contain a café and a showroom. Above it, there will be four normal stories and a stepped floor at the top. The tower will be five stories higher than the main block and will be topped by a roof garden intended to function as a conference floor. It will afford an impressive view of the city and the river.

Flexible office units which can be rented in small quantities will be grouped around three core utility and access shafts, rounding out this harmonious and advanced office building and helping to make the "KAP" one of the most sought-after sections of realty in the Rheinau port. Cologne is setting out to go one better than Düsseldorf by creating its own new, and even more architecturally extravagant, quarter on the Rhine.

Caecilium Coeln Köln Caecilium Coeln Cologne

Objekt: Caecilium Coeln, Köln
Bauherr: Bilfinger Berger Projektentwicklung GmbH
Fertigstellung: 2005
BGF: 22.500 m²
Fotograf: Axel Schmidt, Ratingen

Object: Caecilium Coeln, Cologne
Client: Bilfinger Berger Projektentwicklung GmbH
Completion: 2005
GSA: 22,500 m²
Photographer: Axel Schmidt, Ratingen

Der Neubau liegt im Zentrum Kölns an der Kreuzung der Nord-Süd-Fahrt mit der Cäcilienstraße. Gemeinsam mit den beiden Kirchen St. Peter und St. Cäcilie bildet die Anlage die Randbebauung eines so entstehenden Platzes. Dieser verhilft dem Quartier zu einer neuen, ruhigen Mitte. Der sechsgeschossige Baukörper schwingt entlang der Nord-Süd-Fahrt im leichten Bogen aus der Flucht heraus und wölbt sich zurück in die Leonhard-Tietz-Straße.

Die große bauliche Geste umgreift wie in einer Umarmung einen fünfgeschossigen Solitär. Beide Bauten nehmen in ihren Proportionen und durch verwandte Fassadenthemen Bezug aufeinander. In elegantem Schwung kurvt auch der Solitär von der Jabachstraße hinein in den attraktiv gestalteten Innenraum des Gebäudeensembles. Hier liegen die vier Eingänge der Büroetagen. Aus dieser Anordnung ergibt sich für die Aufteilung der Nutzungseinheiten eine große Flexibilität. Sie können zwischen 200 und 400 m² variieren und bei Bedarf gekoppelt werden.

The new building is located in the center of Cologne at the intersection of the north-south carriageway and Cäcilienstrasse. Together with the two churches of St. Peter and St. Cecilia, the complex forms the block edge development of a newly evolving square. The latter lends the district a new, tranquil center. Along the north-south carriageway the six-story building forms a slight, yet dynamic curve away from the direction of the road, before curving back into the Leonhard-Tietz-Strasse.

This generous curvature gives the impression of embracing a single five-story structure. By virtue of their proportions and related façade styles, both buildings make reference to each other. In an elegant sweep the single building also curves from the Jabachstrasse into the attractively styled interior of the building ensemble. The four entrances leading to the floors with office space are located here. This makes for great flexibility in the division of the separate units. The latter can vary between 200 and 400 m², and if necessary can be joined together.

Die grünlich schimmernde Glashaut des Neubaus wird durch die alternierende Anordnung der Fensterbänder strukturiert. Mit den integrierten Kastenfenstern in den Bändern und dem differenziertem Fassadenbild der zwei Treppenhäuser wird die etwa 100 Meter lange Fassade entlang der Nord-Süd-Fahrt gegliedert.

Der Neubau schafft an dieser städtebaulich schwierigen Stelle eine Arrondierung und Ruhe, die das ganze Viertel aufwerten wird.

The greenish shimmering glass exterior of the new building is structured through the alternating arrangement of the strip windows. The countersash windows incorporated into the strip sections and the contrasting appearance of the façade used for the two hallways serve to organize the 100-meter-long façade extending the length of the north-south carriageway.

Notwithstanding the awkward urban setting, the new building rounds off and adds a certain tranquility, which will upgrade the entire district.

Cäcilienstrasse
Jabachstrasse
Nord-Süd-Fahrt
Leonhard-Tietz-Strasse

Chinesische Nationalbibliothek Peking National Library of China Beijing

Objekt: Chinesische Nationalbibliothek, Peking, China

Bauherr: Chinesische Nationalbibliothek

Wettbewerb 2003 – 1. Preis, beauftragt

BGF: 80.000 m²

Object: National Library of China, Beijing, China

Client: National Library of China

Competition: 2003 – 1st Prize, commissioned

GSA 80,000 m²

Dass ausländische Architekten Universitäten, Stadien, Hotels und Hochhäuser bauen, ist in China in den letzten Jahren Gewohnheit geworden. Dass ein deutsches Büro mit einer der wichtigsten nationalen Bauaufgaben beauftragt wird, der chinesischen Nationalbibliothek in Peking, ist eine äußerst seltene Ausnahme. Der Entwurf von KSP Engel und Zimmermann behauptete sich gegen eine Auswahl von Entwürfen international renommierter Architekten.

Die Nationalbibliothek Peking hat täglich 12.000 Besucher. Ihr größter Schatz sind die Aufzeichnungen von „Si Ku Quan Shu" des chinesischen Kaisers Quianlong (1736–1795) aus der Quin-Dynastie (1644–1912), der während seiner Regierungszeit von allen historischen Schriften der chinesischen Kultur Abschriften erstellen ließ und so den wertvollen Schatz des Wissens aus Tausenden von Jahren in die Moderne rettete.

In recent years, it has become the norm for foreign architects to design universities, stadiums, hotels and high-rises in China. But for a German studio to be commissioned with one of the most important national construction projects – the Chinese National Library in Peking – is a rare exception. The KSP Engel and Zimmermann plan was favored over a selection of designs submitted by internationally renowned architects.

Some 12,000 people per day visit the National Library in Peking. Its most prized possession is the collection of manuscripts known as Si Ku Quan Shu (the great collection of four treasures). These records were produced on the orders of Chinese Emperor Ch'ien Lung (1736–1795) of the Ch'ing dynasty (1644–1912). During his reign he had copies made of all documents relating to Chinese culture, effectively preserving for the modern age this valuable wealth of knowledge spanning thousands of years.

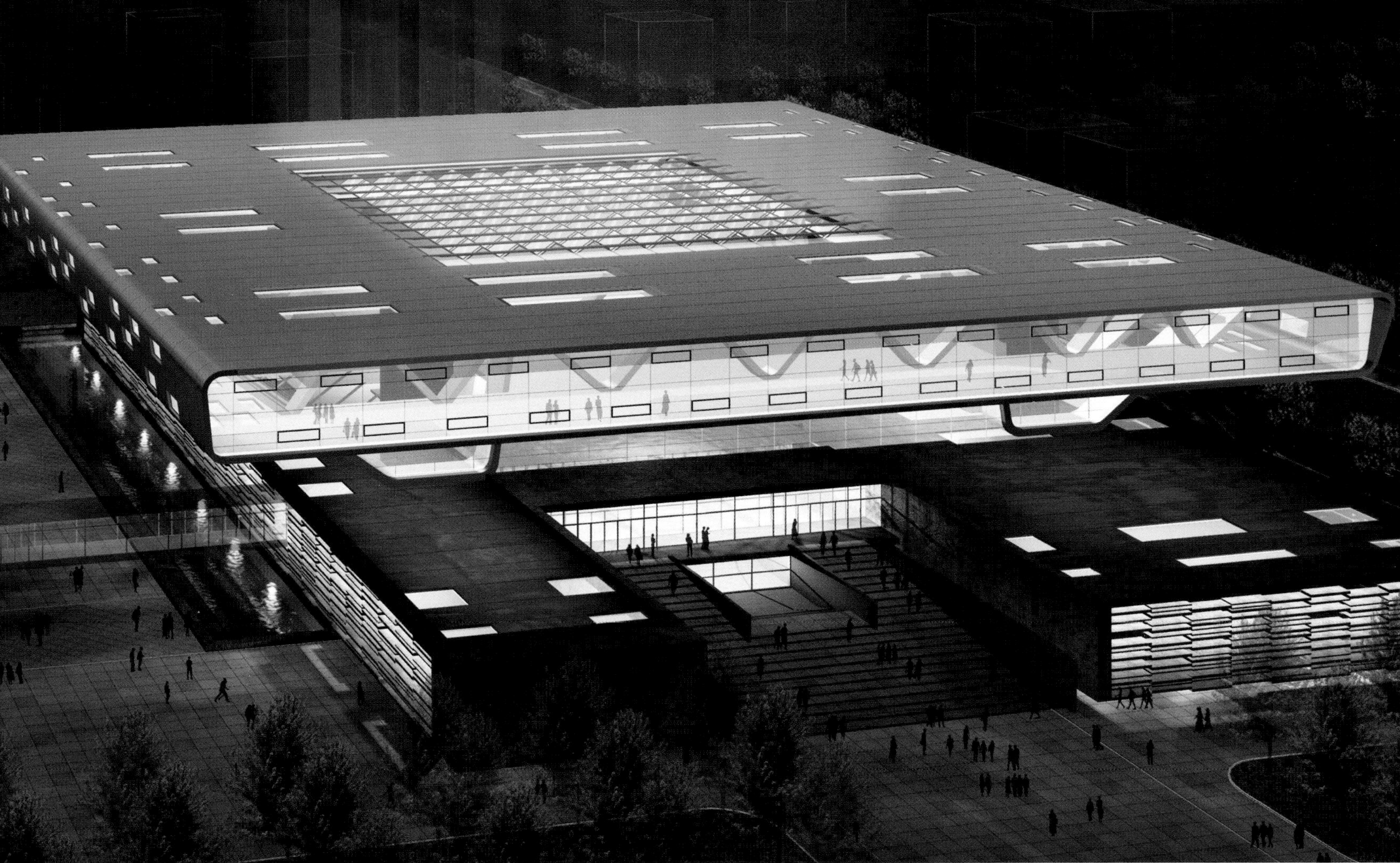

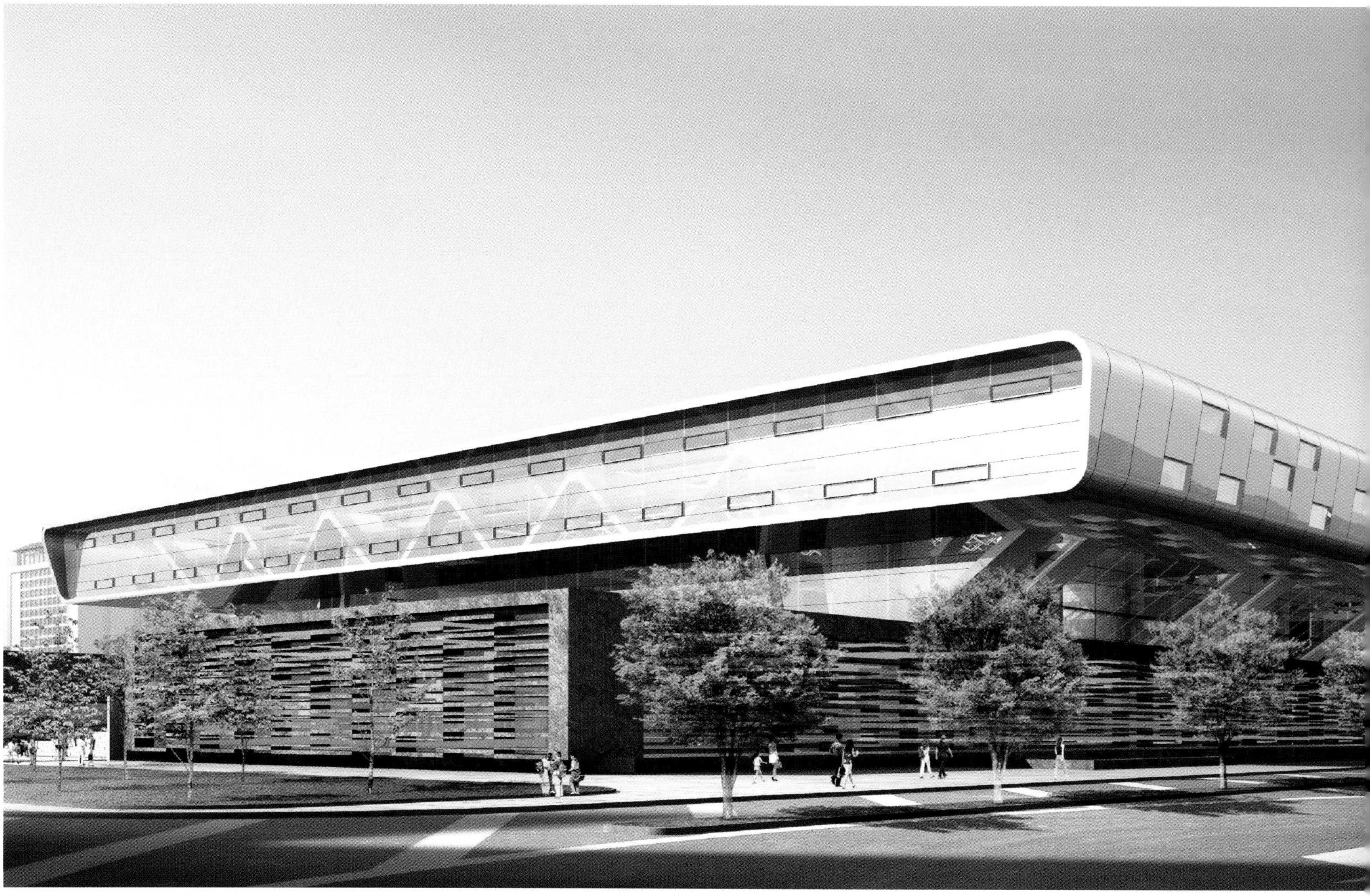

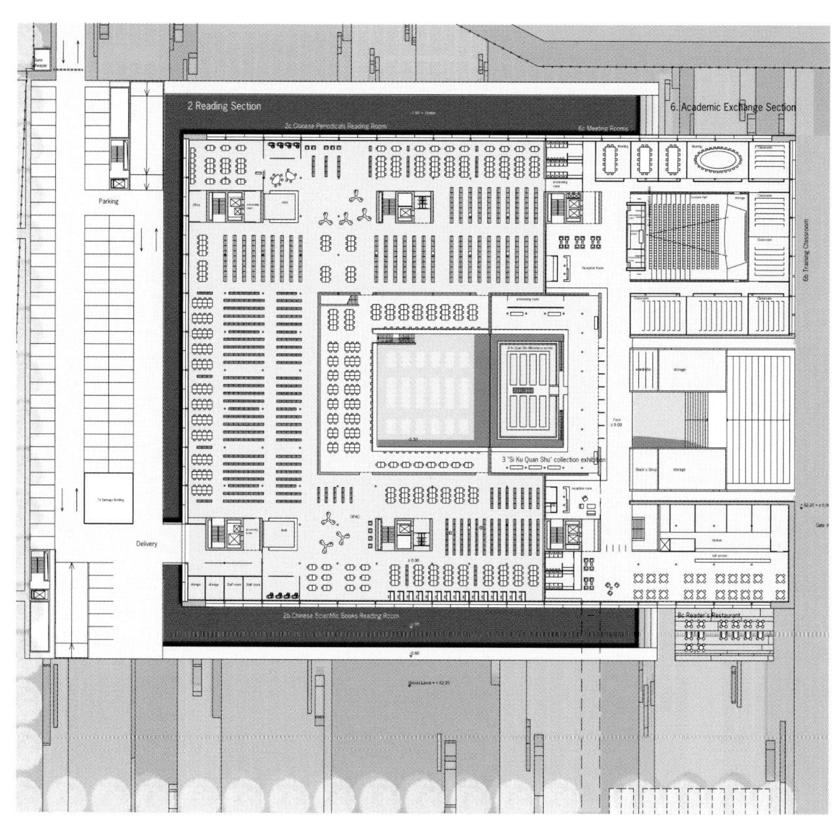

2 Reading Section
6. Academic Exchange Section
2c Chinese Periodicals Reading Room
6c Meeting Rooms
Parking
Delivery
6b Training Classroom
3 "Si Ku Quan Shu" collection exhibition
2b Chinese Scientific Books Reading Room
8c Reader's Restaurant

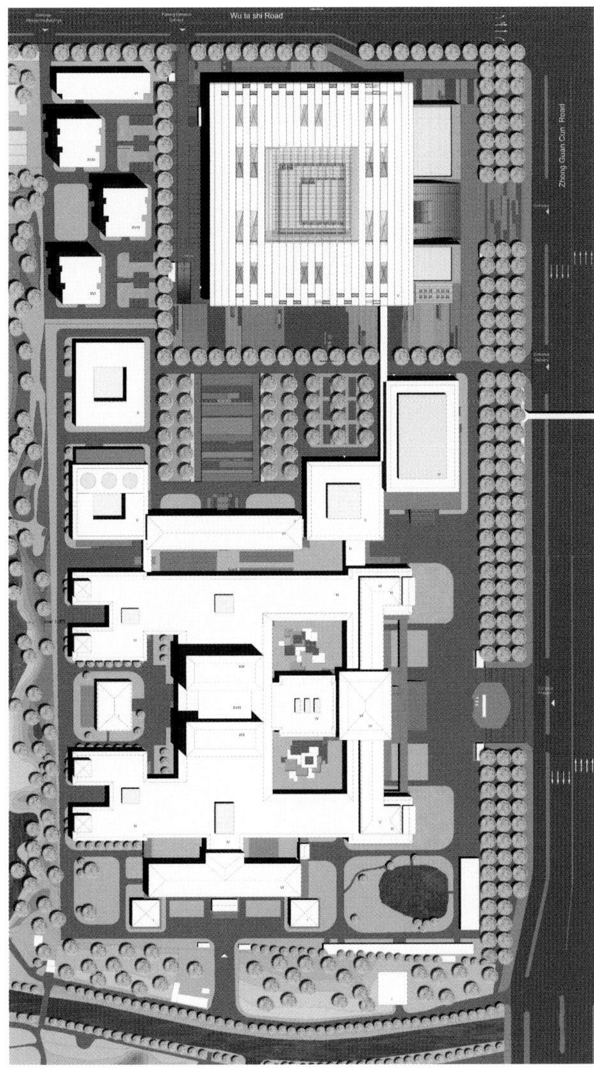

Der Entwurf von KSP Engel und Zimmermann baut auf dieser Sammlung auf. Sie ist im Sockel des Gebäudes untergebracht. Um diese herum liegt auf mehreren Ebenen – archäologischen Schichten der Kultur entlehnt – ein großer Raum mit der eigentlichen zeitgenössischen Bibliothek mit Lesesälen, Handapparaten und Präsenzbibliothek. Darüber, im riesigen, fast schwebenden Dach, ist die digitale Bibliothek zu finden, Synonym für die Zukunft, die weltweite Kommunikation und für Vernetzung. Diese einfache Symbolik der Verknüpfung aus Vergangenheit, Gegenwart und Zukunft, die aufeinander aufbauen und gleichwohl ineinander übergehen, macht der Entwurf einleuchtend.

Der riesige rechteckige Gebäudekomplex, mit den Ausmaßen 90 x 119 m, ist horizontal gegliedert und erschlossen. Das lässt ihn jemanden, der vor dem Bau steht, kleiner erscheinen; nur von einem erhöhten Standort ist die Ausdehnung des Gebäudes wirklich erkennbar. Die Bibliothek ist umgeben von einem streng angelegten Garten, der die klare bauliche Gestalt noch unterstreicht. Durch ihn und aus einem geometrisch bepflanzten Hain am Eingang der Bibliothek nähert sich der Besucher dem Bau.

The KSP Engel and Zimmermann design is based on this collection, which is housed in the building's base. Located round the base on several levels, recalling archaeological layers of culture, is the large space containing the contemporary library with reading rooms, reference works and a reference library. Above this on the top floor, under a roof that seems almost to float, is the digital library – synonym for the future, global communication and networking. This simple symbolism of linking together past, present and future, as inter-reliant, and simultaneously merging elements, lends the design cogency.

The enormous rectangular building ensemble, measuring 90 by 119 meters, is horizontally organized, and developed. This makes it appear smaller to someone standing in front of the building; only from a higher vantage point do the actual dimensions of the building become evident. The library is surrounded by an austerely laid-out garden, which serves to further underline the building's well-defined appearance. It is through the garden and a geometrically arranged grove at the entrance to the library that the visitor approaches the building.

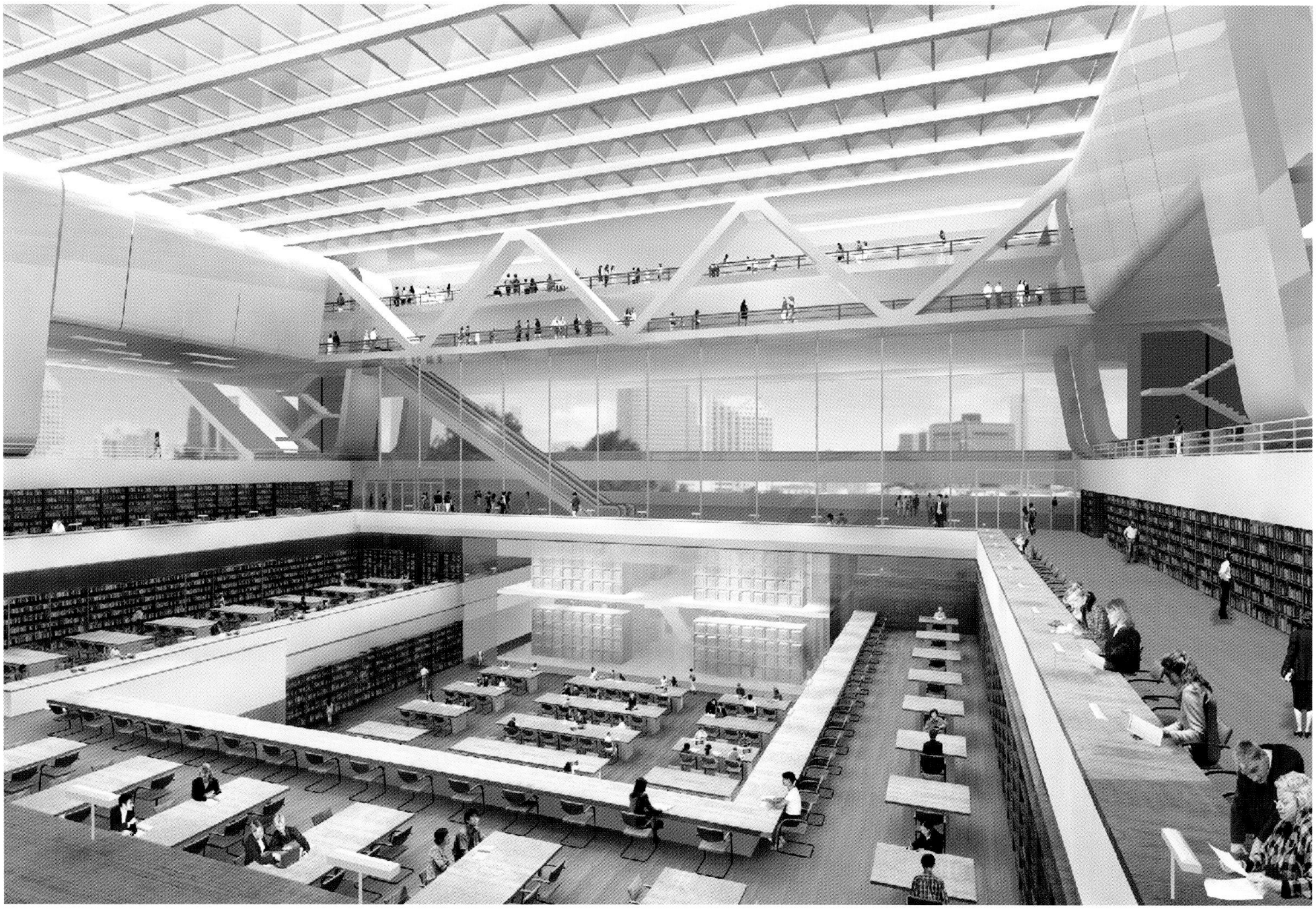

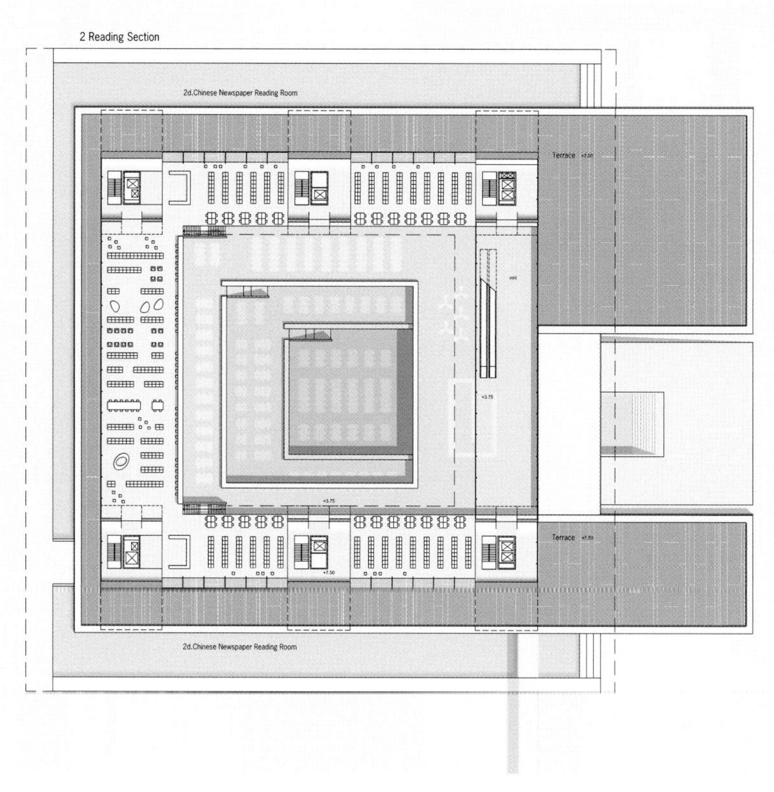

2 Reading Section

2d.Chinese Newspaper Reading Room
Terrace
void
+3.75
+3.75
Terrace
+7.50
2d.Chinese Newspaper Reading Room

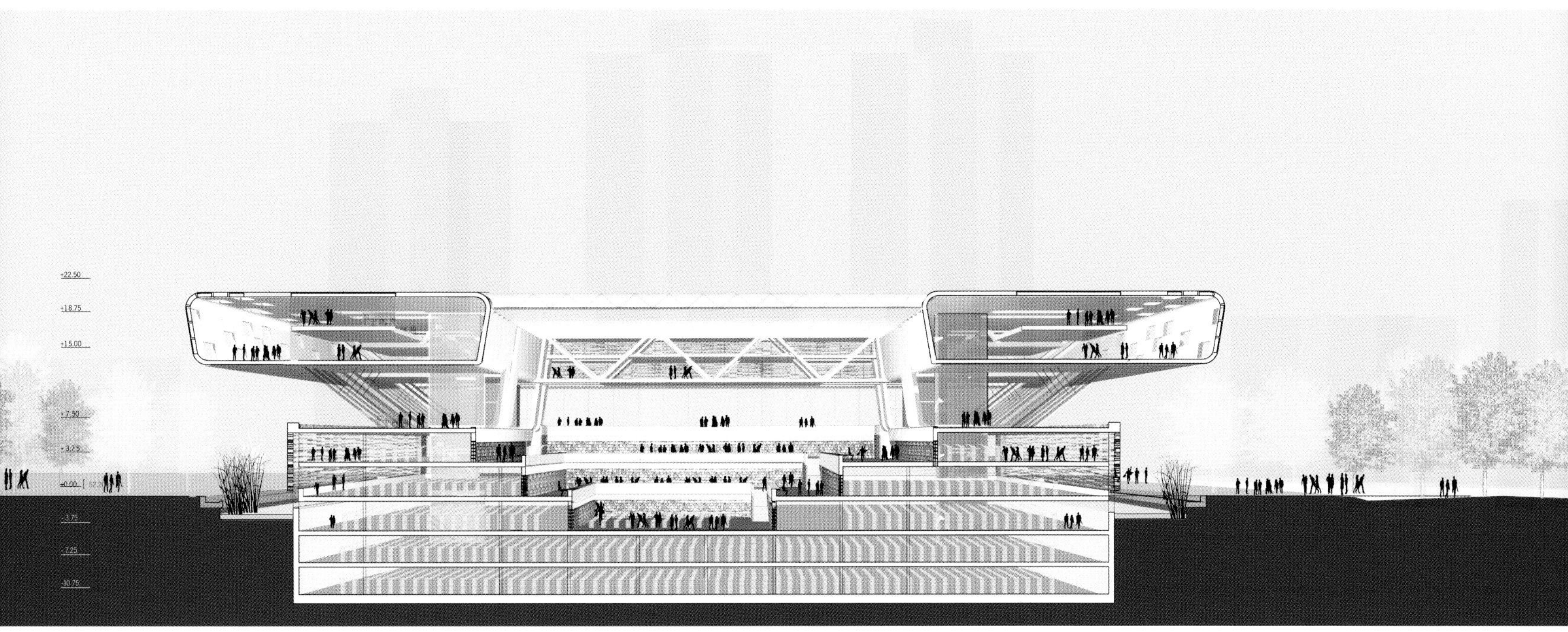

Der Eingang in die Bibliothek führt über eine Art breiter Freitreppe, die zwischen zwei niedrigeren Gebäudeteilen in den Bau hineinleitet in das zweite Obergeschoss. Von hier überschaut der Besucher die gesamte Bibliothek mit Blick in die weit spannende Stahlkonstruktion des Dachs. Diese ruht auf nur sechs Punkten, die, auf dem Sockel gelagert, das Dach tragen und den großen Raum ansonsten frei halten. Die unterschiedlichsten Ebenen gehen ineinander über, Buchreihen wechseln mit Leseplätzen, Treppen und Rolltreppen erschließen die verschiedenen Geschosse; man sieht bis in die virtuelle Bibliothek unter dem Dach. Ein gewaltiger Innenraum, der seinesgleichen in der modernen Architektur sucht, klar, übersichtlich und durch seine große gläserne Rückwand auch mit Anbindung und Orientierung zur Außenwelt. Überall gibt es Tageslicht. Die nur nach Innen gewendete Konzentration der meisten Bibliotheken wurde hier vermieden. Als Zentrum und Herz der Bibliothek bleibt der gläserne Tresor für die Sammlung „Si Ku Quan Shu“ mit dem in Holztafeln gebundenen schriftlichen Erbe der chinesische Kultur immer sichtbar und einsehbar.

Entry to the library is via broad steps set between two lower building sections, which lead into the third story. From here the visitor has a view out over the entire library and into the extensive steel structure spanning the roof. This structure rests on the base at six points, and these support the roof, while leaving the remainder of the large space open. The various levels merge into each other: rows of books alternate with reading areas, stairs and escalators provide access to the various stories; it is possible to look into the digital library on the top floor. It is an enormous interior which is unparalleled in modern architecture, well structured, clearly arranged, and through its large glass rear wall connected with and oriented towards the outside world. There is daylight everywhere and the inward-looking focus typical of most libraries has been deliberately avoided. As the center and core of the library, the glazed vault for the Si Ku Quan Shu collection of China's written cultural heritage, bound in wooden panels, is always visible, and transparent.

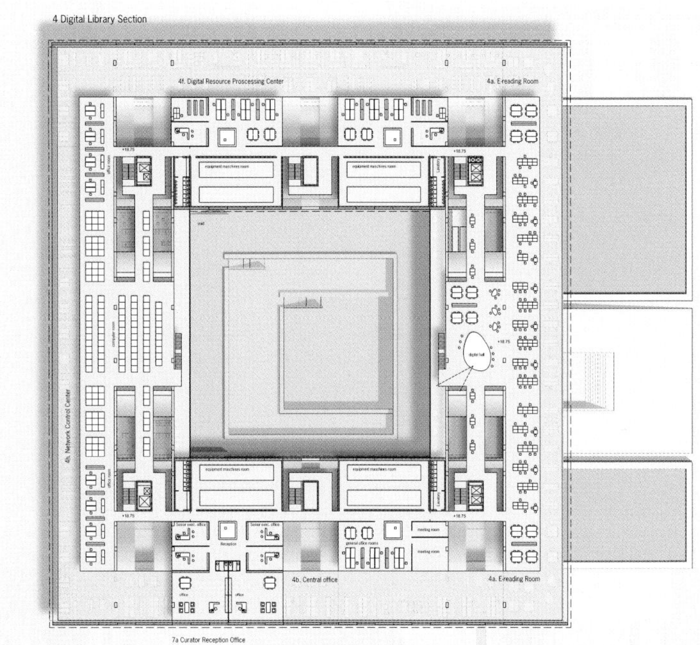

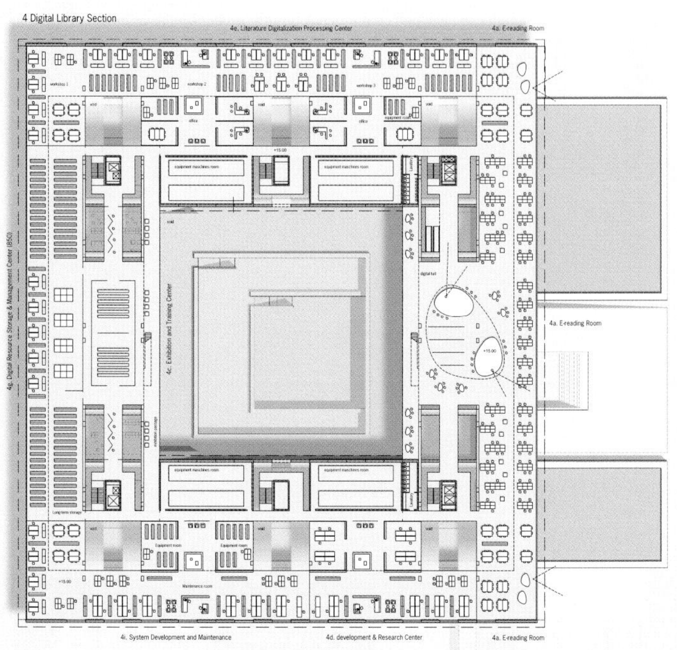

Wer die Bibliothek von außen betrachtet, erkennt die obersten beiden Geschosse als eine Art großes liegendes Buch mit sanft gerundeten Konturen, das, von schrägen Stützen gehalten, die darunter liegenden Geschosse überragt. Auf die Realisierung dieses großen Entwurfes darf man gespannt sein.

Looking at the library from outside, the upper two stories have the appearance of a large book with gently rounded contours, held by slanting supports, which towers over the stories below. The realization of this large-scale project is eagerly awaited.

Veterinärklinik Universität Leipzig
Veterinary Clinic Leipzig University

Objekt: Veterinärklinik, Universität Leipzig

Bauherr: Freistaat Sachsen

Fertigstellung: 1999

BGF: 4.500 m²

Fotograf: Stefan Schilling, Köln

Object: Veterinary Clinic, Leipzig University

Client: Free State of Saxony

Completion: 1999

GSA: 4,500 m²

Photographer: Stefan Schilling, Cologne

Das Projekt gehört mit zahlreichen anderen Bauten für Lehre, Wissenschaft und Forschung – Auditorien, Bibliotheken und Instituten – zu einer der Aufgabengebiete, in denen KSP Engel und Zimmermann besonders erfolgreich sind. In Leipzig ist es ein markanter Bau, in dem sich die drei Säulen des Lehrkonzepts der veterinärmedizinischen Fakultät der Universität Leipzig – Praxis, Lehre und Forschung – eng verzahnen und am Baukörper ablesen lassen.

Der dreigeschossige klare Bau passt sich in seiner Geschlossenheit den umgebenden, denkmalgeschützten Universitätsbauten an. Nur der scheinbar aus dem Gebäude herausgeschobene Holzkubus durchbricht die strenge Geometrie.

This is one of numerous construction projects from the area of teaching, science and research (and they have included auditoriums, libraries and institutes) handled by KSP Engel und Zimmermann and in which they particularly excel. The Leipzig clinic is a striking building, whose composition closely reflects the three pillars underlying the teaching concept at the veterinary faculty of Leipzig University, namely practical work, teaching, and research.

The clear lines of the three-story building have a cohesive quality that fits well with the surrounding listed university buildings. Indeed, the strict geometry is only interrupted by the wooden cube that seems to have been thrust out of the building.

Der Komplex gliedert sich in drei Bereiche, die funktional und in der Materialwahl klar voneinander getrennt sind. Ein sich im Westen auf die volle Gebäudehöhe entwickelnder Sockel aus Betonmodulstein bildet das Rückgrat des Hauses. Hier befinden sich die stationäre und medizinische Abteilung. Den Rücken links und rechts flankierend liegen in weiß verputzten Trakten die Poliklinik und Verwaltung. Zwischen diesen beiden Trakten schiebt sich der hölzern-leichte Kubus aus der Kubatur und beherbergt die Bereiche Lehre und Forschung. Aus dieser Verschiebung entsteht im Zentrum des Gebäudes der zentrale Innenhof, zu dem sich die großen Glasflächen der Innenhoffassade öffnen und um den sich alle wichtigen Abteilungen gruppieren. Dieser luftige Raum dient der Kommunikation und Begegnung.

Der präzise, vorzüglich gegliederte Bau von 3.200 m² Bruttogeschossfläche ist funktional wie gestalterisch gelungen und ein Glücksfall für den Standort.

The complex is divided into three sections each with different and quite distinct functions, and this is further underlined by the choice of materials. Made of modular concrete blocks, the base (in the west it rises to the full height of the building) forms the backbone of the house. It is here that the inpatient and medical centers are located. Flanking this section are the white plastered tracts of the outpatients' center and the administration wing. Wedged between these two tracts is the wooden, yet light cube that houses the teaching and research facilities. This transposition gives rise to the central inner courtyard at the center of the building. The large glazed sections open onto the inner courtyard façade. It also forms the core around which all the important areas are grouped. This airy space creates a pleasant meeting place and fosters communication.

Comprising a gross floor area of 3,200 m², the building is accurately and exquisitely sub-divided in both functional and design terms, most certainly to the benefit of the location.

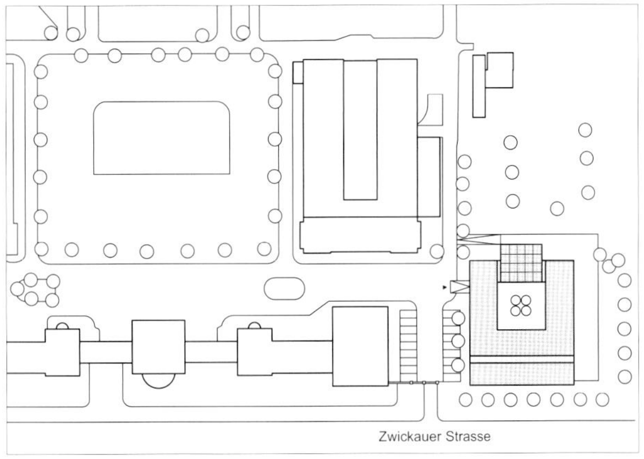
Zwickauer Strasse

Chirurgische Universitätsklinik Ulm
Surgical University Clinic Ulm

Objekt: Chirurgische Universitätsklinik, Ulm
Bauherr: Staatliches Vermögens- und Hochbauamt Ulm
Wettbewerb: 06/2001 – 1. Preis
Fertigstellung: 2008
BGF: 69.000 m²
Fotograf: Stephan Klonk, Berlin

Object: Surgical University Clinic, Ulm
Client: Federal Property Administration and Building Department, Ulm
Competition: 06/2001 – 1st Prize
Completion: 2008
GSA: 69,000 m²
Photographer: Stephan Klonk, Berlin

Das Eindringen in die feste Phalanx von hochspezialisierten Krankenhausplanern gelingt nur mit sehr überzeugenden Konzepten. Bei diesem Entwurf verbinden sich „guter Städtebau, eine hervorragende Gestaltung und perfekte Funktion“ (Preisrichterprotokoll) miteinander.

Der Standort für das größte Klinikbauvorhaben des Landes Baden-Württemberg mit 325 Betten und 17 Operationssälen, das 2008 fertig werden soll, ist ein landschaftlich äußerst reizvolles Gelände am oberen Eselsberg. Hier liegt im Grünen weitab von der Stadt der Campus der Medizinischen Universität Ulm – eine ideale Umgebung auch und gerade für eine Klinik.

Der Entwurf besteht aus zwei Hauptkörpern, einem Sockel, der die Einbettung in den Grünraum unbeschwert bewerkstelligt, und dem Querriegel des Bettenhauses, der darüber zu schweben scheint. Letzterer Eindruck entsteht durch den Verzicht auf die Lastenabtragung an den Außenseiten des Baus.

To successfully get past the phalanx of highly specialized hospital planners you must possess very convincing concepts. This design combines “good city planning, an excellent design and perfect function” (minutes of the judging for the competition).

The location for the State of Baden Württemberg's large hospital building project (scheduled for completion in 2008 it will offer 235 beds and 17 operating theatres) is an area with an extremely attractive landscape on the upper reaches of the Eselsberg hill. Here in the greenery, far from the city, the campus of Ulm University Teaching Hospital is situated – an ideal environment per se and especially for a clinic.

The design consists of two main bodies, a base, which appears to be lightly embedded in the greenery, and the transverse block which houses the beds and appears to float above it. This impression is created by ensuring the outer sides of the building do not fulfill load-bearing functions.

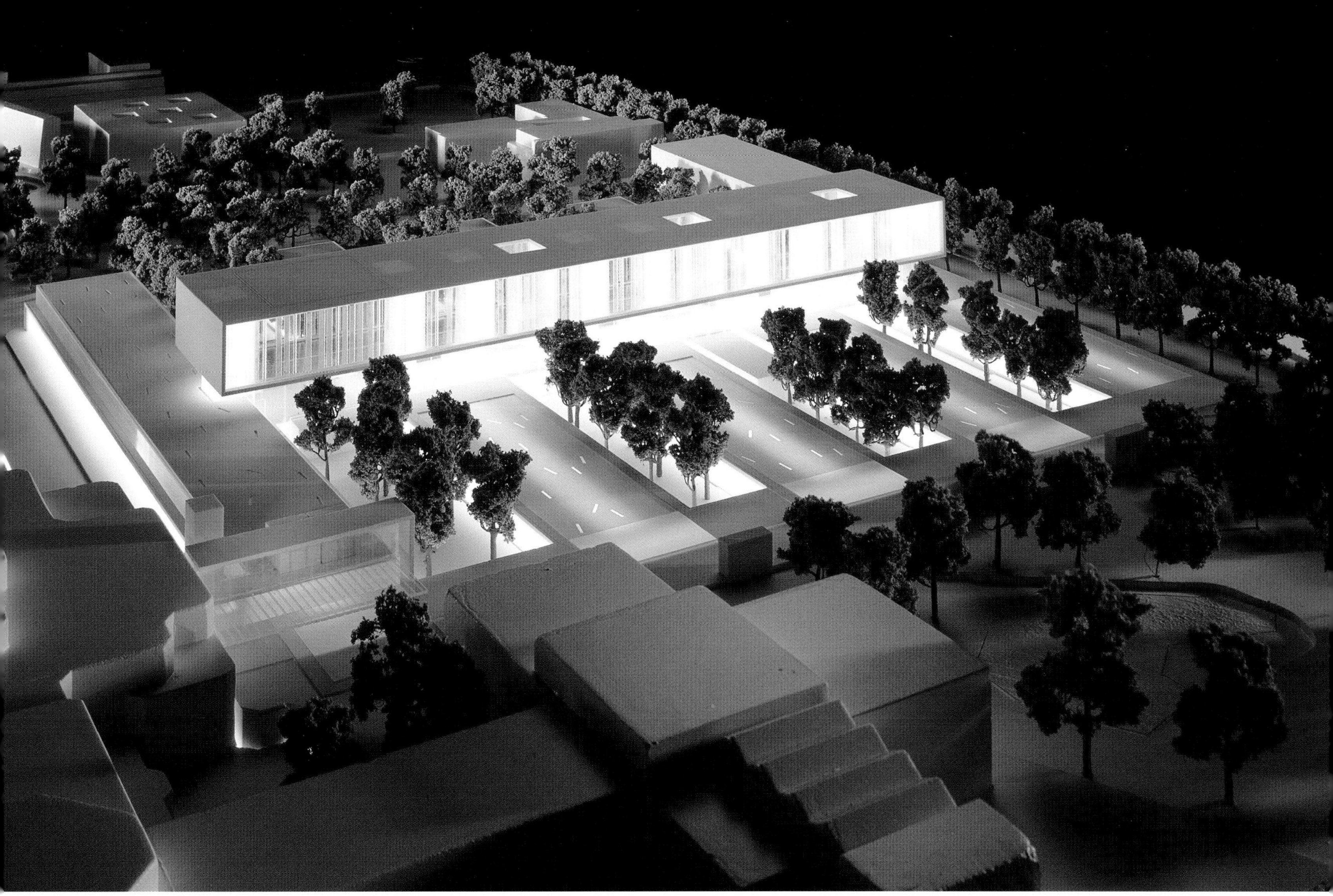

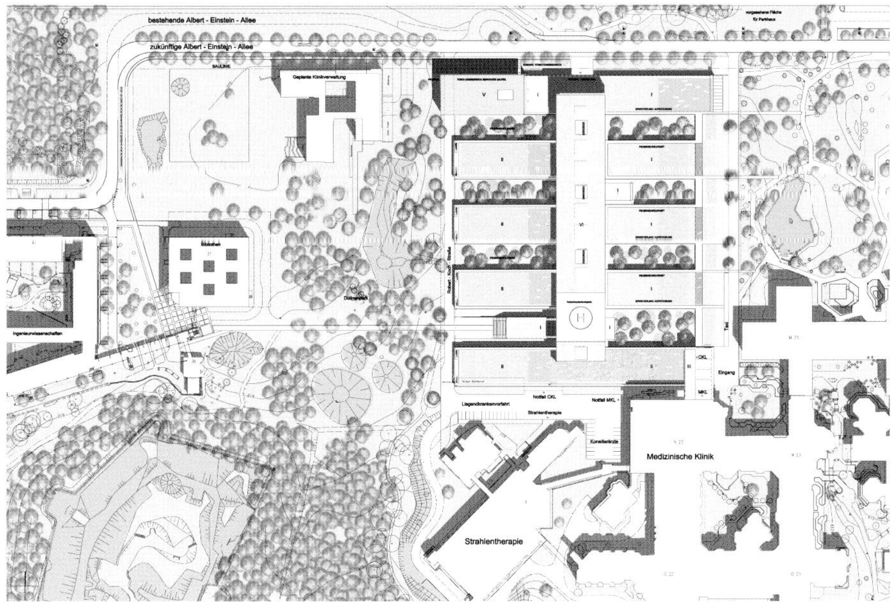

bestehende Albert - Einstein - Allee
zukünftige Albert - Einstein - Allee
Geplante Klinikverwaltung
Bibliothek
Ingenieurwissenschaften
Robert - Koch - Straße
CKL
Eingang
MKL
Notfall CKL
Notfall MKL
Liegendkrankenvorfahrt
Strahlentherapie
Konsiliarärzte
Medizinische Klinik
Strahlentherapie

Im Sockel liegen Intensivpflege und die Operationsbereiche. Grüne Höfe, die in diesen Sockel eingeschnitten sind, erlauben den Blick nach außen und machen durch ihre fingerartige Struktur den Geländesprung des Gebietes deutlich. Die innere Verbindung löst eine Magistrale, in der alle senkrechten Erschließungen untergebracht sind. Dieses Element ermöglicht als Rückgrat kurze Wege und die optimale Zuordnung der einzelnen Bereiche. Ein helles Inneres und die einladende Eingangshalle lassen eher an ein Hotel- oder Tagungszentrum als an ein Krankenhaus denken; die Genesung des Patienten und das Wohl der hier Arbeitenden ist hier sichtbar ablesbares Programm.

Der Entwurf ist nicht nur ein schönes Haus, das mit den gewöhnlichen Bettenburgen oder rein funktionalen Hightech-Kliniken nichts gemein hat. Es setzt auch das komplexe Programm überzeugend um und ist räumlich so flexibel, dass es in jeder Richtung entsprechend zukünftiger Entwicklungen verändert werden kann.

Housed in the base are the intensive care and surgical units. Green courtyards, which are inserted into this base, allow views outside and their fingered structure emphasizes the rolling topography of the area. Internal connections are resolved by a corridor housing all the vertical throughways. This element forms a spine enabling short paths from one point to another and optimal organization of individual areas. A bright interior and an inviting entrance hall are more reminiscent of a hotel or a congress center than of a hospital; patient recovery and the well-being of workers is obviously the intention here.

The design does not just represent a beautiful building which has nothing in common with conventional "bed heaps" or purely functional high-tech clinics. It convincingly puts the complex agenda into practice and is so flexible in spatial terms that it can be adjusted in all directions to meet future trends.

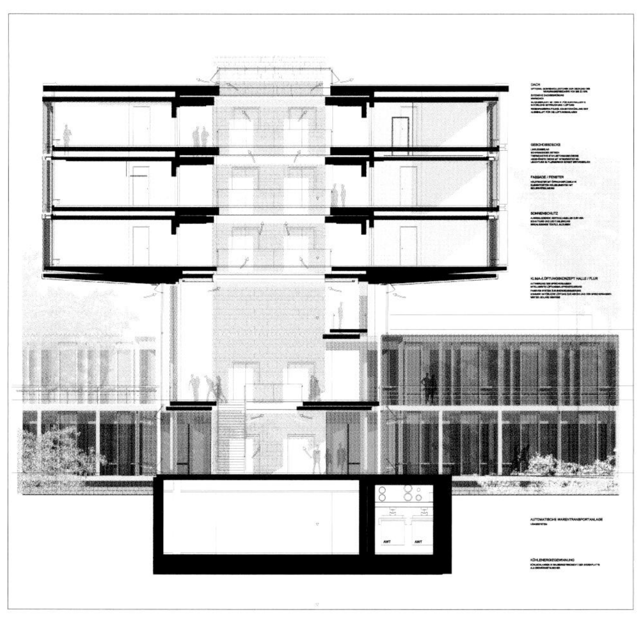

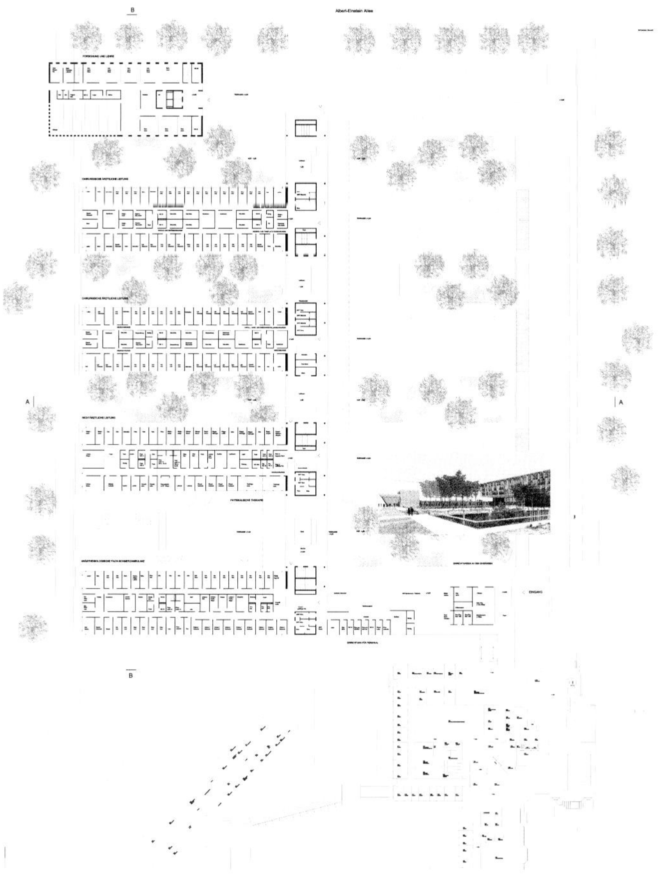

Albert-Einstein-Allee

NIVEAU 5 = + 12,20 (mü. + 628,28)

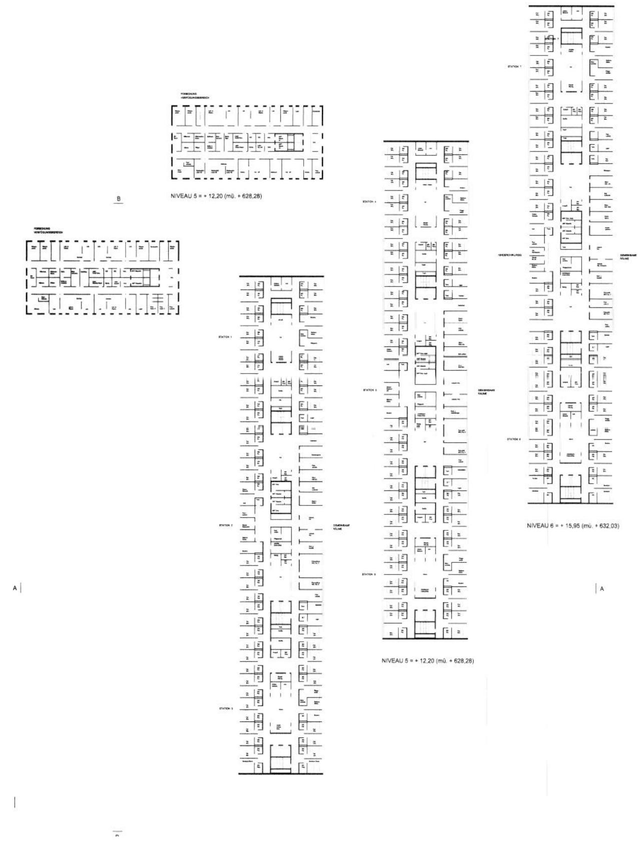

NIVEAU 5 = + 12,20 (mü. + 628,28)

NIVEAU 6 = + 15,95 (mü. + 632,03)

Erweiterung Medizinische Kliniken Universität Freiburg Extension Medical Clinic Freiburg University

Objekt: Erweiterung Medizinische Kliniken, Universität Freiburg

Bauherr: Land Baden-Württemberg, vertreten durch Universitätsbauamt Freiburg i.Br.

Wettbewerb: 11/2000 – 1. Preis

Fertigstellung: 2007

BGF: 20.400 m²

Object: Extension Medical Clinic, Freiburg University

Client: Federal Republic of Germany, Land Baden-Württemberg, represented by the University Building Department, Freiburg

Competition: 11/2000 – 1st Prize

Completion: 2007

GSA: 20,400 m²

Die Medizinische Klinik des Universitätsklinikums Freiburg, zurzeit noch in einem zu kleinen heterogenen Altbaubestand untergebracht, wird neu geordnet und erweitert.

Der aus einem Wettbewerb hervorgegangene Entwurf schließt im Osten als langer dreigeschossiger Riegel an die bestehende Chirurgie an. Dies ist eine Gebäudefigur, die an diesem Ort sowohl städtebaulich als auch funktional plausibel ist und die ursprünglich klare, aber durch baulichen Wildwuchs nicht mehr erkennbare, achssymmetrische Grundfigur des Gesamtkomplexes aufnimmt. An den Riegel lagern sich in fester Folge rechtwinklige Gebäudemodule und Höfe. Hier sind die intensivmedizinischen Funktionen, Notaufnahme und Kardiologie untergebracht.

Eine Magistrale über die volle Länge des Riegels bindet als Rückgrat den Neubau an die vorhandene Chirurgie an. Die 12.500 m² des Erweiterungsbaus sind auf drei Geschosse verteilt. Die Hauptfassade ist durch horizontale Betonfertigteile gegliedert, die mit großdimensionierten Natursteinelementen ausgefacht sind. Zur Bahntrasse nach Norden sind Kastenfenster als Lärmschutzmaßnahme angedacht. Das Fassadenbild des Neubaus ist im Verhältnis zu bestehenden Kliniken von gewöhnlich neutraler Erscheinung maßstäblich und rhythmisiert. Relief und Proportionen gliedern die Masse des langgestreckten Baus.

The medical clinic of the Freiburg University Teaching Hospital, housed at present in a heterogeneous building complex will be newly organized and expanded.

The new design, which was selected in a competition, will be attached to the eastern side of the existing surgical wing as a long, three-story block. The shape of the building, which is plausible in this location in terms of both town planning and functionality, will take up the original, clear, axially symmetrical form of the whole complex which, however, is no longer recognizable due to the rampant growth of buildings which has taken place. The new block is divided into modules and courtyards placed successively and at right angles to the line of the block. It will house intensive medical functions, the emergency admissions and cardiology.

A corridor over the entire length of the block forms a backbone joining the new building to the existing surgery. The expanded 12,500 m² area is divided over three stories. The main façade is divided by horizontal prefabricated concrete sections with large natural stone elements inbetween. Window boxes will lessen noise nuisance from the rail line to the north. Compared with the existing clinics the façade here is deliberately neutral while conveying a sense of scale and rhythm. Relief and proportion lend structure to the mass of the elongated building.

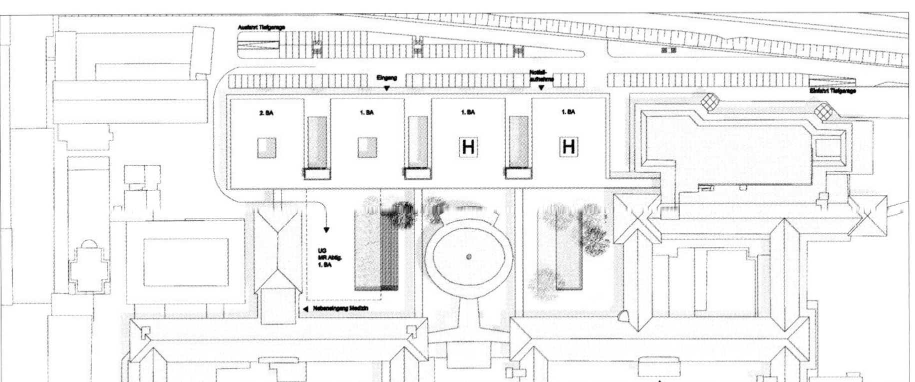

Ausfahrt Tiefgarage
Eingang
Notfall-
aufnahme
Einfahrt Tiefgarage
2. BA
1. BA
1. BA
1. BA
H
H
UG
MR Abtlg.
1. BA
Nebeneingang Medizin

Bibliothek der Hochschule für Bildende Künste Braunschweig

Library of the School of Art Brunswick

Objekt: Bibliothek der Hochschule für Bildende Künste, Braunschweig

Bauherr: NILEG Norddeutsche Gesellschaft für Landesentwicklung, Wohnungsbau und kommunale Anlagen mbH

Fertigstellung: 2002

BGF: 2.170 m²

Fotograf: Klemens Ortmeyer, Braunschweig

Object: Library of the School of Art, Brunswick

Client: NILEG Norddeutsche Gesellschaft für Landesentwicklung, Wohnungsbau und kommunale Anlagen mbH

Completion: 2002

GSA: 2,170 m²

Photographer: Klemens Ortmeyer, Brunswick

Zentrales Thema der Expo 2000 in Hannover waren Fragen des schonenden Umgangs mit begrenzten Ressourcen. Deshalb sollten auch die Expo-Pavillons ihre Nachnutzung oder ihre unproblematische Recyclingfähigkeit nachweisen. Es glückte bei wenigen.

Eine Ausnahme: die Übernahme des zentralen Glaskubus aus dem fünfteiligen Pavillonensemble Mexikos des mexikanischen Architekten Legorreta als Hülle für eine neue Bibliothek vor dem Haupt- und Aulagebäude der Hochschule für bildende Künste – kurz HBK – in Braunschweig. Das Ergebnis ist vielleicht die bemerkenswerteste Umnutzung eines Expo-Pavillons, nicht zuletzt, weil durch das Hinzufügen eines eigenständigen Baukörpers ein völlig neues Ensemble aufregender Qualität entsteht.

Der Glaskubus von 18 m Kantenlänge und einer annähernd gleichen Höhe bildet nach der Translokation das neue Wahrzeichen der HBK. Damit er nicht als totaler Fremdkörper erlebt wird, wurde die Platzfläche des Johannes-Selenka-Platzes neu gefasst. Der Kubus ruht nun in einem weiten Bett aus weißem Kies auf einem 1,2 m hohen Plateau, was der Eingangshöhe des Bestandes entspricht. Der Zwischenraum spannt einen Platz zwischen Altbau und Pavillon, der Zugang, Verteiler und Foyererweiterung gleichzeitig ist.

Ein transparenter Verbindungsbau schafft einen wettergeschützten Übergang von der neuen Bibliothek zum Aulagebäude.

Expo 2000 in Hanover revolved around questions of treating limited resources with care and respect. For this reason, the Expo pavilions were designed to demonstrate that they could be put to subsequent use or easily recy-cled. Not many succeeded in achieving this.

One of the few that did was the central glass cube from the Mexican pavilion. The five-part ensemble by Mexican architect Legorreta has since been redefined: it now encloses a new library in front of the main building and auditorium of the Brunswick School of Art. It is arguably the most remarkable re-use of an Expo pavilion, not least because the addition of an independent edifice has created a completely new and fascinating ensemble.

In its new location, the glass cube with sides that are 18 meters in length (meaning it stands almost as high) has emerged as the new landmark of the School. To avoid it being experienced as a totally alien entity, alterations were made to Johannes Selenka Square. The cube now rests atop a broad bed of white gravel on a plateau 1.2 meters high, which corresponds to the level of the entrance to the existing building. The space in-between frames a square linking the old building and pavilion, and acts simultaneously as access area, central hub and extension to the foyer.

A transparent connecting building provides protection from wind and weather for those walking between the new library and the auditorium.

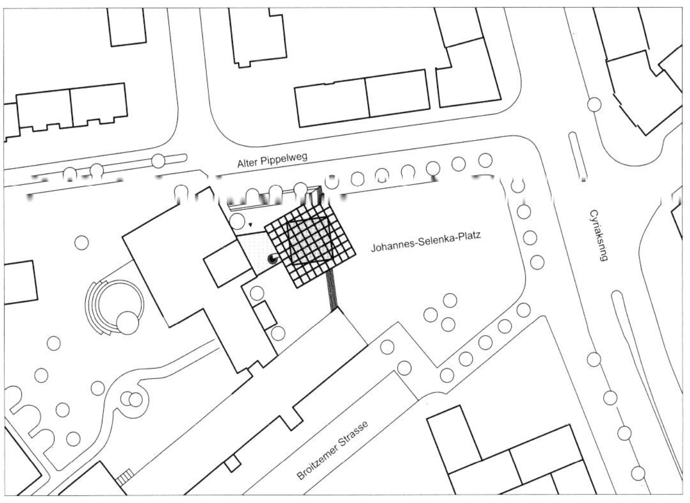
Alter Pippelweg
Johannes-Selenka-Platz
Cyriaksring
Broitzemer Strasse

In die Stahlkonstruktion des Kubus, dessen Fassade und Decke von einem quadratischen, verglasten Raster gebildet werden, stellten die Architekten einen Würfel (11 x 12 m) aus Beton. Dieser geschlossene, aus vier Ebenen gebildete Bücherturm steht um 20 Grad gedreht zu der äußeren transparenten Hülle. In den Luftraum zwischen der inneren und äußeren Fassade ragen neun kleine Lesebalkone.

Das Signalrot des Bücherturms garantiert eine gesteigerte Außenwir-kung am Tage wie in der Nacht. Das spannungs- und kunstvolle Wechselspiel der beiden Baukörper verrät gestalterische Sensibilität und räumliche Fantasie.

The architects placed an 11 x 12 meter concrete cube inside the steel structure of the cube made up of a square, glazed grid. This solid book tower has four levels and is positioned at 20° to the outer, transparent, shell. Nine small reading balconies jut out into the space between the interior and exterior façades.

Using bright red for the book tower ensures it is highly striking in appearance both day and night. Here, creative sensitivity and spatial imagination have kindled a fascinating artistic interplay between the two structures.

Eine der wesentlichen Herausforderungen des Entwurfs war es, ein Konzept für ein behagliches Raumklima innerhalb des gläsernen Baukörpers zu finden, der ursprünglich nicht für eine Dauernutzung vorgesehen war. Die Lösung kommt mit einem relativ geringen Energieeinsatz aus. Die Betonmassen des inneren Bürospeichers werden mittels Betonkern-aktivierung in Abhängigkeit von der äußeren Temperatur beheizt oder gekühlt. Heizflächen am Fußpunkt der Fassade vermeiden einen Kaltluftabfall im Gebäudezwischenraum. Eine zusätzliche mechanische Lüftung unterstützt dieses System in klimatischen Spitzensituationen. Eine Sonnenschutzverglasung reduziert dabei den Wärmeeintrag in das Gebäudeinnere.

One of the greatest challenges facing the architects was to find a way of delivering a comfortable temperature inside the glazed building, which was, after all, not originally conceived for permanent use. An innovative solution meant energy consumption could be kept relatively low. Using concrete core activation technology, the concrete masses of the inner office section are heated or cooled depending on the ambient temperature. Heating panels at the base of the façade prevent the air temperature dropping in the space between the two structures. When weather conditions are extreme, an additional mechanical ventilation system is actuated. Glazing providing sun protection re-duces the amount of heat entering the building's interior.

KIST – Korea Institute of Science and Technology Saarbrücken

KIST – Korea Institute of Science and Technology Saarbrücken

Objekt: KIST – Korea Institute of Science and Technology, Saarbrücken

Bauherr: KIST Europe GmbH

Wettbewerb: 1997 – 1. Preis

Fertigstellung: 02/2000

BGF: 5.250 m²

Fotograf: Stefan Schilling, Köln

Object: KIST – Korea Institute of Science and Technology, Saarbrücken

Client: KIST – Europe GmbH

Competition: 1997 – 1st Prize

Completion: 02/2000

GSA: 5,250 m²

Photographer: Stefan Schilling, Cologne

Das „Korea Institute of Science and Technologie" – kurz KIST – ist die größte koreanische Einrichtung für Grundlagen- und angewandte Forschung. 1997 gewannen die Architekten in einer europaweiten Ausschreibung den Auftrag, für KIST Europa auf dem Universitätscampus von Saarbrücken die erste europäische Niederlassung zu bauen. Sie soll die Zusammenarbeit von Wirtschaft und Wissenschaft fördern.

Das Grundstück ist ein bewaldeter Hang, dessen Topografie die Architekten unangetastet ließen. Der alte Baumbestand wurde in das Freiraumkonzept einbezogen, und die Höhe der Bebauung blieb deutlich unter der Baumgrenze. Entstanden ist ein Gebäude, dem die anmutige Balance zwischen europäischer Moderne und koreanischer Tradition sowie sachlicher Gestaltung und hoher Identität mühelos gelingt. Auf gängige Repräsentationsformeln wurde ebenso verzichtet wie auf formale Zitate.

The "Korea Institute of Science and Technology" – or KIST – is the largest Korean facility for basic and applied research. In 1997, after winning the European tender, the architects were awarded a contract to build the first European institute for KIST Europe on the university campus in Saarbrücken. The new institute seeks to promote cooperation between the business and science communities.

The architects opted to leave the topography of the wooded slope on which the building is located untouched. To this end, the existing trees were incorporated into the open space concept, and the building height was kept well below the line of the treetops. The result is a building that consummately strikes a delicate balance between European Modernism and Korean traditions, while likewise combining functional requirements and a strong identity. Not only did the architects forgo the typical symbols of prestige, they also omitted formal citations.

Das Haus empfängt bescheiden; es tritt mit seinem Volumen von der Straßenkante zurück und entwickelt dieses erst in der Tiefe des Grundstücks. Unter der kubischen Masse des auf zierlichen Stützen ruhenden Büroriegels hindurch betritt man die Eingangshalle. In sie hinein schiebt sich die Rundung des kostbar samtig wirkenden Schulungsraumes.

Aus der Eingangshalle führt eine breite Freitreppe ins Erdgeschoss zur Cafeteria und Bibliothek. Von hier verbindet eine einläufige Treppe durch einen großen Luftraum alle Geschosse und wird zur Erlebnisplattform und einem Ort der Kommunikation.

From the outside, the house is modest; the sheer mass of the building is not immediately apparent as it is set back from the road and makes use of the full scope of the property. Passing below the cubic shape of the office block, which rests on delicate stilts, you come to the en-trance hall. Wedged into this is the rounded training room that has a plush velvet feel to it.

A broad standalone staircase leads from the entrance hall to the ground floor complete with cafeteria and library. From the ground floor a single flight of stairs passes through a large open space to connect all the stories, acting as a place for communication and a venue that offers striking views.

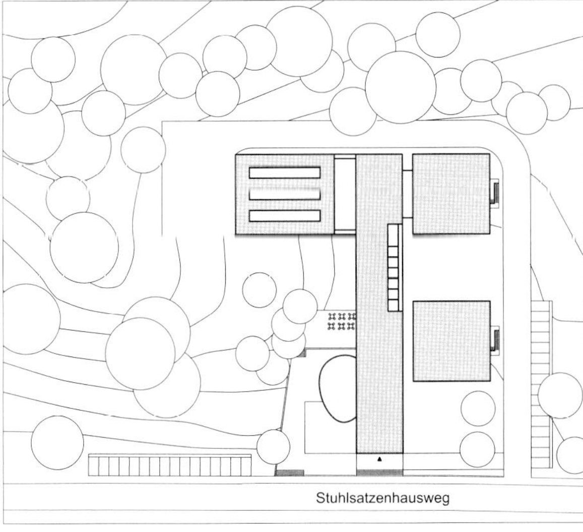
Stuhlsatzenhausweg

Die durch gläserne Fugen an den Büroriegel angedockten Laborbereiche sind einfache Putzbauten, vor deren Fassade ein feststehender Sonnenschutz aus eisig glänzendem Aluminium gesetzt wurde. Das Technikum, das sich im Westen unter den Büroriegel schiebt, wahrt Distanz durch seine fast geschlossene Fassade. Der wie ein Pfeil in die Tiefe des Grundstücks zielende dreigeschossige Bürotrakt wirkt durch seine aufgeständerte Konstruktion fast schwebend. Große Fensterbänder scheinen ihn aufzulösen.

Transparenz und Leichtigkeit des KIST sind Konzept, ebenso dass die unterschiedlichen Funktionen in der Fassadengestaltung abgelesen werden können. In Form und Farbe ist das Ensemle eine elegante und originelle Verbindung aus Ästhetik und Technik, die ihresgleichen nicht nur in Saarbrücken sucht.

Connected to the office building via glazed joints, the laboratory areas are simple plastered structures, whose façades are protected by fixed sun shades made of cold bright aluminum. The technology section, which is inserted beneath the office block in the west, retains an air of aloofness thanks to its almost closed façade. Set like an arrow piercing deep into the grounds, the three-story office tract seems almost to hover on its "stilts." Large lines of win-dows give it an ephemeral appearance.

Transparency and lightness are key elements of KIST, as is the fact that the various functions are apparent from the respective façades. In terms of shape and color, innovative ideas employed the ensemble forms an elegant unprecedented blend of aesthetics and technology.

Carl-Zeiss-Oberschule Berlin-Tempelhof Carl Zeiss High School Berlin-Tempelhof

Objekt: Carl-Zeiss-Oberschule, Berlin-Tempelhof

Bauherr: Land Berlin

Wettbewerb: 02/1995 – 1. Preis

Auftrag: 2002

Fertigstellung: 2006

BGF: 13.000 m^2

Fotograf: Stephan Klonk, Berlin

Object: Carl Zeiss High School, Berlin-Tempelhof

Client: Land Berlin

Competition: 02/1995 – 1st Prize

Commission: 2002

Completion: 2006

GSA: 13,000 m^2

Photographer: Stephan Klonk, Berlin

Das Bildungszentrum ist das Ergebnis eines Wettbewerbs, der 1995 vom Land Berlin ausgelobt wurde. Eine Stadtteilbibliothek, Volkshochschule sowie ein Jugendfreizeitclub sind mit der Entscheidung zur Realisierung des Schulgebäudes im Jahr 2002 dem Rotstift zum Opfer gefallen. Unter Beibehaltung des stimmigen städtebaulichen Konzeptes wurde die viergeschossige Baumasse um ein Vollgeschoss reduziert. Ein kompakter, ortsbildprägender Baukörper, der sich mäanderförmig um einen zentralen Innenhof entwickelt, fügt sich in das heterogene Umfeld ein.

Schüler und Besucher gelangen durch eine große offene Halle, die auf Säulen ruht, in den schmalen Innenhof, das Herz des neuen Baukomplexes. Dieser Hof ist Treff- und Orientierungspunkt. Von hier erschließt sich die gesamte Anlage.

Der aufgeständerte Riegel, der die Klassenräume der Oberstufe beherbergt, ist eine rahmende Geste. Im Inneren bildet die durch ein Oberlicht belichtete doppelläufige Treppe den zentralen Knotenpunkt zwischen den separaten Bereichen der einzelnen Jahrgangsstufen. Im Erdgeschoss ist die Aula so angeordnet, dass sie von der Pausenhalle sowie von außen direkt erschlossen werden kann. Zuschaltbare Räume machen die Klassenzimmer erweiterbar und flexibel nutzbar.

Die zurückhaltende, sachliche Architektur nimmt Bezug auf die Merkmale strenger und klarer Schulbauten der 60er Jahre Bezug und zitiert mit der Farbigkeit der Fassaden die klassische Backsteinarchitektur öffentlicher Berliner Schulen.

This educational center is the result of a competition held in 1995 by the State of Berlin. The local library branch, the adult education center and a youth center fell victim to budget cuts when the decision was made in 2002 to have the school building erected. The original plans for a four-story building were reduced by a complete story, though the harmony of the original concept was successfully retained. A more compact building that sets the tone in its vicinity arose. Meandering around a central inner courtyard it blends well with its heterogeneous surroundings.

Students and visitors enter the heart of the complex, a narrow inner courtyard, through a large open hallway supported by columns. This courtyard is a meeting place as well as a point of orientation, as from here, the entire center is accessible.

A vertical bar section on stilts houses the classrooms of the upper levels and frames the complex. Inside, a double set of stairs illuminated by roof windows forms the central nodal point, uniting the distinct areas set aside for each grade. The auditorium is on the ground floor and laid out to be accessible from the recess hall as well as directly from outside. Add-on rooms can be used to extend classrooms and thus enhance flexibility.

The restrained and matter-of-fact style references the stark and clearly structured school buildings of the 1960s whereas the colorfulness of the façades is evocative of the classic brick architecture of public-sector schools in Berlin.

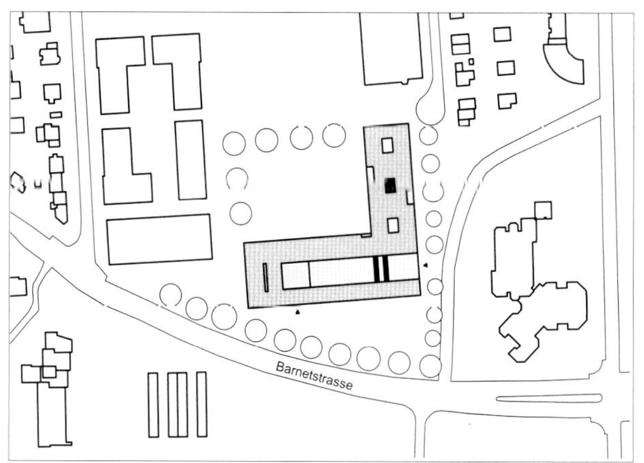
Barnetstrasse

CTC – Crew Training Center Köln-Porz CTC – Crew Training Center Cologne-Porz

Objekt: CTC – Crew Training Center, Köln-Porz

Bauherr: DLR – Deutsches Zentrum für Luft- und Raumfahrt e.V.

Fertigstellung: 2/1993

BGF: 12.000 m²

Fotograf: Uwe Brodmann, Braunschweig

Object: CTC – Crew Training Center, Cologne-Porz

Client: DLR – German Aerospace Research Institute

Completion: 2/1993

GSA: 12,000 m²

Photographer: Uwe Brodmann, Brunswick

Bauherr ist die Deutsche Forschungsanstalt für Luft- und Raumfahrt DLR. Auf deren Gelände in unmittelbarer Nähe zum Flughafen Köln/Bonn und inmitten von wenig bedeutenden Forschungsbauten unterschiedlicher Struktur entstand das Trainingscenter.

Dem leitenden Entwurfsgedanken, ein Gebäude zu konzipieren, das den sehr spezifischen Anforderungen der Bauaufgabe gerecht wird, zugleich aber auch für zukünftige Nutzungsänderungen offen ist, wurde bis hin zur Thematisierung der Luft- und Raumfahrt in Material und Detail eine angemessene Gestalt geben.

Zwei Hallen für das praktische Training und ein Bürogebäude sind die bestimmenden Elemente des sehr technisch wirkenden Gebäudekomplexes. In der Trainingshalle sind so genannte Mockups aufgestellt, in denen Raumfahrtmissionen simuliert werden.
In der kleineren Halle (auch „Neutral Buoyancy" – NB – genannt) ist ein zehn Meter tiefer Wassertank für das Schwerelosigkeitstraining installiert. Zwischen beiden Hallen liegt die gläserne Servicezeile. Über vier Geschosse – UG bis 2. OG – sind die für den Trainingsbetrieb in den Hallen erforderlichen Funktionen wie Rechneranlagen und Werkstätten untergebracht. In der Servicezeile liegt auch die zentrale Eingangshalle, über die das langgestreckte, dreigeschossige Bürogebäude zu erreichen ist.

Developed by the German Aerospace Research Institute (DLR), the building is located on the DLR's grounds in the immediate vicinity of Cologne/Bonn airport, and in the midst of various and not especially significant structures containing research facilities.

The underlying design concept was to create a building that, while meeting the highly specific technical requirements, would be flexible enough to be used for other purposes in future. Accordingly, materials and details make clear references to the theme of "air and space" travel.

Two halls for practical training and an office building are the main elements of the very technical looking complex. Inside the training hall are so-called mockups, in which space missions are simulated. Installed in the smaller hall (also known as "Neutral Buoyancy" or NB) is a ten-meter-deep water tank for zero-gravity training. Between both halls lies the glazed service section. Computers, workshops and other facilities and equipment required for training operations in the halls are housed on four stories – from the basement floor through to the third floor. Moreover, the service section also contains the central entrance hall, via which the long, three-story office building can be reached.

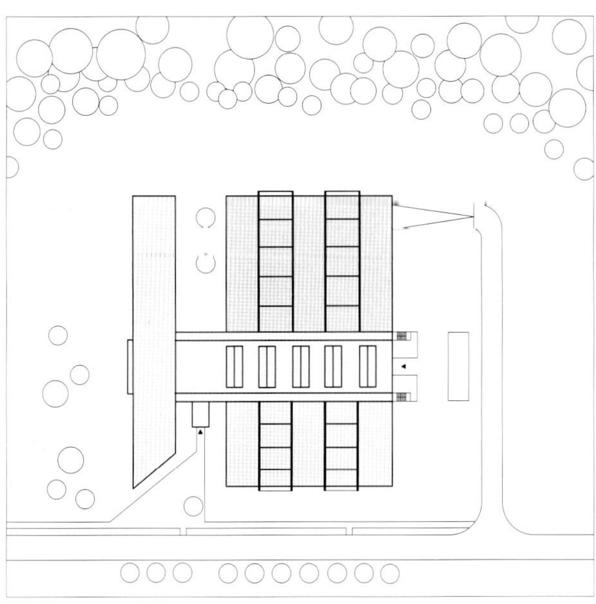

Die Konstruktion des Bürogebäudes ist aus Beton, die übrigen Hallen sind eine Mischkonstruktion aus Beton und Stahl. Dabei sind die tragenden Stahlbetonkonstruktionen für die Krananlagen von den Stahlkonstruktionen der Dachtragwerke getrennt. Die zwei Verkehrsachsen, die alle Baukörper über die gesamte Ausdehnung miteinander verbinden, sind das bestimmende innenräumliche Element. Parallele Stützenreihen bilden sowohl die Verkehrsachse als auch die Konstruktion für die Stahltragwerke der beiden Hallen. Die Materialien Stahl, Aluminium und Glas sind die bestimmenden Materialien der fast neutral wirkenden Fassaden.

Die NB-Halle ist aufgrund der dort erforderlichen gleichmäßig hohen Raumtemperatur von 32–35° C mit einer Fassade aus transluzenter Wärmedämmung (TWD) ausgestattet. Die unterschiedlichen Außenwandaufbauten wurden im Rahmen eines vom Bundesforschungsministerium geförderten Forschungsvorhabens entwickelt. Eine 48 m lange, exakt nach Süden orientierte Außenwand nutzt solare Energie mit hoher Wirtschaftlichkeit und Effizienz. Neben direkten TWD-Anteilen, die auch der Tageslichtversorgung dienen, sind Teile der Fassade mit inneren Absorberwänden versehen; zusätzlich kommen unterschiedliche Glasqualitäten zur Anwendung. Außen liegende Jalousien erzeugen unterschiedliche Verschattungszustände und greifen regulierend in das Wärmesystem ein.

The office building itself is made of concrete; the remaining halls combine concrete and steel. However, there is a clear division between the load-bearing reinforced concrete structures for the crane installation and the steel structures that bear the load of the roof. The two communication axes that link all the buildings across their entire length define the face of the interior. Parallel rows of columns not only form a thoroughfare but also the load-bearing steel structure in the two halls. Steel, aluminum and glass are the main materials used in this fairly neutral looking façade.

Owing to the constant high temperature of 32–35° C necessary for the NB hall, the façade is fitted with TWD translucent thermal insulation. As part of a research project funded by the German Federal Research Ministry this technology was tested on the outer wall. Extending some 48 meters and facing south it makes very economical and efficient use of solar energy. In addition to the TWD panels, which also serve to source daylight, parts of the façade are equipped with inner absorber walls, and various strengths of glazing. Outside blinds make it possible to vary the shade and also regulate the heating system.

Erweiterung Bertelsmann Stiftung Gütersloh Extension Bertelsmann Foundation Gütersloh

Objekt: Bertelsmann Stiftung, Gütersloh

1. Erweiterung

Bauherr: Bertelsmann Stiftung

Fertigstellung: 1994

BGF: 6.880 m²

Fotograf: Klemens Ortmeyer, Braunschweig

2. Erweiterung

Bauherr: Bertelsmann AG Zentrale Bauabteilung

Fertigstellung: 2002

BGF: 6.450 m²

Fotograf: Stefan Schilling, Köln

Object: Bertelsmann Foundation, Gütersloh

1st extension

Client: Bertelsmann Foundation

Completion: 1994

GSA: 6,880 m²

Photographer: Klemens Ortmeyer, Brunswick

2nd extension

Client: Bertelsmann AG Zentrale Bauabteilung

Completion: 2002

GSA: 6,450 m²

Photographer: Stefan Schilling, Cologne

Ein großer kreisförmiger See ist der Mittelpunkt des weitläufig gestalteten Bertelsmann-Firmengeländes. Das Gebäudeensemble der Bertelsmann Stiftung, ein Komplex aus Punkthäusern und Riegeln, wurde in drei Abschnitten am Seeufer realisiert. KSP Engel und Zimmermann komplettierten in den Jahren 1995 und 2001 die zwei ursprünglich vom Hamburger Architekturbüro gmp – von Gerkan, Marg + Partner ausgeführten Pavillons.

Die erste Erweiterung greift die Idee der Punkthäuser auf und ergänzt die schon vorhandenen Bauten mit zwei quadratischen, dreigeschossigen Pavillons. Durch die versetzte Anordnung der Kuben und die Verbindung der Einzelhäuser durch gläserne Brücken bilden diese im Ensemble mit der bisher solitären Zweiergruppe einen Hof – Ort der informellen Kommunikation und möglicher Rahmen für kleinere Festlichkeiten. Unterhalb des Innenhofs liegt die von oben belichtete Bibliothek.

A large round lake forms the center of the spacious grounds of the Bertelsmann Foundation. The complex consists of various point blocks and oblong buildings and was erected on the banks of the lake in three phases. Two buildings designed by the Hamburg architecture office gmp – von Gerkan, Marg + Partners were completed by KSP Engel and Zimmermann in 1995 and 2001.

The first extension took up the idea of the point blocks, supplementing the existing edifices with two three-story square pavilions. Through an altered arrangement of the cubes and the linking up of the individual buildings by means of glass bridges working in ensemble with two formerly isolated buildings, a courtyard has been formed which has become a place for informal communication as well as a venue for small celebrations. The library is located underneath the courtyard and is lit by skylights.

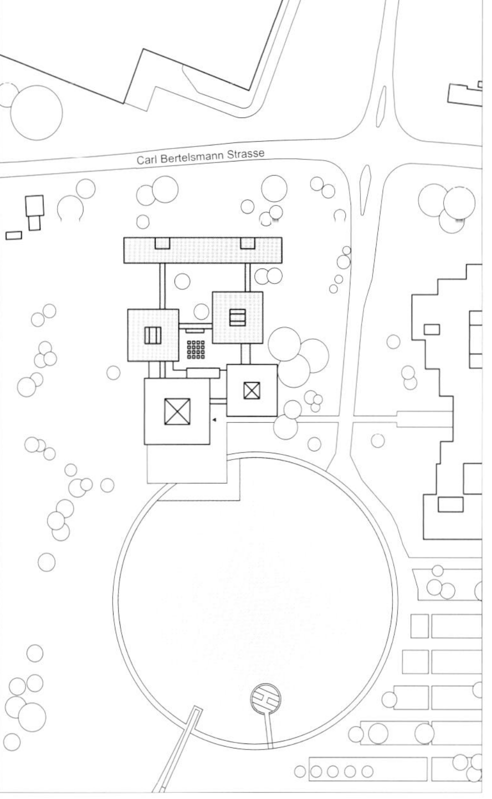
Carl Bertelsmann Strasse

Der Entwurf für die zweite Erweiterung umfasst das Cluster der Punkthäuser im mit zwei L-förmig angeordneten, unterschiedlich langen Riegeln im Westen. Der bisher realisierte Bau legt sich im Nordwesten zwischen die Carl-Bertelsmann-Straße und den Pavillons der Stiftung und ist ebenfalls über Brücken an die bestehende Struktur angebunden.

Da alle repräsentativen und kommunikativen Funktionen, wie Empfang und Konferenzbereiche, bereits im „Altbau" vorhanden sind, befinden sich in den Erweiterungen vornehmlich Büroräume. Das sachlich-schöne Ensemble besticht durch die klare offene Struktur, lichtdurchflutete Transparenz und überwältigende Offenheit, die sich in allen Erweiterungen bis in die Büroräume fortsetzt und so eine kommunikative Atmosphäre für Nutzer und Besucher schafft.

The second extension stage frames the cluster of point buildings in two L-shaped blocks of different lengths located to the west. To date, one building has been constructed to the northwest running between the Carl Bertelsmann Strasse and the foundation's pavilions. It is likewise linked to the existing complex via bridges.

Since all representative and communicative functions are already to be found in the "old building" the extensions primarily provide office space. With its clear structure, light-filled transparent character and immense openness this appealing and functional ensemble catches the eye. These qualities permeate the extensions down to the very offices, thus spawning a communicative atmosphere for users and visitors alike.

Tower 24 Frankfurt am Main

Tower 24 Frankfurt on Main

Objekt: Tower 24, Frankfurt am Main

Bauherr: HOCHTIEF Projektentwicklung GmbH

Wettbewerb: 11/2001 – 1. Preis

Fertigstellung: 2006

BGF: 50.500 m²

Fotograf: Thomas Ott, Mühltal

Object: Tower 24, Frankfurt on Main

Client: HOCHTIEF Projektentwicklung GmbH

Competition: 11/2001 – 1st Prize

Completion: 2006

GSA: 50,500 m²

Photographer: Thomas Ott, Mühltal

Die HochTief AG residierte lange Jahre in einem Hochhaus von Egon Eiermann an der Bockenheimer Landstraße im Frankfurter Westend. 2002 zog die Zentrale in die Frankfurter Bürostadt Niederradt, um das innerstädtische Areal einer neuen Bebauung zuzuführen, da das Gebäude den Anforderungen an einen modernen, flexiblen Bürobau nicht mehr gerecht wird.

Der nur in Teilen originäre Eiermann-Bau ist zum Abriss freigegeben. Ein Einspruch konnte diesen Entschluss nicht beeinflussen. Der 2001 in einem Wettbewerb ermittelte Ersatz auf dem parkähnlichen Grundstück in einer der besten Lagen Frankfurts in der Nähe der Alten Oper ist zur Vermietung bestimmt. Um flexibel auf zukünftige Änderungen eingehen zu können, soll der Neubau dynamisch und zukunftsoffen für verschiedene Mietkonstellationen sein und gleichzeitig für die Frankfurter Skyline ein neuer optischer Höhepunkt werden.

For many years HochTief AG resided in a high-rise designed by Egon Eiermann at Bockenheimer Landstrasse in Frankfurt's Westend. But in 2002 the company vacated the building which was no longer modern or flexible enough for its requirements, and relocated its head office to the city's commercial district of Niederrad. As a consequence, this downtown site was open for redevelopment. Authorization was given for Eiermann's building, only parts of which were still in line with his plans, to be demolished. An appeal failed to alter this decision. In 2002, a competition was held for a replacement building. Set in park-like grounds in one of Frankfurt's prime locations close to the Alte Oper, the winning building is intended to house rental properties. In order to respond flexibly to future changes, the brief foresaw a new building sufficiently versatile to accommodate a variety of rental configurations, and simultaneously create a new visual highlight in the Frankfurt skyline.

Wöhlerstrasse
Liebigstrasse
Unterlindau
Bockenheimer Landstrasse

Die alte Miquel-Villa auf dem Grundstück soll erhalten bleiben. Der Tower 24 wird mit 96 m eines der kleineren Hochhäuser Frankfurts sein; das hochwertige Wohngebiet in unmittelbarem Anschluss an den Standort verbietet einen höheren Baukörper. Selbstbewusst und spannungsreich nehmen die beiden schlanken Türme das verdrehte Stadtraster an dieser Stelle auf. Der Südturm stellt sich parallel zur Bockenheimer Landstraße, während der Nordturm orthogonal zum Stadtraster des Westens steht. Durch die Verdrehung der Türme zueinander entsteht eine sich öffnende Geste zur Alten Oper. Zum Wohngebiet verbergen die Türme so geschickt ihre tatsächliche Dimension; eine städtebauliche Ausrichtung, die ebenso überzeugend wie fantasievoll ist.

The old Miquel villa on the plot was to be retained. Rising up just 96 meters, Tower 24 is one of the smaller high-rises in Frankfurt. A taller building would have been out of the question owing to the prestigious residential area adjoining the site. The two, sleek towers follow the diagonal line of the city plots here in a statement that is both confident and exciting. The south tower is aligned to Bockenheimer Landstrasse, while the north tower stands at right angles to the city layout in the west. As a result of the towers turning towards each other, they open invitingly toward the Alte Oper, whereas when seen from the side of the residential buildings, they skillfully conceal their actual scale thanks to an alignment that is as successful as it is imaginative. The slight curve of the façades lends the buildings a highly dynamic appearance.

Durch die leicht gebogenen Fassaden entsteht eine äußerst dynamische Wirkung. Der Blick gleitet von den Fassaden zu den Ecken, was so perspektivisch den Umfang des Baus verkürzt – eine Erfahrung, die Mendelsohn in den 20er Jahren an seinen großstädtischen Geschäftshäusern schon eingesetzt hat.

Die gläserne Doppelfassade der Türme ist zweigeschossig zusammengefasst, wodurch ihre schlanke Eleganz betont wird. Die offene Gestaltung setzt das Foyer in Beziehung zu seiner parkartigen Umgebung.

Das Preisgericht attestiert dem Turmpaar „frei bespielbare Büroflächen". Weit gespannte Betondecken ermöglichen dies durch eine stützenfreie Raumdisposition. Auch das energetisch-ökologische Gesamtkonzept wird positiv eingeschätzt. Die gestalterische Leichtigkeit des Turmpaares lässt eine Bereicherung von Frankfurts Stadtsilhouette erwarten.

Furthermore, the gaze automatically glides across the façades to the edges, shortening the perspective and making the buildings appear less voluminous, a phenomenon Mendelsohn exploited back in the 1920s for his city business premises.

The double-skin glazing of the towers is designed in two-story sections, underscoring their sleek elegance. In addition, the open design creates a relationship between the foyer and its park-like setting.

The jury pronounced the towers as offering "highly versatile office space." Extensive spans in the concrete ceilings mean intermediate supporting pillars are not needed, affording maximum flexibility. There was also praise for the overall energy and ecological concept. The lightweight look to the twin towers will doubtless contribute to an enhancement of Frankfurt's already impressive skyline.

Umbau Hochhaus Taunusanlage 11 Frankfurt am Main Reconstruction High-Rise Taunusanlage 11 Frankfurt on Main

Objekt: Umbau Hochhaus Taunusanlage 11, Frankfurt am Main

Bauherr: DGI Deutsche Grundbesitz-Investmentgesellschaft mbH

Fertigstellung: 1996

BGF: 16.500 m²

Fotograf: Uwe Brodemann, Braunschweig

Object: Reconstruction high-rise Taunusanlage 11, Frankfurt on Main

Client: DGI Deutsche Grundbesitz-Investmentgesellschaft mbH

Completion: 1996

GSA: 16,500 m²

Photographer: Uwe Brodemann, Brunswick

Der Turm ist eines der ältesten und mit 75 m eines der niedrigsten Hochhäuser Frankfurts. Die Bürogemeinschaft Meid und Romeick hatte ihn 1970 für die Chase Manhattan Bank errichtet. Die zeittypische Fassade aus eloxiertem Aluminium und stark reflektierendem, dunklem Glas ließ das Haus abweisend wirken.

1993 wurde die „T11“ von KSP Engel und Zimmermann zu einem flexiblen, kleinteilig vermietbaren Bürohaus umgebaut und erweitert. Im Rahmen der Modernisierung wurde sowohl das Tragwerk, die gesamte Fassade wie auch die Haustechnik ausgetauscht. Dabei blieb der Charakter des Hauses erhalten, seine vertikale Gliederung wurde verstärkt. Nun präsentiert sich der Turm in der klassischen Dreiteilung eines Hochhauses mit Sockel, Schaft und Krone.

At 75 meters, this building is today one of the lowest skyscrapers in Frankfurt. Built in1970 for the Chase Manhattan Bank by Meid and Romeick, it is also one of the oldest high-rises in the Main metropolis. Typical of the period were its façade of anodized aluminum and its dark strongly reflective glass which made the building seem inhospitable.

In 1993, KSP Engel and Zimmermann remodeled and enlarged “T11” to constitute a more flexible building providing smaller-sized office units ready for rent. At the same time, the load-bearing structure, the entire façade and the building's technical facilities were all exchanged. The basic character of the building was upheld, but its vertical thrust more clearly emphasized. Now, the tower possessed the three classic elements of a skyscraper – a base, a shaft, and a crown.

Als erstes Hochhaus in Frankfurt erhielt der Turm eine transparente gläserne Fassade. Die Konstruktion blieb zwar dunkel wie die des ursprünglichen Altbaus, zusammen mit den hellen Sonnenschutzscheiben entstand aber eine einladende und freundliche Atmosphäre. Gab sich das Haus früher verschlossen, gewährt es heute den Einblick in sein Inneres.

Ein neu konzipierter zweigeschossiger, gläserner Bau schmiegt sich im Sockelbereich entlang der Straße um den Turm und öffnet das Haus zu dem neu angelegten Vorplatz. Darunter liegt ein neuer Konferenzraum, der über Lichtbänder von oben belichtet wird.

Der Umbau ist mit Fingerspitzengefühl ausgeführt worden, sensibel im Umgang mit dem vorhandenen Altbau und ohne auftrumpfende Geste bei der Sanierung.

It was the first high-rise in Frankfurt to have a transparent glass façade. Although dark, as was the original building, by virtue of the inclusion of bright panes providing protection from the sun, the new-look tower now exudes a friendly and more inviting feel. Where it had once seemed rather forbidding, it now invites inspection of its interior.

Another addition is the two-story glass edifice that nestles around the base of the tower on the street-side and opens onto a new square in front. Beneath it lies a new conference room illuminated by skylights.

The modernization plans were devised with great sensitivity, and the original building treated with care and circumspection, ensuring that the conversion work does not steal the show.

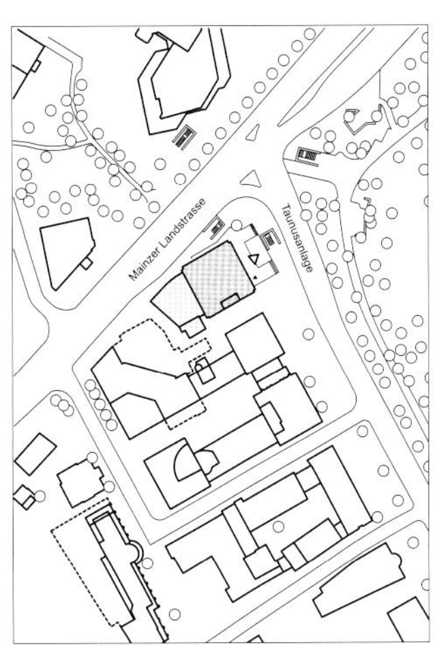
Mainzer Landstrasse
Taunusanlage

Umbau und Aufstockung Hauptverwaltung Dorma Ennepetal

Reconstruction and Extension Dorma Headquarters Ennepetal

Objekt: Umbau und Aufstockung Hauptverwaltung Dorma, Ennepetal

Bauherr: Dorma GmbH & Co. KG

Wettbewerb: 11/2001 – 1. Preis

Fertigstellung: 2004

BGF: 7.940 m²

Fotograf: Axel Schmidt, Ratingen

Object: Reconstruction and Extension Dorma Headquarters Ennepetal

Client: Dorma GmbH & Co. KG

Competition: 11/2001 – 1st Prize

Completion: 2004

GSA: 7,940 m²

Photographer: Axel Schmidt, Ratingen

Dorma gehört zu den erfolgreichen mittelständischen Unternehmen im Bausektor, die die derzeitige Krise in der Bauwirtschaft erfolgreich meistern. Ihr zeittypischer, neutraler Verwaltungsbau aus dem Jahre 1969 sollte sowohl aufgestockt als auch instandgesetzt werden.

Der bestehende Baukörper diente den Architekten als Basis für eine gläserne Krone aus zwei weiteren Geschossen und einem Dachgarten. Bestehende Stützen und Tragkonstruktionen wurden verstärkt, um die zusätzlichen Lasten durch die zwei neuen Geschosse, den Dachgarten und die von der Dachkrone abgehängte, neue Glasfassade aufnehmen zu können. Diagonal von den Stützbereichen zu der Fassade verlaufende Pylone leiten die Lasten im Dachgeschoss von den Randbereichen in die bestehende Konstruktion. Die neue Hülle aus Stahl und Glas fügt Alt- und Neubau optisch zusammen.

Dorma s definitely one of the thriving mid-caps in the building industry. The corporation has successfully mastered the current crisis in the sector and decided to give their admin. building from 1969, designed in the typical idiom of the day, three new stories and likewise modernize its facilities.

The existing building served as the basis for a glass crown consisting of two additional stories and a roof garden. Existing load-bearing structures were strengthened in order to support the additional weight of the two new floors, the roof garden and the new glass façade which was suspended from the top of the building. Pylons on the top floor placed diagonally between the supporting areas and the façade redistribute weight from the edges into the existing body of the building. The new steel and glass skin harmoniously weds the old with the new.

ER
5
SERVICE CENTER
ENTWICKLUNG TECHNIK

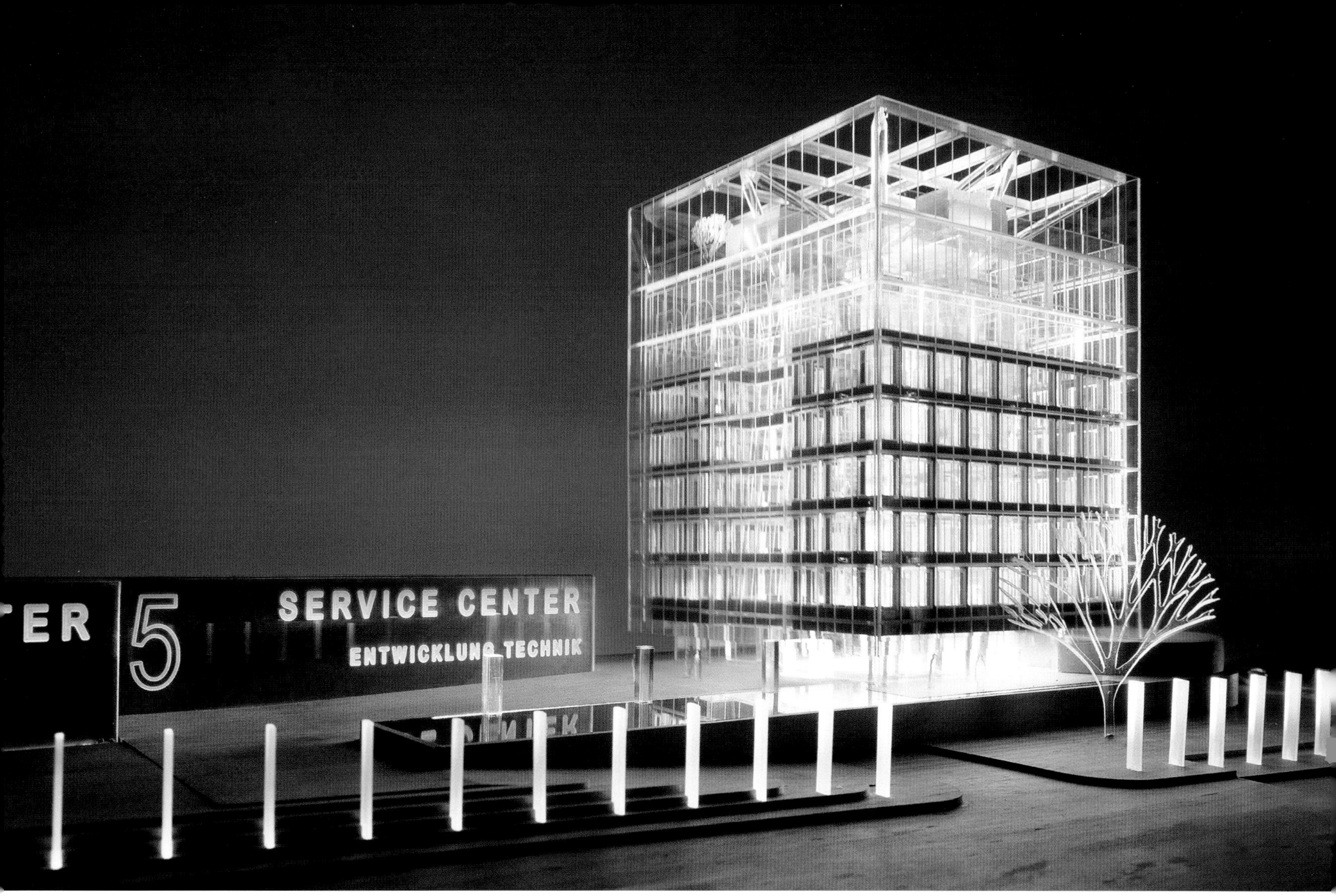

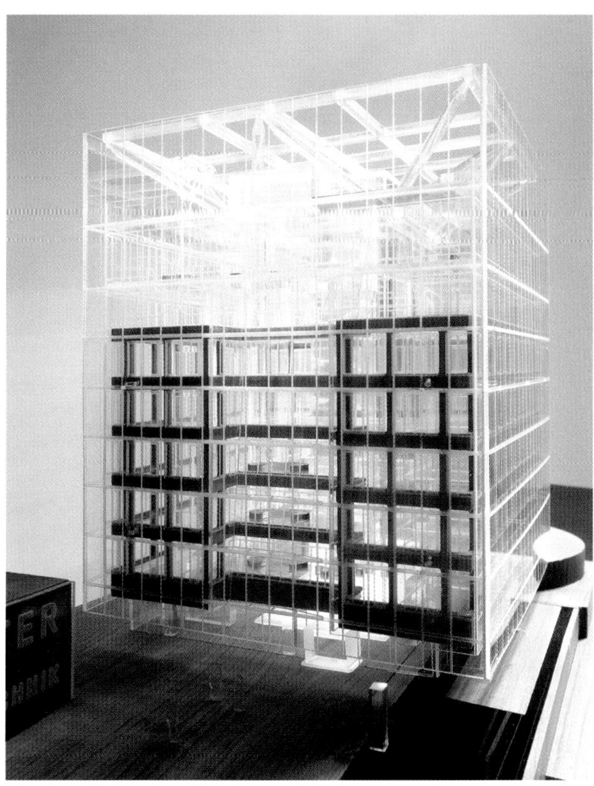

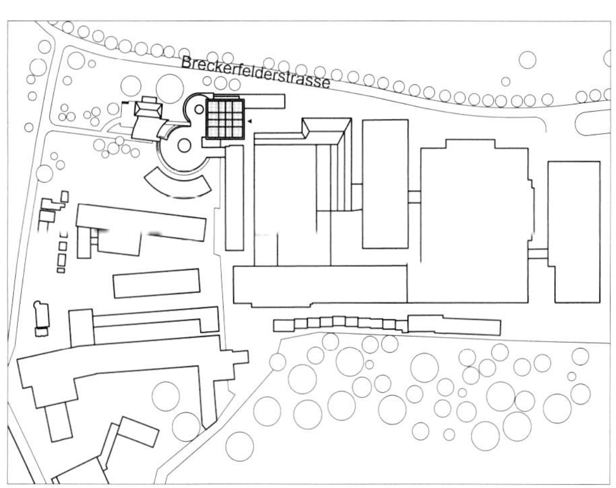

Breckerfelderstrasse

Der Blick von außen auf das Haus wird zum Einblick in das Geschehen im Haus und auf die neue Konstruktion. Beleuchtet in der Nacht, wirkt das obere Geschoss mit den expressiven Diagonalstützen wie das DORMA-Emblem.

Die begrenzte Raumqualität des Altbaus wurde durch neue Lichthöfe und einen geschossübergreifenden Luftraum verbessert. Die gute Belichtung der Büroflächen resultiert nicht allein aus der Ummantelung mit einer Glashaut, sondern auch durch das Versetzen der Primärfassade an die Außenkante des Rohbaus. Der durch diese Maßnahme entstandene Raumgewinn ist erheblich. Im nach oben offenen Dachgarten liegen gläserne Besprechungsboxen, die bei der Arbeit einen Blick auf die Umgebung gestatten.

Der Umbau der DORMA-Verwaltung ist ein exzellentes Beispiel für einfühlsames Bauen und die gestalterischen Möglichkeiten, die selbst uniforme Bauten der 60er Jahre zulassen, wenn Architekten Fantasie und Fingerspitzengefühl mitbringen.

From outside, you can now look into the building, to the activity within and the new load-bearing structure. When illuminated, the upper floor with its expressive diagonal supports resembles the DORMA emblem.

The limited quality of the old interior has been enhanced by additional shafts for light and a ventilation system for all the floors. Optimal illumination is not only the result of encasing the building in glass but is also supported by shifting the main façade to the outer edge of the building's shell. This has resulted in a considerable gain of space. Glass "discussion cells" are located on the open roof garden, affording a marvelous view of the surroundings during meetings.

The conversion of the DORMA administration office is an excellent example of sensitive construction and the design scope that is afforded even by the uniform buildings of the 1960s. The architects need only apply a little imagination.

Wettbewerb Hochhaus Neue Mainzer Straße Frankfurt am Main Competition High-Rise Neue Mainzer Strasse Frankfurt on Main

Wettbewerb: Hochhaus Neue Mainzer Straße, Frankfurt am Main

Auslober: Frankfurter Sparkasse von 1822, Württembergische Hypothekenbank AG

Wettbewerb: 2001 – 1. Preis

BGF: 81.500 m²

Competition: High-rise Neue Mainzer Strasse, Frankfurt on Main

Competition held by Frankfurter Sparkasse von 1822, Württembergische Hypothekenbank AG

Competition: 2001 – 1st Prize

GSA: 81,500 m²

Frankfurt als europäische Finanzmetropole definiert sich über seine Skyline von Hochhäusern. Diese macht es einzig in Europa. Zu den derzeit rund 80 Hochhäusern werden mittel- bis langfristig 15 weitere Hochhausbauten dazukommen. Der 1999 verabschiedete Hochhausrahmenplan der Stadt konzentriert diese auf das Banken- und Messeviertel.

Die Frankfurter Sparkasse und die Württembergische Hypothekenbank versuchten 2001 über einen Wettbewerb zu klären, wie sich gemeinsam auf zwei benachbarten Grundstücken in prominenter Lage an den Wallanlagen zwei privatrechtlich und wirtschaftlich selbstständige und teilbare Hochhäuser realisieren lassen, die gleichwohl miteinander verbunden sein sollten. KSP Engel und Zimmermann konnte mit einer Lösung in Form eines Doppelhochhauses den Wettbewerb für sich entscheiden.

Das interessante Turmpaar ist leicht gegeneinander versetzt und hat mit je 55 Geschossen eine Höhe von knapp 200 m. Sowohl städtebaulich als auch architektonisch verbirgt es geschickt seine Größe und Masse hinter schlanken Fassaden. Vom Opernplatz erfährt man die beiden Häuser in der Diagonalsicht, was sie schmaler und gestreckter wirken lässt. Von der Taunusanlage her wirkt das Ensemble wie ein abgetreppter Turm. Diese optische Verdrehung der Einzeltürme lässt das gesamte Ensemble wie eine spiralförmige Verschränkung erscheinen. Die kantige Form ist als Gegenpol zum benachbarten Rund des Maintower gedacht.

As a European financial center, Frankfurt's main defining characteristic is its high-rise skyline which makes it quite unique in Europe. Over the mid to long-term another 15 high-rises will be added to the existing 80 skyscrapers. In 1999, the city's high-rise master plan specified that most of the new high-rises were to be located in the banking and trade fair quarter.

The Frankfurter Sparkasse and the Württembergische Hypothekenbank organized a competition in 2001 to attract proposals for the joint realization of two high-rise buildings on two adjoining sites in a prominent location along the line of the old city walls. The buildings needed to be independent under private law, economically independent but connected to one another as well as being internally subdividable. KSP Engel and Zimmermann won the competition with their entry for a double high-rise.

The twin towers are set at a slight angle to one another; each contains 55 stories, and is almost 200 meters high. The architectural finesse of the building conceals its height and mass behind slim façades, something that impressed the town planners. From the Opernplatz the twin towers are seen diagonally on, which makes them appear narrower and longer, while the ensemble looks like a staggered tower from the Taunusanlage. Owing to this optical angling of the individual towers the entire ensemble has the appearance of an interlocking spiral. The angular shape is intended to form a contrast to the nearby circular walls of the Maintower.

Junghof Strasse
Neue Mainzer Strasse

Der Sockelbereich ist, anders als bei den meisten Frankfurter Hochhäusern, im Erdgeschoss mit seinen Cafés und Restaurants als öffentlicher Raum frei zugänglich. Die Lobby der Türme wurde ins erste Obergeschoss verlegt. Ein auf dem Grundstück vorhandener Altbau, dessen historische Fassade denkmalgeschützt ist, wird in den Neubau integriert.

Die Gestalt des Hochhauspaares ist sachlich-rational und kommt ohne jeden Eklektizismus aus. Das Preisgericht bescheinigte dem Entwurf, „wirtschaftlich, funktional und ästhetisch überzeugend" zu sein. Auch unter haustechnischen Gesichtspunkten ist er vorbildlich und könnte damit in Frankfurt eine neue Ära des Hochhausbaus einläuten, wo alle genannten Anforderungen sich in einem Bau optimal ergänzen.

Unlike the majority of Frankfurt's high-rises, the base area containing cafés and restaurants is open to the general public. The lobby for the two towers is therefore located on the first floor. An old building on the site with its listed historical façade is simply integrated into the new building.

There is a functional, rational look to the two high-rises that is free of eclecticism. In the words of the jury, the design is "a success in economic, functional and aesthetic terms." It is also exemplary as regards facilities engineering and could effectively herald a new era of high-rise construction in Frankfurt, in which all the above-mentioned specifications complement each other ideally in a single building.

Umbau Garden Towers Frankfurt am Main Reconstruction Garden Towers Frankfurt on Main

Objekt: Umbau Garden Towers, Frankfurt am Main

Bauherr: ABG – Allgemeine Bauträger Gesellschaft Hochhaus 1 Objekt GmbH & Co KG

Fertigstellung: 2005

BGF: 41.500 m²

Object: Reconstruction Garden Towers, Frankfurt on Main

Client: ABG – Allgemeine Bauträger Gesellschaft Hochhaus 1 Objekt GmbH & Co KG

Completion: 2005

GSA: 41,500 m²

Die Hochhäuser der 60er und 70er Jahre entsprechen heute kaum noch den ästhetischen, funktionalen und technischen Anforderungen an moderne Bürogebäude. Auch stadträumlich werden ihre meist dunklen Fassaden als Abschottung von der Stadt empfunden.

Dies gilt auch für die beiden alten Türme der Hessischen Landesbank, die „Helaba", an der Neuen Mainzer Straße 46–52, die durch den Umzug in den Maintower frei wurden. Mittlerweile leerstehend soll es vollständig saniert und umgebaut werden. Eine neue Fassade, neue Gebäudetechnik, neuer Innenausbau und ein neuer Eingang werden das Gebäude zu einem modernen Bürohochhaus im Frankfurter Bankenquartier machen. Eine Erhöhung der Türme und damit eine Erweiterung der vermietbaren Fläche ist jedoch nicht vorgesehen.

The skyscrapers of the 1960s and 1970s are hardly adequate to meet the aesthetic, functional and technical demands of a modern office building. Moreover, their façades are mostly dark and are perceived as unwelcoming aspects of the city space.

This is also true of the two old towers of the Hessische Landesbank (the "Helaba") on the Neue Mainzer Strasse 46-52, vacated when the bank moved to the Main Tower. Now that they are empty the intention is to fully renovate and remodel them. A new façade, new facilities technology, a new interior and a new entrance will transform the building into a modern office skyscraper in the Frankfurt banking district. There is no plan, however, to increase the height of the towers and thus expand the area available for renting.

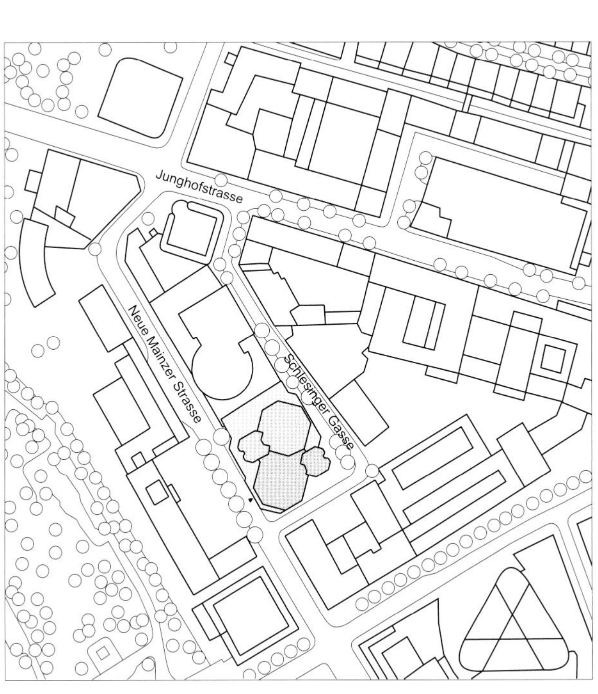

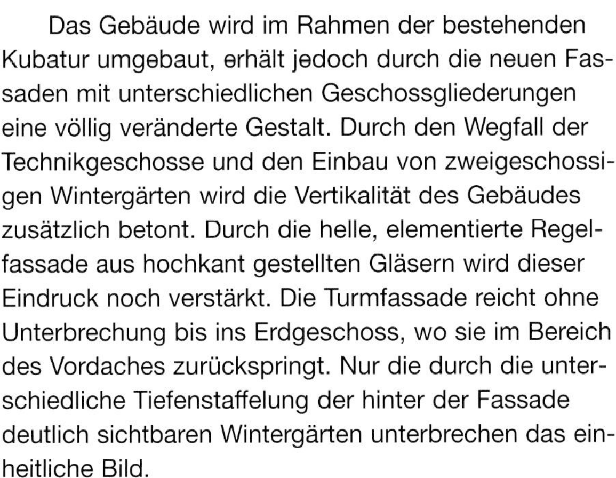

Das Gebäude wird im Rahmen der bestehenden Kubatur umgebaut, erhält jedoch durch die neuen Fassaden mit unterschiedlichen Geschossgliederungen eine völlig veränderte Gestalt. Durch den Wegfall der Technikgeschosse und den Einbau von zweigeschossigen Wintergärten wird die Vertikalität des Gebäudes zusätzlich betont. Durch die helle, elementierte Regelfassade aus hochkant gestellten Gläsern wird dieser Eindruck noch verstärkt. Die Turmfassade reicht ohne Unterbrechung bis ins Erdgeschoss, wo sie im Bereich des Vordaches zurückspringt. Nur die durch die unterschiedliche Tiefenstaffelung der hinter der Fassade deutlich sichtbaren Wintergärten unterbrechen das einheitliche Bild.

Durch die neue Fassade klärt sich die Fügung der alten Helaba-Türme deutlich. Die Garden Towers, wie der neue Name der Türme lautet, gewinnen durch den Umbau eine zusätzliche Fläche von circa 3500 m². Der Innenausbau sieht Kombi-, Zellen- und Großraumbüros vor. Mit der ästhetischen Wiedergewinnung der alten Türme durch Renovierung und Umbau erhält die Frankfurter Skyline ein überzeugendes neues altes Ensemble zurück.

The building will be remodeled within the framework of the existing cubature yet it will gain a completely different character thanks to the new façades which will divide the stories in various ways. The vertical thrust of the building will be further emphasized by removing the technical floors and inserting two-story conservatories. This impression will be further emphasized by the bright, structured façade composed of vertical glass elements. The façade of the tower reaches uninterruptedly to the ground floor where it recedes in the vicinity of the portico. The harmonious look is only interrupted by the conservatories which become clearly visible behind the façade due to their differently graduated depth.

Through the new façade you can clearly see what has become of the old Helaba towers. The Garden Towers, as they will be newly named, will boast an additional area of about 3,500 m² as a result of the conversion. The interior is designed for multi-person offices, cell and open-plan offices. The modernization and conversion work will salvage the aesthetic appearance of the old towers, and the Frankfurt skyline will regain a convincing new/old ensemble.

Philips Headquarters Hamburg
Philips Headquarters Hamburg

Objekt: Philips Headquarters, Hamburg

Bauherr: ECE Projektmanagement GmbH & Co. KG

Wettbewerb: 2002 – 1. Preis

Fertigstellung: 2005

BGF: 31.000 m²

Object: Philips Headquarters, Hamburg

Client: ECE Projektmanagement GmbH & Co. KG

Competition: 2002 – 1st Prize

Completion: 2005

GSA: 31,000 m²

Der Name Philips ist Programm. Er steht für Licht und Lichtforschung; was lag deshalb näher, als ein Hochhaus als Hauptquartier von Philips Deutschland zu entwerfen, das am Tage kristallin und transparent wirkt und bei Nacht als weithin leuchtendes Zeichen die Corporate Identity der Firma in das Umfeld hineinträgt.

Das Hochhaus, das eigentlich durch seine zwei gleich hohen, miteinander verbundenen Schäfte wie ein Turmpaar wirkt, liegt unmittelbar an der Kreuzung von zwei Verkehrsachsen (Wallstraße und Lübeckertordamm). Das heterogene Umfeld mit einem Teil der historischen Wallanlage lieferte außer der Linearität der umgebenden Bebauung keine städtebaulichen Ansätze oder gestalterischen Herausforderungen, die es umzusetzen galt. Die Architekten entwickelten deshalb den Bau als Landmarke, dessen Hochhaus ein horizontaler Baukörper hinzugefügt wurde. Er vermittelt als maßstäblicher Übergang zu der Nachbarbebauung und einem kleinen Park mit schönem Baumbestand, der auf dem Gebiet des ehemaligen Walles liegt.

The name Philips evokes immediate associations. It stands for light and research into light. What then could be more logical than designing a high-rise to house the head office of Philips Deutschland that appears crystalline and transparent by day and by night communicates the firm's corporate identity to its surroundings as a luminous symbol visible from afar?

The high-rise, which has the appearance of twin towers thanks to the two inter-connected shafts of equal height, is located directly on the intersection of two main thoroughfares (Wallstrasse and Lübeckertordamm). Apart from the lines of the surrounding buildings, the heterogeneous zone (it includes a section of the city's walls) did not dictate a particular approach be taken as regards town planning or necessitate meeting certain architectural requirements. Accordingly, the architects developed the building as a landmark, adding a horizontal body to the high-rise. The building serves to mark a scaled transition to the neighboring zones and the small park with attractive trees, located on the site of the former city wall.

PHILIPS

Das rational und skulptural wirkende Hochhauspaar ist durch eine orthogonale Fassadenstruktur gekennzeichnet, die jeweils zwei Geschosse zusammenfasst. Eine vertikale Fuge zwischen den beiden Schäften, die die Masse des Hochhauses trennt und seine Schlankheit betont, setzt sich als Lichthof im horizontalen Baukörper fort. Beide Schäfte treten in den unteren Geschossen zurück, sind jedoch entgegengesetzt ausgerichtet. Unter einer Auskragung befindet sich der repräsentative Haupteingang. Im horizontalen Sockel selbst liegen neben einem Konferenz- und Bewirtungsraum auch ein Restaurant. Zur Wallstraße hin findet man diverse Showrooms für Philips Lichtprodukte. Ein Energiekonzept definiert ein durchdachtes System von Heizen, Kühlen und Lüften. Das vorgeschlagene Tragwerkskonzept ist wirtschaftlich kalkuliert und vom Bauablauf her beschleunigt umsetzbar.

The rational, sculptural-looking twin high-rises are characterized by an orthogonal façade, sub-divided into two-story sections. A vertical seam interfacing the two shafts separates the volume of the high-rise, and emphasizes its slender character while being continued in the horizontal structure as an atrium. Though both shafts recede in the lower stories, they are aligned away from each other. The impressive lobby is situated below a projecting section. The horizontal base itself houses a conference and hospitality zone as well as a restaurant. On the side facing Wallstrasse there are various showrooms displaying Philips lighting products. A sophisticated inter-related system of heating, cooling and ventilation hinges on an efficient energy concept. The proposed load-bearing frame is not only economically very viable, but can also be installed swiftly if required.

Wettbewerb GEM – The Grand Egyptian Museum Kairo Competition GEM – The Grand Egyptian Museum Cairo

Wettbewerb: GEM – The Grand Egyptian Museum, Kairo, Ägypten

Auslober: Arab Republic of Egypt, Ministry of Culture – Supreme Council of Antiquities

Wettbewerb: 6/2003 – „High Honorable Mention"

BGF: 92.000 m²

Außenfläche: 305.000 m²

Fotograf: Axel Schmidt

Competition: GEM – The Grand Egyptian Museum, Cairo, Egypt

Competition held by: Arab Republic of Egypt, Ministry of Culture – Supreme Council of Antiquities

Competition: 6/2003 – "High Honorable Mention"

GSA: 92,000 m²

Outside area: 305,000 m²

Photographer: Axel Schmidt

Das Ende des 19. Jahrhunderts eröffnete Ägyptische Museum in Kairo, ein Muss für jeden Besucher der Stadt, platzt aus allen Nähten. Seine 150.000 Kunstschätze aus 5000 Jahren ägyptischer Kulturgeschichte sind weder funktional noch didaktisch verständlich ausgestellt, wenn überhaupt zugänglich.

Der Neubau des Museums ist zwar seit 1992 beschlossen, aber in Ägypten laufen die Uhren langsam. Im Jahr 2002, also zehn Jahre nach der Beschlussfassung, wurde ein anonymer internationaler Wettbewerb ausgelobt. Unter den 1557 Beiträgen aus 82 Nationen wurden zehn Preise vergeben, und KSP Engel und Zimmermann konnte als einziges im Wettbewerb verbliebenes deutsches Büro unter die ersten fünf Preisträger kommen.

Der Standort für das neue Museum liegt an der Cairo–Alexandria Desert Road, die die Stadt mit den Pyramiden von Gizeh verbindet. Am Rande eines Felsplateaus, inmitten von Dünen, mit Blick auf die Pyramiden und die Wüste, soll der neue Bau liegen und zwischen der alten Kultur Ägyptens und der Moderne vermitteln.

The Egyptian Museum in Cairo was opened at the end of the 19th century. A must for every visitor, it is now bursting at the seams. Even when accessible to the public, its 150,000 art treasures from 5,000 years of Egyptian history are neither functionally nor educationally well displayed.

A resolution was taken back in 1992 to build a new museum, but in Egypt things progress slowly. In 2002, an international competition was finally held. Out of 1,557 contributions from 82 countries, ten awards were made. KSP Engel and Zimmermann was the only German firm to come in among the first five prizewinners.

The new museum is to be located on the Cairo–Alexandria Desert Road which connects the city with the pyramids of Gizeh. It will stand at the edge of a stone plateau surrounded by sand dunes with a view of the pyramids and the desert. It is intended to link ancient culture and modern Egypt.

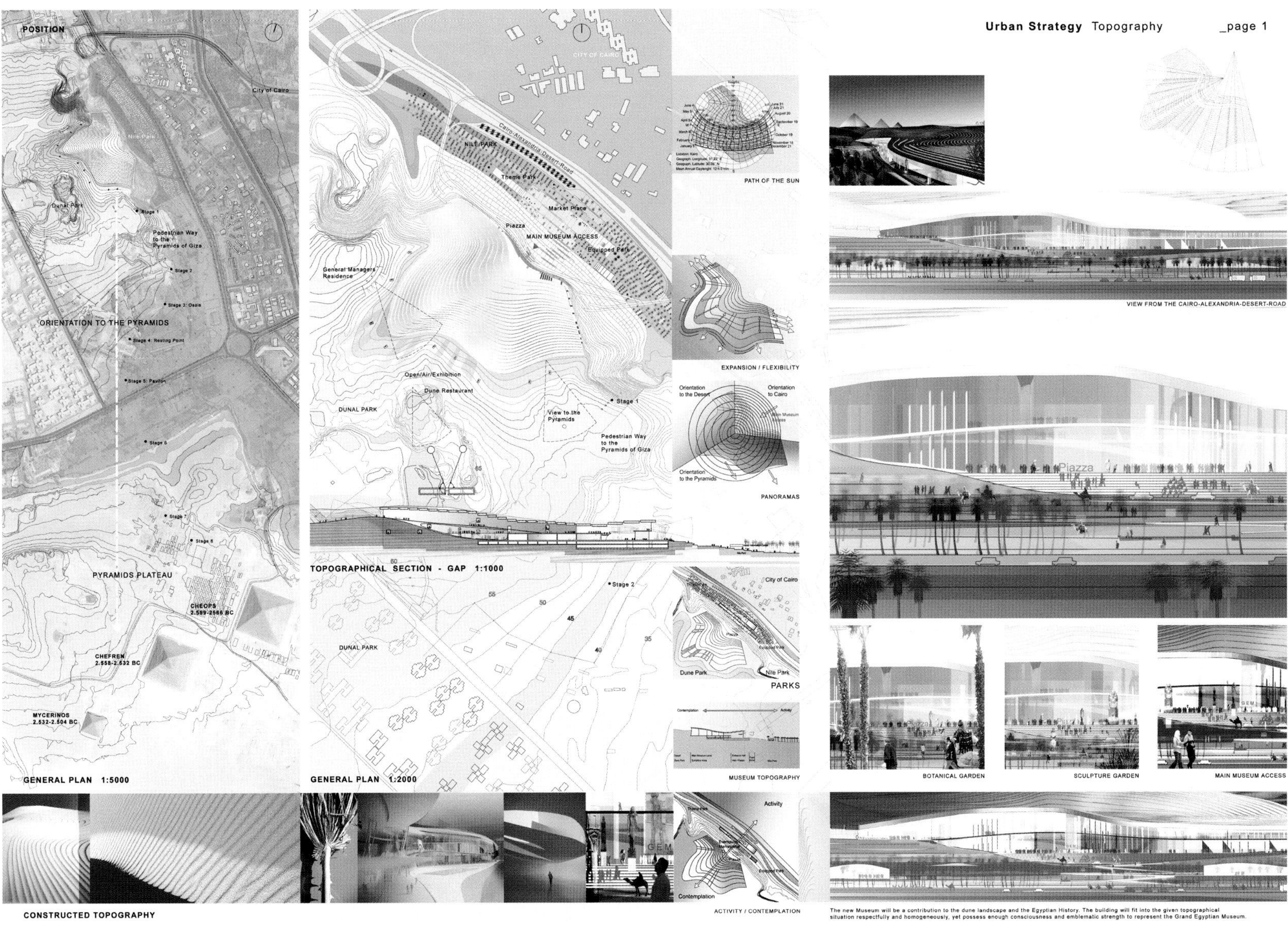

Urban Strategy Topography
_page 1
POSITION
City of Cairo
Dunal Park
Stage 1
Pedestrian Way to the Pyramids of Giza
Stage 2
Stage 3: Oasis
ORIENTATION TO THE PYRAMIDS
Stage 4: Resting Point
Stage 5: Pavilion
Stage 6
Stage 7
Stage 8
PYRAMIDS PLATEAU
CHEOPS 2.589-2.566 BC
CHEFREN 2.558-2.532 BC
MYCERINOS 2.532-2.504 BC
GENERAL PLAN 1:5000
CITY OF CAIRO
Cairo-Alexandria-Desert-Road
NILE PARK
Theme Park
Market Place
Piazza
MAIN MUSEUM ACCESS
Equipped Park
General Managers Residence
Open/Air/Exhibition
Dune Restaurant
DUNAL PARK
View to the Pyramids
Stage 1
Pedestrian Way to the Pyramids of Giza
TOPOGRAPHICAL SECTION - GAP 1:1000
Stage 2
DUNAL PARK
GENERAL PLAN 1:2000
PATH OF THE SUN
EXPANSION / FLEXIBILITY
Orientation to the Desert
Orientation to Cairo
Main Museum Access
Orientation to the Pyramids
PANORAMAS
City of Cairo
Dune Park
Nile Park
PARKS
Contemplation
Activity
MUSEUM TOPOGRAPHY
Activity
Contemplation
ACTIVITY / CONTEMPLATION
CONSTRUCTED TOPOGRAPHY
VIEW FROM THE CAIRO-ALEXANDRIA-DESERT-ROAD
Piazza
BOTANICAL GARDEN
SCULPTURE GARDEN
MAIN MUSEUM ACCESS
The new Museum will be a contribution to the dune landscape and the Egyptian History. The building will fit into the given topographical situation respectfully and homogeneously, yet possess enough consciousness and emblematic strength to represent the Grand Egyptian Museum.

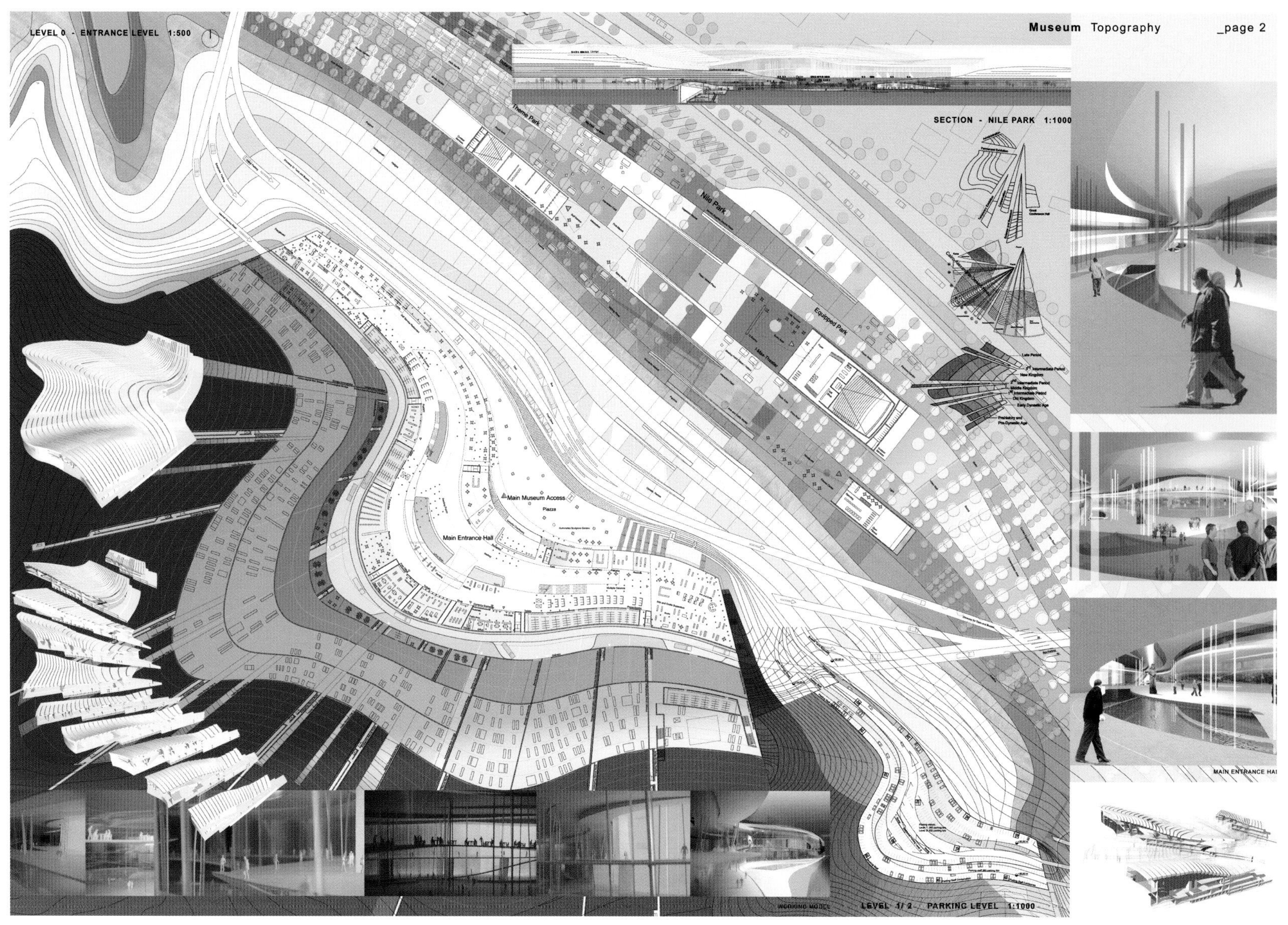

Der Entwurf entwickelt die Gestalt des Museums aus der Topografie der Landschaft. Den Konturen der Dünenlandschaft entsprechen die weich gekurvten Wände. Der Bau schmiegt sich mit seinen 92.000 m² Gesamtfläche in ein Gelände mit einer Höhendifferenz von 45 Metern. Nur einige strategische Punkte, die von den Pyramiden sichtbar sein sollen, erheben sich über die der Landschaft abgewonnenen Höhe des Museums.

Die in sanftem Bogen zurückweichende Fassade empfängt den Besucher am Eingang wie mit ausgebreiteten Armen. Aus der der Kontur des Baus folgenden Eingangshalle begibt sich der Besucher auf chronologische oder thematische Spaziergänge in die wie von Wellen bewegten Ausstellungsräume.

The design of the museum is derived from the topography. The slightly curved walls correspond to the contours of the sand dunes. The building will provide 92,000 m² of floor space and is nestled into a site on a slope with a difference in altitude of 45 meters. Only a few strategic points of the new edifice will rise above the landscape and be visible from the pyramids.

The gently arched and retreating façade seems to welcome visitors with outstretched arms. From the entry hall, visitors follow the contour of the building to take a chronological and thematic walk through the exhibition rooms with their wavy forms.

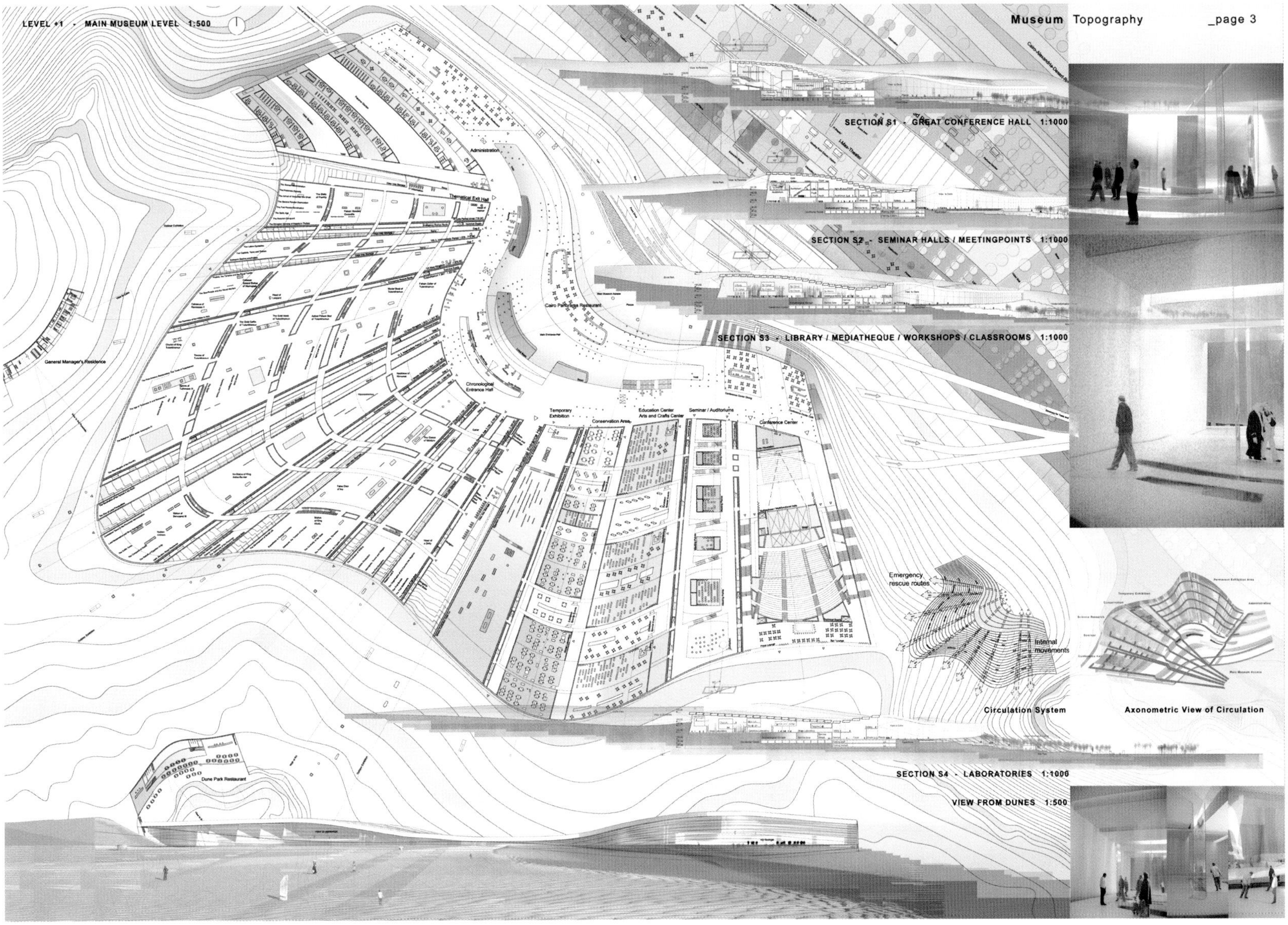
LEVEL +1 - MAIN MUSEUM LEVEL 1:500
Museum Topography _page 3
SECTION S1 - GREAT CONFERENCE HALL 1:1000
SECTION S2 - SEMINAR HALLS / MEETINGPOINTS 1:1000
SECTION S3 - LIBRARY / MEDIATHEQUE / WORKSHOPS / CLASSROOMS 1:1000
Administration
Thematical Exit Hall
Chronological Entrance Hall
General Manager's Residence
Temporary Exhibition
Conservation Area
Education Center Arts and Crafts Center
Seminar / Auditoriums
Conference Center
Emergency rescue routes
Internal movements
Circulation System
Axonometric View of Circulation
Dune Park Restaurant
SECTION S4 - LABORATORIES 1:1000
VIEW FROM DUNES 1:500

Museum Topography _page 4

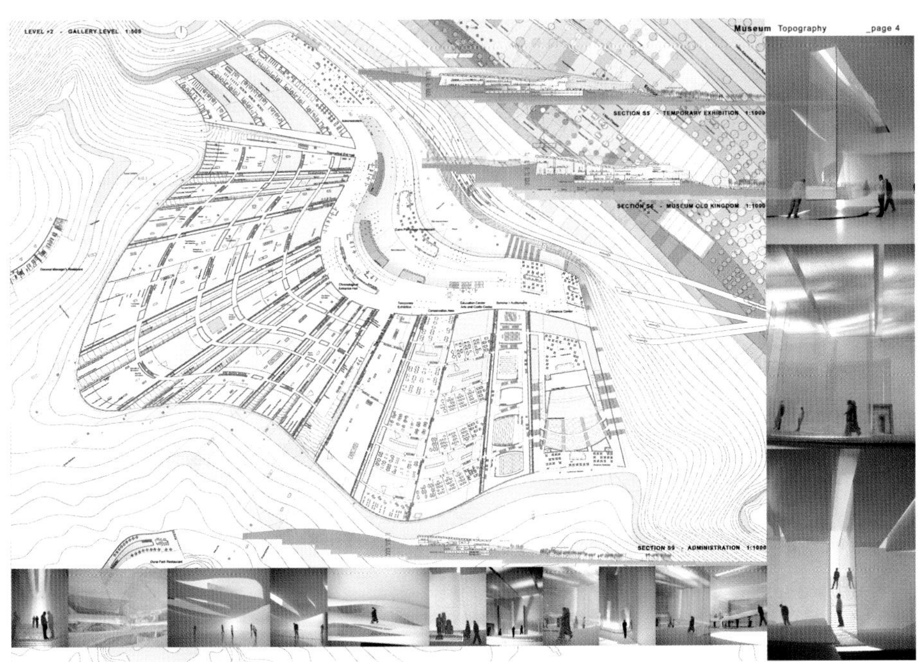

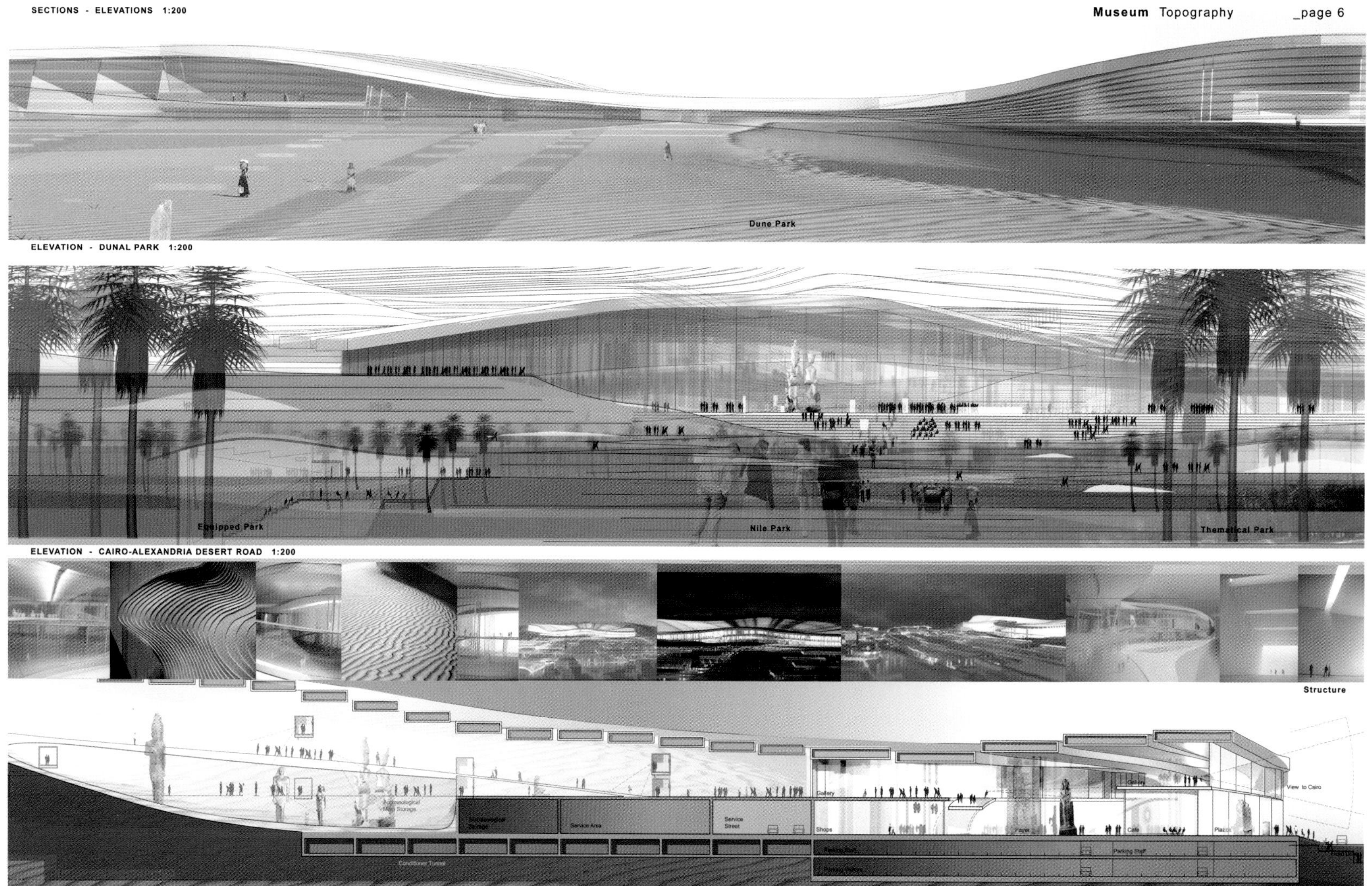

Periodische Zwischenräume fungieren als räumlichfunktionale Verbindungs- und Orientierungspunkte in der dramatisch geschickt präsentierten Ausstellungslandschaft, die auf direkten oder dynamisch flexiblen Wegen den Besucher in die Kultur Ägyptens ein- und entführt. Der Blick in das nicht zugängliche archäologische Lager im Untergeschoss ist geschickt inszeniert von Brücken und Rampen aus möglich.

Die Räume für temporäre Ausstellungen, wissenschaftliche Arbeit, Verwaltung und eine Kongresshalle sind auf unterschiedliche Ebenen verteilt. Das Restaurant orientiert sich über Terrassen zur Stadt hin. Vom Nilpark führt ein Weg durch das neue Museum zu den Pyramiden mit den ältesten und geheimnisvollsten Bauten Ägyptens. Das Museum ist der Vermittler zwischen ihnen und dem Nil.

Every so often, you enter a small connecting room that offers a point of orientation and renders the dramatic landscape of the museum which introduces the visitor to the seductive culture of Egypt even more flexible.

Visitors can gaze from cleverly devised bridges and ramps onto the inaccessible lower floor which is an archaeological warehouse. Rooms for temporary exhibits, scholarly research, administration and meetings are located on various levels. The restaurant is endowed with terraces which face the city. A pathway leads from the Nile Park through the museum to the pyramids and the oldest and most mysterious structures in Egypt. The museum provides the link between them and the Nile.

LEVEL +2 - GALLERY LEVEL 1:200

Main Museum Access

Piazza

Cairo Panorama Restaurant

Main Entrance Hall

Chronological Entrance Hall

Thematical Entrance Hall

Temporary Exhibition

Specialized Workshops

Emergency Rescue Route

Technical Supply

SECTION S8 - MUSEUM: NEW KINGDOM TUTENKHAMUM 1:200

Tutenkhamun

Anubis

The Chariot

The Gold Mask

Funerary Bed

Shawabti

Headrest

Pendant

Splendid Necklace

Gallery

View to Cairo

Archaeological Main storage

Archaeological Storage

Service Street

Shops

Foyer

Snacks

Piazza

Parking Staff

Parking Visitors

Kingdom and State

Religion

Man, Society and Work

Land of Egypt

Culture, Scribes and Knowledge

Forum Messe Frankfurt am Main
Trade Fair Forum Frankfurt on Main

Objekt: Forum Messe, Frankfurt am Main

Bauherr: Messe Frankfurt GmbH

Wettbewerb: 1999 – 1. Preis

Fertigstellung: 2001

BGF. 22.750 m²

Fotograf: Stefan Schilling, Köln

Object: Trade Fair Forum, Frankfurt on Main

Client: Messe Frankfurt GmbH

Competition: 1999 – 1st Prize

Completion: 2001

GSA: 22,750 m²

Photographer: Stefan Schilling, Cologne

Die zeichenhaft geschwungene Form des Forums dürfte der markanteste Auftakt zu einem Messebereich in Deutschland sein. Genau um einen solchen spektakulären stadtseitigen Anlaufpunkt ging es der Messe Frankfurt, die sich 1998 durch Ausdehnung ihres Areals auf das Gelände des ehemaligen Frankfurter Haupt-Güterbahnhofes neu ordnete und dafür ein Zeichen suchte. Zusammen mit der Messehalle 3 von Nicholas Grimshaw, den Messebauten von O. M. Ungers und der alten Festhalle von Friedrich von Thiersch setzt das Forum die Reihe starker identitätsstiftender Messebauten im Zentrum Frankfurts fort.

Das Forum bildet zusammen mit der Agora das Herz des Messegeländes. Der Massivität der rückwärtig anschließenden Festhalle setzt es die Leichtigkeit seiner Konstruktion und die Transparenz seiner Fassaden entgegen. Es liegt im Schnittpunkt der Hauptwegeachsen der Messe und fokussiert so die Aufmerksamkeit der Besucher. Gleichzeitig erlaubt seine offene Bauweise vielfältige Blickbeziehungen hinaus auf das Messegelände. Abends und bei Nacht ist der Übergang von innen nach außen nicht mehr auszumachen. Fast schwerelos schwebt dann die Spange des Bankettsaales über dem hell erleuchteten Foyer.

The Forum with its characteristic elliptic shape is probably the most striking entrance to a trade fair complex anywhere in Germany. It fulfilled the wish of Messe Frankfurt to construct something spectacular when the trade fair grounds were extended to include the former location of Frankfurt's main freight rail station in 1998. The Forum forms a stunning complement to the list of impressive trade fair buildings in the center of Frankfurt, which include Hall 3 by Nicholas Grimshaw, the buildings by O.M. Ungers and the historical Festhalle (banqueting hall) by Friedrich von Thiersch.

Together, the Forum and the Agora now make up the heart of the trade fair grounds. The massive spread of the Festhalle – which is behind the Forum – is in marked contrast to the light structure and transparent façade of the Forum which is located at the intersection of the main routes passing through the trade fair grounds. As a consequence, it is an immediate focal point for visitors. Its see-through design provides countless views out over the surrounding area. In the evening, the interior and the exterior of the building are as good as indistinguishable, especially when the bracket with the banqueting hall seems to float above the well-lit foyer as though it were weightless.

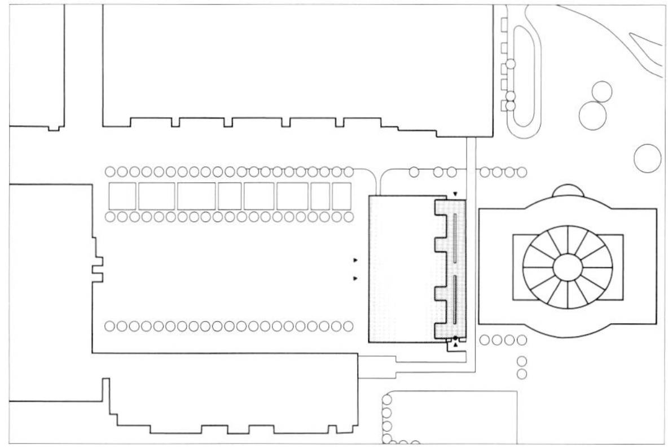

Forum

Der schwungvollen Begrüßung, die der Baukörper außen darstellt, entspricht im Inneren die für Messebauten geforderte große Multifunktionalität. Stützenfreie Räume auf beiden Ebenen ermöglichen flexible Anpassungen an temporäre Nutzungen. Im geschwungenen Raumtragwerk des Daches, das dem Forum seine unverwechselbare Form gibt, liegt ein unterteilbarer Veranstaltungssaal für bis zu 2.000 Personen.

The curvaceous forms of the exterior are extremely inviting and are complemented on the inside by a structure that more than meets the multipurpose needs of a trade fair building. Halls uncluttered by pillar divisions on both levels provide flexible space for temporary uses. The sweeping space frame under the roof, which lends the building its unmistakable appearance, doubles up as a hall which can be used as an event space for up to 2,000 people – and which can again be divided into smaller units of various shapes and sizes.

Toiletten
Toilets

Die innere Erschließung des Forums erfolgt über Rolltreppen und Aufzüge. In sechs Versorgungskernen, die auch als Stützen für die dynamisch geschwungene Dachkonstruktion dienen, liegen die Treppen und die Haustechnik. Die benachbarte Festhalle wurde mit einem direkten Zugang angebunden.

Das Forum, das auch völlig vom laufenden Messebetrieb abgekoppelt werden kann, steht mit seinem flexiblen Raumkonzept für größere Kongresse wie auch kleine Veranstaltungen zur Verfügung.

Interior spaces are connected to each other via escalators and elevators. The building contains six core utility hubs which also act as supports for the dynamically curving roof structure and enclose stairways and the technical equipment. The neighboring Festhalle can be accessed directly.

Importantly, the Forum can be used independently of the trade fair grounds. Its flexible space utilization concept makes it an ideal location for large conventions as well as small events.

Gedenkstätte Bergen-Belsen
Bergen Belsen Memorial

Objekt: Gedenkstätte Bergen-Belsen
Bauherr: Land Niedersachsen, Staatliches Baumanagement Celle
Wettbewerb: 2/2003 – 1. Preis
Fertigstellung: 2005
BGF: 6.165 m²

Object: Bergen Belsen Memorial
Client: State of Lower Saxony, Staatliches Baumanagement Celle
Competition: 2/2003 – 1st Prize
Completion: 2005
GSA: 6,165 m²

Im weltweiten Ideen- und Realisierungswettbewerb um die Neugestaltung des ehemaligen Kriegsgefangenenlagers und späteren Konzentrationslagers errang das Büro 2003 den ersten Preis für den hochbaulichen Realisierungsanteil.

Die Geschichte des ehemaligen Lagergeländes ist vielschichtig, Ort und Name stehen jedoch vor allem für die während des Naziregimes verübten Gräueltaten. Gleichwohl ist die Gedenkstätte nach 1945 auch das Zeichen eines sich mit der Zeit wandelnden Umgangs mit der Vergangenheit. Eine differenzierte Vergangenheitsbewältigung und der sich ständig ändernde Informationsstand einer jüngeren Generation lassen fast 50 Jahre nach dem Krieg neben dem Aspekt des Gedenkens und der Trauer die Notwendigkeit der Information und des Lernens stärker in den Vordergrund treten.

In der Bestandssituation der Gedenkstätte ist das ehemalige Lagergelände nicht mehr ablesbar. Deshalb wird aus dem Gehölzbestand die präzise Kontur der ehemaligen Abgrenzung herausgearbeitet. Alle Laubbäume werden gefällt, sodass die frühere Lagergrenze als Kiefernwaldkante erkennbar wird. Auch die Barackenstandorte und das alte Wegesystem werden wieder lesbar gemacht, denn „der Ort besitzt Macht“ (Richard Sennett). Die projizierte Lagerstruktur überschneidet sich mit den vorhandenen Gedenkstätten und formt einen neuen Ort der Erinnerung und des Gedenkens.

In the worldwide ideas and realization competition in 2003 which sought ideas for a redesign for the former POW and later concentration camp, KSP received the first prize for the realization section of the structural engineering.

The history of the former camp site is complex. The location and the name, however, stand above all for the atrocities perpetrated by the Nazis. After 1945, however, the memorial also became a symbol for a changing way of dealing with the past. Almost 50 years after the war, a differentiated way of addressing the past and the constantly changing information needs of a younger generation have made it necessary to give information and learning a stronger priority alongside the aspects of memorial and mourning.

In the present situation of the memorial, it is no longer possible to discern the former camp site. The precise contours of the perimeters have thus been delineated from the stands of trees. All deciduous trees will be felled so that the former camp limits will be recognizable as bordered by the pine forest. The locations of the huts and the old pathway system have also been made visible again as in the words of Richard Sennett “the place possesses power.“ The projected camp structure overlaps with the existing memorial and forms a new place of remembrance.

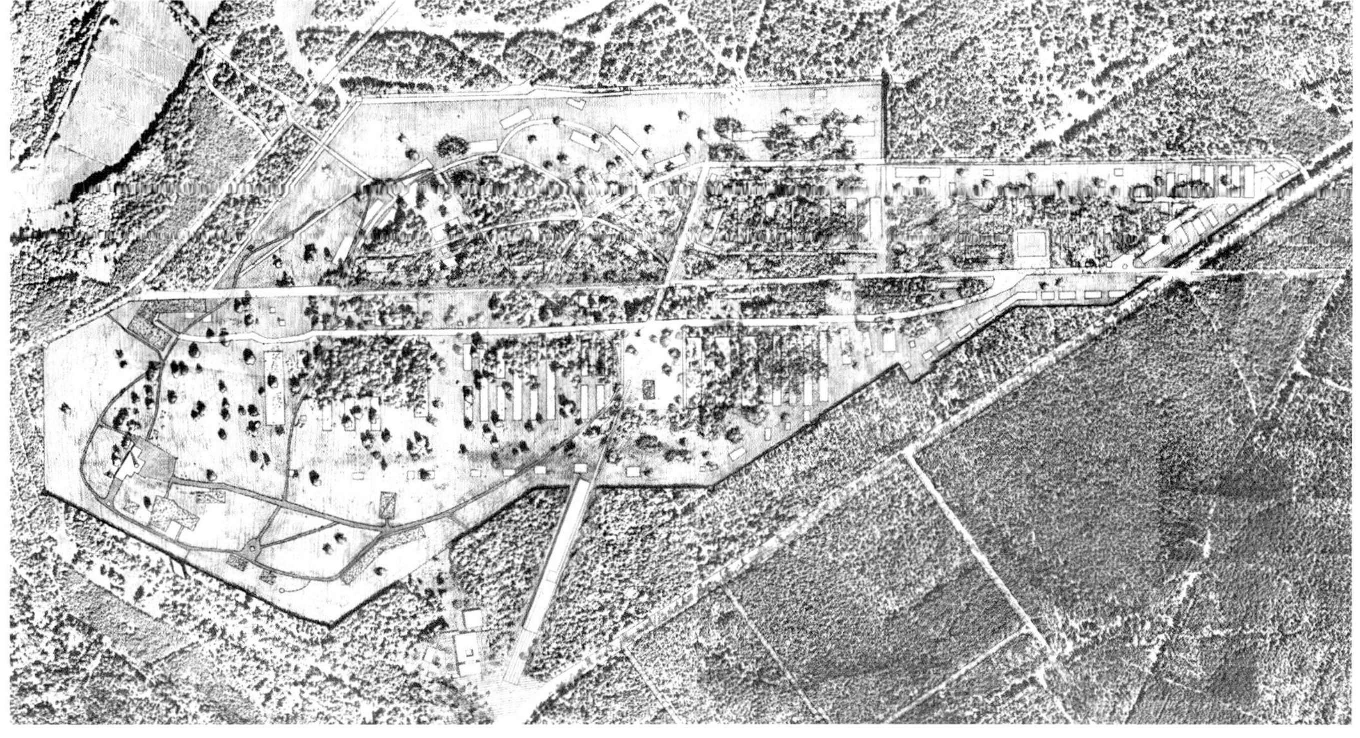

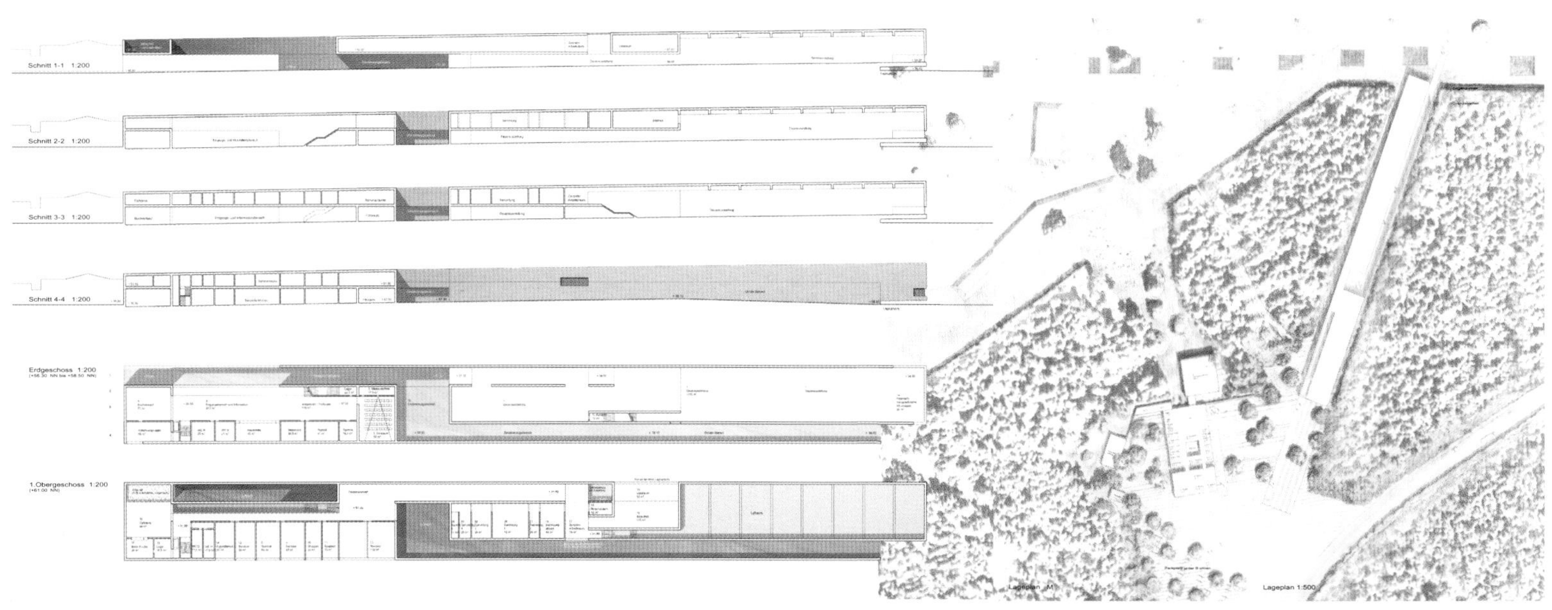

Schnitt 1-1 1:200
Schnitt 2-2 1:200
Schnitt 3-3 1:200
Schnitt 4-4 1:200
Erdgeschoss 1:200
1.Obergeschoss 1:200
Lageplan 1:500

Die Erweiterung des Besucherzentrums ist als Volumen gedacht, das den Ankommenden auf dem Weg in das Gelände begleiten soll. Wer vom Zufahrtsbereich kommt, steht vor dem Riegel des Zentrums, das sich am Eingang in die Erde hineinschmiegt, um sich auf der Seite des Lagers vom Boden abzuheben.

Die von so vielen Gräueltaten getränkte Erde bleibt als Geste des Respekts unangetastet. Im Besucherzentrum lässt sich anhand von Referenzpunkten ein Überblick über das Lager gewinnen. Ohne das Gebäude zu betreten, kann der Besucher den Baukörper auf einem Weg durchschreiten, der seinen räumlichen Charakter sukzessive verändert. In Richtung Lagergebäude verengt sich der Weg zu einer überlangen Schlucht. An ihren kahlen Wänden hängen zahlreiche leere Plättchen, Platzhalter für die Namen der Opfer. Denn Recherchen bringen immer wieder neue Namen von Personen an den Tag, die hier gefangen gehalten wurden oder starben. An sie soll der karge und eindringliche Raum der Schlucht erinnern.

The extension to the visitors' center is designed as a corpus that guides the arriving visitors on their way into the site. Those coming from the access area stand before the visitors' center block which tucks into the ground at the entrance only to rise from the ground again at the site of the camp.

The earth, which has borne so many atrocities, remains untouched as a gesture of respect. In the visitors' center reference points offer an overview of the camp. Without entering the building the visitor can pass through the body of the building along a path which successively changes in its spatial character. In the direction of the camp building the path narrows to an elongated gorge. On its bleak walls are numerous small empty plaques reserved for the names of victims as research continues to uncover new names of people who were kept captive or who died here. The bleak and penetrating space of the gorge is meant to remind us of them.

Wettbewerb Stadion für FC Bayern München und TSV 1860 München

Competition Soccer Stadium for FC Bayern München and TSV 1860 München

Objekt: Fußballstadion, München
Auslober: FC Bayern München e.V., TSV München von 1860 e.V.
Wettbewerb: 11/2001
BGF: 500.000 m²,
66.000 Sitzplätze
Visualisierung: 4[e] motions

Object: Soccer Stadium, Munich
Competition held by: FC Bayern München e.V., TSV München von 1860 e.V.
Competition: 11/2001
GSA: 500,000 m²,
66,000 seats
Rendering: 4[e] motions

Im Umfeld um die Bewerbung Deutschlands als Austragungsland für die Fußballweltmeisterschaft 2006 erlangten Stadionbauten als aktuelle Bauaufgaben einen wichtigen Stellenwert. Jede Stadt und jeder Club, die es sich leisten können, suchen für die Spiele eine funktionale und architektonisch herausragende Gestalt.

Auch in München, Austragungsort des WM-Endspiels 2006, entspricht das weltweit berühmte, netzüberspannte, weite Oval des Olympiastadions von Günter Behnisch von 1972 nicht mehr den heutigen Anforderungen an moderne Fußballarenen. Deshalb wurde 2001 ein konkurrierendes Bieterverfahren unter insgesamt acht eingeladenen Bietergemeinschaften, bestehend aus Architekt, Bauunternehmer und Fachplanern, ausgelobt, den das Schweizer Büro Herzog & DeMeuron für sich entscheiden konnte.

Der Standort des neuen Stadions für rund 66.000 Besucher liegt allerdings nicht im Olympiapark, sondern in der Heidelandschaft des Münchner Nordens, dessen Entwicklung der neue Bau beschleunigen soll.

Die Besucher werden von Süden her über einen hochgelegten, breiten Boulevard zum Stadion geführt. Er durchschneidet leicht schräg eine künstliche Topografie mit Lichtinseln und zusätzlichen multifunktionalen Sportfeldern. Hier kann ein zusätzliches Angebot an „Fun and Leisure"-Einrichtungen angesiedelt werden, denn ein Stadion ist heute ebenso Markt und Freizeitbereich wie Sportarena.

Since Germany will be the host country for the soccer World Cup in 2006, stadium construction has gained a great deal of prominence. Every city and every soccer club that can afford it is making an effort to provide functional and architecturally outstanding venues for the World Cup.

Munich will host the final, but its world famous Olympic stadium with its net shell, designed by Günther Behnisch for the games in 1972, no longer meets today's needs for a modern soccer arena. Therefore, eight architectural firms and construction companies were invited to bid for the tender held in 2001. The Swiss Herzog & DeMeuron office emerged as winners.

It was decided that the new stadium for about 66,000 spectators would not be located in the Olympic Park. Instead, it would be built in an undeveloped heather-covered region to the north of Munich. It was hoped to accelerate overall development of this area through the construction of the stadium.

Spectators will reach the stadium via a broad elevated boulevard. On a slightly diagonal axis, it will cross an artificial landscape with islands of light and additional multifunctional sports grounds. A "fun-and-leisure" development scheme is planned here because nowadays a stadium has to be used for markets and leisure activities as well as as a sports arena.

Die vier kreuzförmigen Stahlpylone bestimmen gemeinsam mit dem flachen, schwebenden Dach das weithin sichtbare Erscheinungsbild des Stadions. Die vier riesigen Pylone des Entwurfs wirken wie Landmarken am Eingang zur Stadt.

Über Seiltragwerke der Pylone werden zwei circa 400 m lange Träger abgehängt, an deren Innenseite das bewegliche Komfortdach befestigt ist. Es besteht aus zwei verschiebbaren Großelementen. Im geöffneten Zustand bilden die auskragenden Dächer ein einladendes Vordach. Die Dachhaut ist im spielnahen Bereich mit aufstellbaren Riesenlamellen verglast. Sie können je nach Bedarf zur Belüftung und zur Beregnung des Rasenfeldes, aber auch zur Reflexion des Sonnenlichts herangezogen werden.

Der Stadionkörper selbst wird von einer gläsernen Haut umspannt, die durch eine außen liegende Wabenstruktur gehalten wird. Die geschosshohen Rahmen, die an ihren Kreuzungspunkten mit der Wabe verbunden sind, können je nach Bedarf der Innenräumlichkeiten modular bestückt werden. Die Wabenstruktur der Haut prägt das äußere Bild des Stadions und wird so zum identitätsstiftenden Merkmal. Die Tribünen sind parallel zum Spielfeld und direkt an die Außenkante gebaut. Die Ecken, rund ausgebildet, sorgen für ein weiches Innenbild des eleganten Stadions.

The appearance of the stadium is characterized by four cruciform steel pylons and a flat suspended roof. The four giant pylons will be landmarks at the entrance to the city.

The adjustable roof will be attached to the lower side of two girders which will be about 400 m long. They will be suspended from the pylons by cables. The roof will be made of two large moveable elements. When opened, the projecting roof elements will form an attractive overhang. Close to the playing field, the roof elements consist of giant glass slats. They can be adjusted as needed – for ventilation, to allow rain to water the grass on the playing field or to deflect sunlight.

The body of the stadium will be encased in a glass covering which will be supported by an exterior diamond-shaped structure. The story-high frame will be connected to the diamonds at intersecting points and will allow modular use of the interior. The diamond structure of the outer skin will be the visual characteristic of the stadium and serve as a symbol. The spectator galleries will run parallel to the playing field and be built directly onto the outer edge of the stadium. Rounded inside corners will lend the arena a soft elegance.

längsschnitt 1:250

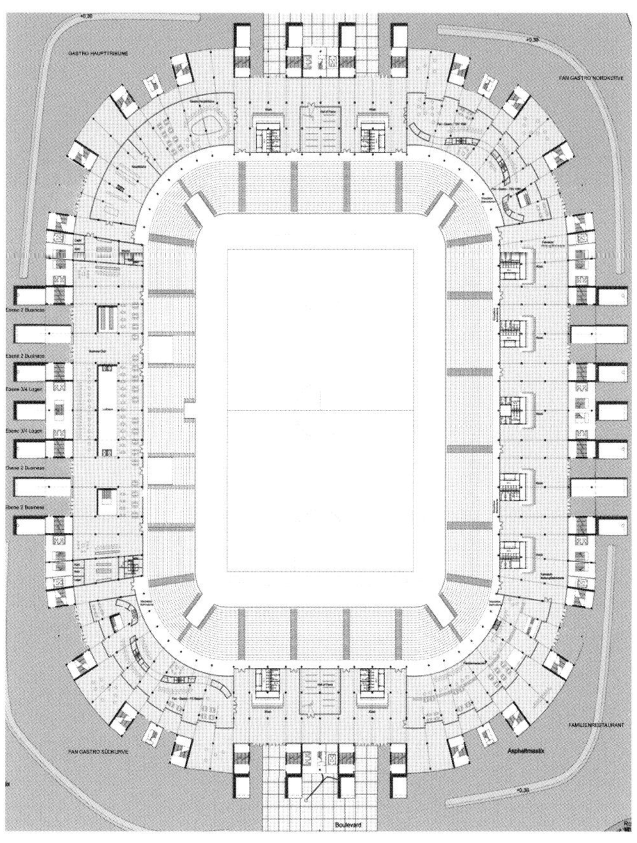
Boulevard

Volkswagen Halle Braunschweig
Volkswagen Hall Brunswick

Objekt: Volkswagen Halle, Braunschweig

Bauherr: Stiftung Sport und Kultur für Braunschweig

Fertigstellung: 10/2000

BGF: 17.700 m²

Sitzplätze: bis zu 8.000

Fotografen:
Uwe Brodmann, Braunschweig
Friedemann Steinhausen, Potsdam

Object: Volkswagen Hall, Brunswick

Client: Sport and Culture Foundation for Brunswick

Completion: 10/2000

GSA: 17,700 m²

Seats: up to 8,000

Photographers:
Uwe Brodmann, Brunswick
Friedemann Steinhausen, Potsdam

Die Halle für 8.000 Besucher zur unterschiedlichen Nutzung in den Bereichen Sport und Kultur entstand an einem privilegierten Standort, nämlich dort, wo im konzentrischen Kreis des begrünten Wallrings der Landschaftsraum der Okerniederung fast bis an die Innenstadt von Braunschweig heranreicht. Um den Eingriff, den die Halle in diesem sensiblen Umraum bedeutet, klein zu halten, entstand ein einziger elementarer Baukörper, dessen großes Volumen (circa 140.000 m³) bewusst keine kleinmaßstäbliche Anbiederung sucht, sondern sich als Solitär dem Landschaftsraum gegenüberstellt. Das Oval der Halle betont diese solitäre Stellung und wirkt bewusst nicht raumbildend; vielmehr umfasst und umfließt der Landschaftsraum den Bau und integriert ihn als kraftvollen, aber nicht störenden gebauten Kontrapunkt. Die städtebauliche Schrägstellung der Halle orientiert sich am davorliegenden Europaplatz; der zum Bau gehörende Vorplatz bündelt alle wesentlichen Wegebeziehungen vor dem Gebäude.

The hall, which can seat a capacity of 8,000 visitors, can be used for various sporting and cultural purposes and was built on a privileged location, namely where the countryside of the lower Oker, which forms a concentric ring around the greenbelt old city walls, extends almost into the city center of Brunswick. To minimize the encroachment which the hall represents in this sensitive environment a single elementary edifice was constructed. Its large volume (approx. 140,000 cu. m.) deliberately does not try to be ingratiatingly small in scale but as a standalone seeks to interact with the surroundings through juxtaposition. The oval shape of the hall underlines this solitary position and consciously avoids the effect of shaping the environment. Instead, the landscape encompasses and flows around the building, integrating it, as a powerful, but not disturbing, built counterpoint. In terms of town planning, the hall is slanted toward the Europaplatz which lies before it; the forecourt that is part of the building brings the various routes and paths in front of the building together.

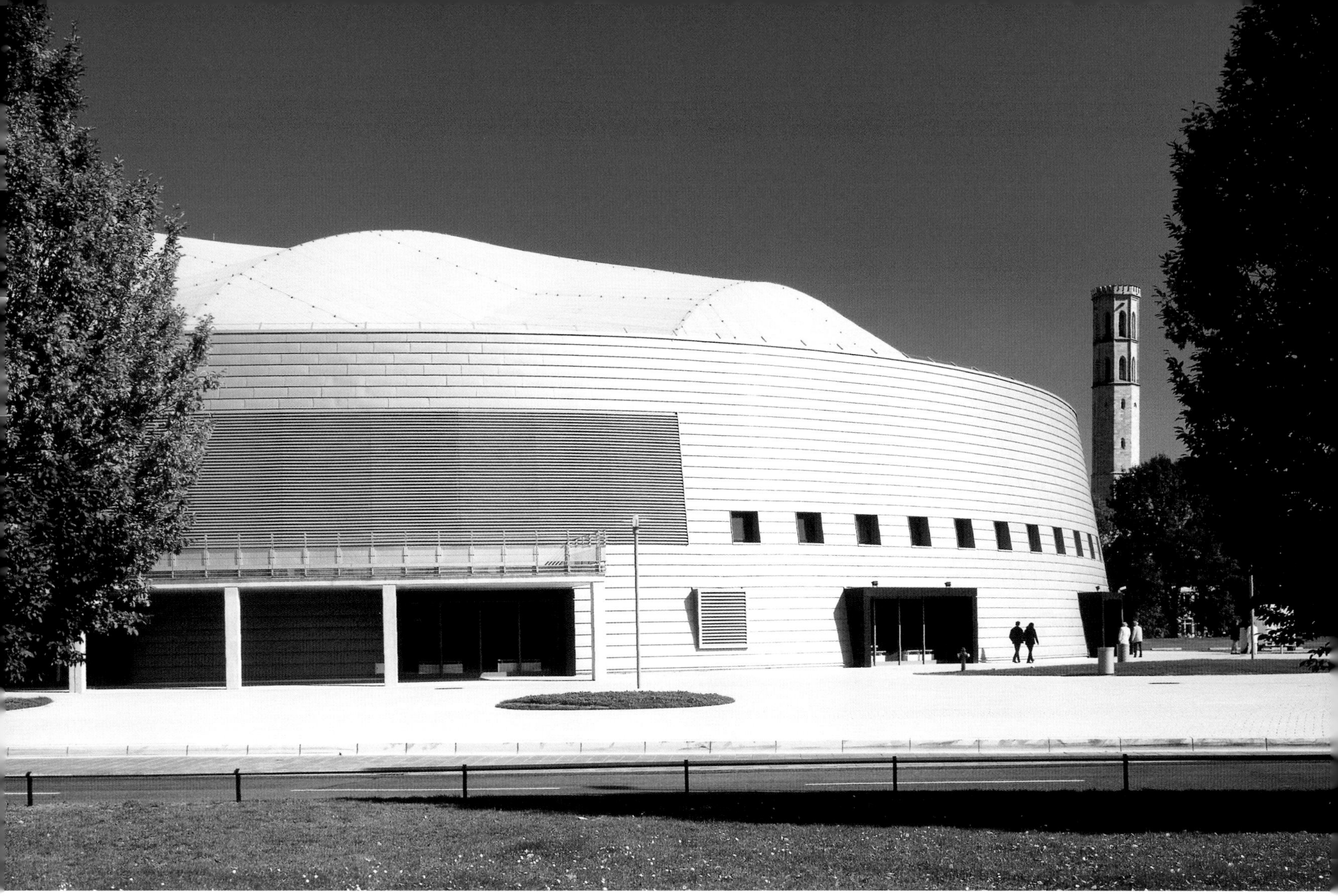

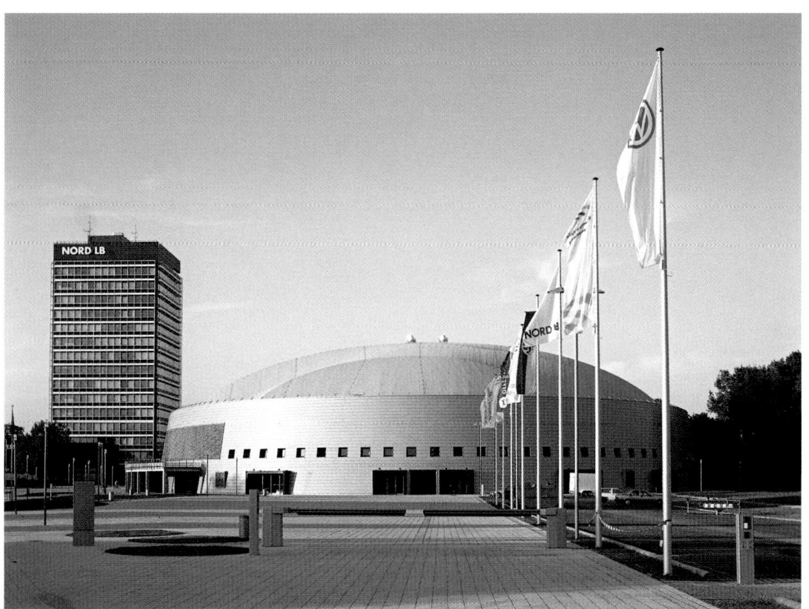

NORD LB
NORD LB

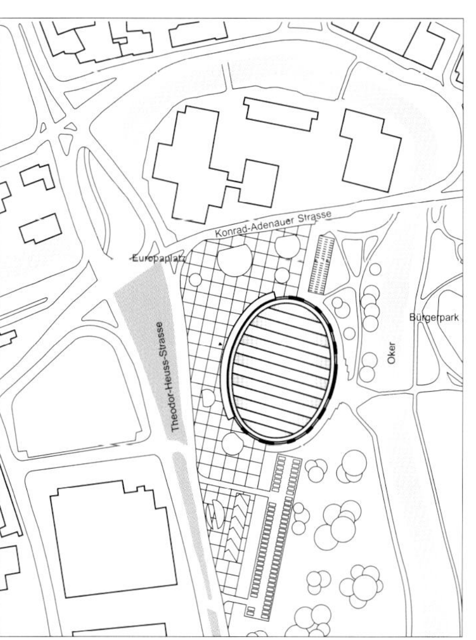

Konrad-Adenauer Strasse
Europaplatz
Theodor-Heuss-Strasse
Bürgerpark
Oker

Die Halle ist ebenerdig erschlossen. Die Besucher gehen über ein äußeres Umgangsfoyer radial nach innen. Dort folgen die Zuschauerränge der ovalen Großform der Halle. So wird eine optimale Organisation für maximale Zuschauerzahlen und der beste Raumeindruck möglich. Als Mehrzweckhalle lassen Form und Konzeption des Baus zahlreiche Nutzungen zu. Der Verzicht auf Tageslicht hängt mit der Notwendigkeit gleichmäßiger und einheitlicher Lichtverhältnisse bei unterschiedlichen Veranstaltungen zusammen.

Die elementare Form der Halle mit ihrer silberglänzenden Haut aus standardisierten horizontalen Titan-Zinkblech-Bahnen ist nur durch Türen und eine Reihe umlaufender Einzelfenster aufgebrochen. Lediglich das Restaurant mit seiner vorgelagerten Terrasse und das Eingangsfoyer haben große Glasflächen, die in die Wand der Halle eingeschnitten sind. Dadurch, dass die Außenwände bis zur Oberkante des Tribünenrundes leicht nach innen geneigt sind, wirkt das elementare große Volumen der Halle weniger massiv. Die Linien des Baus weisen nach oben und nehmen ihm so jede Schwere.

Das Gebäude wurde mit einem extrem knappen Budget erstellt und gehört zu den wirtschaftlichsten Arenakonzepten der letzten Jahre.

Access is from the ground level. Visitors pass radially through an external circular foyer, towards the inner part of the building. Here, the spectator stands trace the oval form of the hall. This makes it possible to optimize organization for the maximum number of spectators while creating the best spatial setting. As a multipurpose hall, the form and concept for the building allow for numerous uses. Daylight is absent in order to guarantee even and uniform lighting conditions for varying events.

The hall's elementary shape, with its shiny silver skin made of standardized horizontal sections of titanium/zinc sheet, is interrupted solely by doors and a row of single windows around the circumference. Only the restaurant, with its terrace in front, and the entrance foyer have large glass areas cut out of the wall of the hall. The outer walls slant slightly inwards to the upper edge of the flights of seating, which somewhat visually reduces the actual massive size of the hall. The lines of the building point upwards and thus reduce any feel of great weight.

The building was constructed on an extremely tight budget and is one of the most economic arena concepts in recent years.

NORD LB
NORD LB
HEIM
GAST

Erweiterung Deutsche Bundesbank mit Geldmuseum Frankfurt am Main

Extension German Bundesbank with Money Museum Frankfurt on Main

Objekt: Erweiterung Deutsche Bundesbank mit Geldmuseum, Frankfurt am Main

Bauherr: Deutsche Bundesbank

Fertigstellung: 1999

BGF: 18.200 m²

Fotografen:
Frank Springer, Bielefeld
Jean-Luc Valentin, Frankfurt am Main

Object: Extension German Bundesbank with Money Museum, Frankfurt on Main

Client: German Bundesbank

Completion: 1999

GSA: 18,200 m²

Photographers:
Frank Springer, Bielefeld
Jean-Luc Valentin, Frankfurt on Main

Das architektonische Thema dieses Baus sind Riegel und Kubus, die im rechten Winkel zueinander versetzt stehen. Im Riegel, der aus zwei parallelen, unterschiedlich langen Trakten besteht, liegen die Büros der Deutschen Bundesbank. Im Kubus ist das Geldmuseum und die Bibliothek untergebracht.

Beide Bürotrakte sind auf Betonpfeilern aufgeständert. Sie geben so den Blick von der Straße in den Park frei und suggerieren eine gewisse Leichtigkeit. Im Gegensatz dazu steht der monolithisch wirkende Kubus. Der Wechsel von offenen und geschlossenen, in metallischen Grautönen und Aluminium gehaltenen Flächen lockert die Wirkung dieses viergeschossigen Baukörpers auf weißem Sockel auf. Wo die Fassade des Kubus sich zwischen die beiden Riegel schiebt, entsteht ein kleiner Platz, dessen steinernes Pflaster sich in das Foyer fortsetzt. Von hier blickt man in die 1,50 m tiefer liegende Landschaft des Museums. Darüber liegt über mehrere Geschosse und mit einer offenen Treppe verbunden die Bibliothek.

Architecturally, this complex consists of two parallel oblong blocks of different lengths and a cube set at right angles to them. The oblong blocks house the offices of the German Bundesbank while the cube contains the central bank's Money Museum and library.

The two office sections rest on concrete pillars enabling a free view from the street at ground level of the park behind the sections lending the edifice a sense of floating lightness. This contrasts sharply with the monolithic cube. Thanks to the alternating open and closed surfaces, in gray metallic tones and aluminum, the four-story building on its white plinth does not seem as massive as it otherwise might. A small plaza is formed at the point where the cube crosses the two parallel bars, and the paving stones used are also to be found in the museum's lobby whence one enjoys a view of the interior of the museum, which lies 1.5 meters lower. The library occupies the upper stories, and is connected by a freestanding stairway.

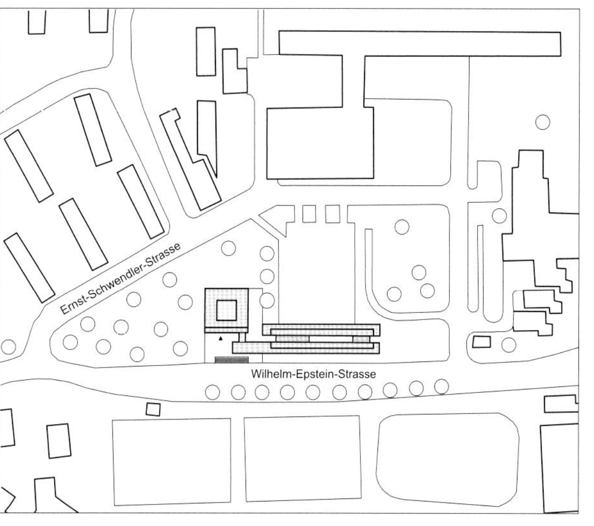
Ernst-Schwendler-Strasse
Wilhelm-Epstein-Strasse

Zur Aufgabe der Architekten gehörte auch die Gestaltung der Ausstellungsräume und das museogeografische Konzept. Ein geometrisches Ausstellungsraster, das selbst das kleinste Ausstellungselement umfasst, strukturiert auf sechs Ausstellungsbühnen die didaktisch geschickt aufbereiteten Inhalte. Das räumliche Schmuckstück ist eine matt goldene Rotunde, ein Tresor, der die numismatische Sammlung der Bundesbank zeigt. Computerspiele, Touchscreens, Fließdiagramme, Modelle und Kurzfilme machen die komplexen Zusammenhänge der Geld- und Währungspolitik deutlich.

The architects' brief also covered the design of the exhibition rooms as well as the topography of the museum. A geometric grid was devised that includes even the smallest exhibits. It serves to structure the six different platforms for the ingenious educational presentation. The architectural jewel in the museum's crown is without doubt the rotunda which gleams in matt gold: a vault where the Bundesbank's numismatic collection is displayed. Computer games, touch screens, flowcharts, models and short films all help to elucidate the complicated dynamics of monetary policy.

Presse- und Informationsamt der Bundesregierung Berlin Press and Information Office of the German Government Berlin

Objekt: Presse- und Informationsamt der Bundesregierung, Berlin

Bauherr: Bundesrepublik Deutschland vertreten durch BMVBW vertreten durch das BBR

Wettbewerb: 12/1995 – 1. Preis

Fertigstellung: 2001

BGF: 43.000 m²

Fotografen: Stephan Klonk, Berlin
Frank Springer, Bielefeld
Friedemann Steinhausen, Potsdam

Object: Press and Information Office of the German Government, Berlin

Client: Federal Republic of Germany, represented by the BMVBW by BBR

Competition: 12/1995 – 1st Prize

Completion: 2001

GSA: 43,000 m²

Photographers: Stephan Klonk, Berlin
Frank Springer, Bielefeld
Friedemann Steinhausen, Potsdam

Die Aufgabe des Presse- und Informationsamtes ist die Meinungsbildung von Politikern und Öffentlichkeit. Eine Nähe des Amtes mit seinen circa 800 Mitarbeitern zur Regierung in Berlin war deshalb ein Muss und der Weggang aus Bonn demnach unausweichlich.

Das vorgegebene Areal für das Amt war ein in Teilen kriegszerstörter Block zwischen Dorotheenstraße im Süden, Reichstagufer im Norden und Neustädtischer Kirchstraße im Osten. Hier hatte ursprünglich Andreas Schlüters elegantes Landhaus für Ernst Boguslav von Kamecke gestanden. Insgesamt acht Parzellen, vier Kopfbauten entlang der Straßen, zehn Flügel im Inneren des Blocks und einen prominent in Richtung Bahnhof Friedrichstraße weisenden Solitär hatten die Architekten zu ordnen.

Die Architekten gewannen den Wettbewerb gegen eine europaweite Konkurrenz. 85% der zu bearbeitenden Baumasse waren Altbauanteile.

Das heterogene architektonische Konglomerat von circa 43.000 m² und nahezu 700 Zimmern, das seit Mitte des 19. Jahrhunderts an dieser Stelle entstanden war, sollte instandgesetzt, restauriert, neu strukturiert und erweitert werden. Neben den Büros für die Mitarbeiter sollte ein Presse- und Besucherzentrum für circa 500 Personen entstehen; eine Bibliothek und ein Archiv für mehr als 2.500 Periodika, bis heute circa 8 Millionen Zeitungsausschnitte und 1,5 Millionen Fotos waren neben dem so genannten Briefingsaal unterzubringen, wo der Kanzler und Mitglieder der Regierung die mitreisenden Lobbyisten, Fachleute und Berichterstatter über die Ziele ihrer Mission in Kenntnis setzen.

It is the responsibility of the Press and Information Office to provide politicians as well as the general public with information that will help them form opinions. Therefore it was an absolute necessity that this office and its approximately 800 employees be located near the government in Berlin. This made a departure from Bonn unavoidable.

The designated site for the new office was a building which was partially destroyed during the war. It is located between Dorotheenstrasse in the south, Reichstagufer in the north and Neustädtischer Kirchstrasse in the east. Originally, the elegant country home of Ernst Boguslav von Kamecke, the brainchild of Andreas Schlüter, stood on this site. The architects had eight lots, four ends facing the street, ten interior wings, and a prominent solitary structure facing Friedrichstrasse Railway Station to work with.

The architects won a pan-European competition for this project. About 85% of the renovations had to be carried out on old structural elements.

The architecturally heterogeneous zone dates to the middle of the 19th century, is about 43,000 m² in size, and houses nearly 700 rooms. The brief: to restore it, restructure it, expand it, and make it utilizable once more. In addition to offices for the staff, the building was to contain a press and visitors center for about 500 people. The plans also called for a library and archives for more than 2,500 periodicals, 8 million newspaper articles, and 1.5 million photographs (to date). This was in addition to the so-called briefing room where the chancellor and members of the government provide information to accompanying lobbyists, various experts and reporters.

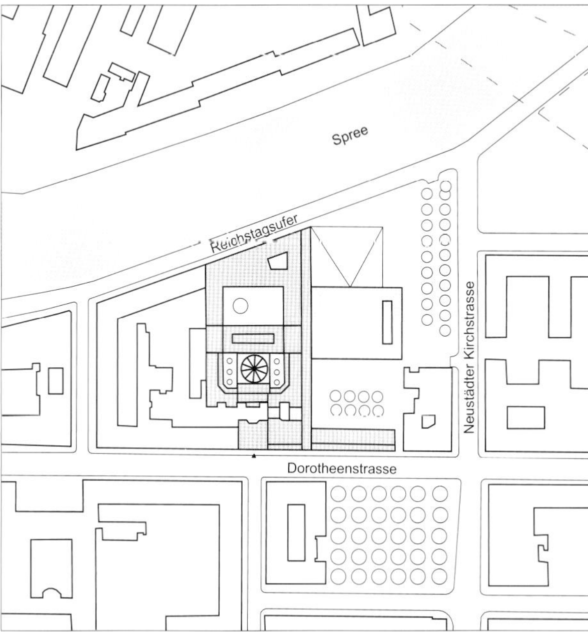
Spree
Reichstagsufer
Neustädter Kirchstrasse
Dorotheenstrasse

P
Wartestelle

Einer der Neubauten ist ein siebengeschossiger Riegel, den die Architekten vor die nackte Brandmauer des ebenfalls zum Komplex gehörenden ehemaligen Postscheckamtes Mitte setzten und der als ästhetische Klammer wirkt. Er durchmisst – nur sieben Meter tief – mit einer Länge von 120 m den gesamten Häuserblock und dient im Erdgeschoss und in den Untergeschossen als verkehrliche Anbindung an die Altbauten. Das Obergeschoss ist ausschließlich Nutzfläche, da der Neubau über den im Postscheckamt parallel laufenden Flur gut angebunden ist. Die innere Fensterfront dieses Riegels wirkt uniform wie ein Schachbrett. Vor diese Fassade haben die Architekten als zweite Schicht eine Lamellenwand aus mit Punkten bedruckten Glasstegen gesetzt, die die Tageslichtlenkung und Verschattung der dahinter liegenden Büroräume übernimmt. In Zusammenspiel mit den auf dem Dach des Riegels montierten Hochleistungsvakuumkonvektoren, die die Kaltluft zur Raumkühlung aus Sonnenlicht erzeugen, wird dieser Bauteil zu einer klimatisch autarken Einheit.

One of the new buildings is a seven-story block located in front of the bare firewall of the former Postscheckamt Mitte (post office bank) which also forms part of the complex and functions as a kind of aesthetic bracket. It is only seven meters deep but 120 meters long and runs parallel to the older block of buildings. On the ground floor and in the basement it is connected to the old buildings. The upper floors are taken up fully by working space, as the new building connects to the old building via the parallel hallway of the former Postscheckamt. The block's inner line of windows has the uniform appeal of a chess board. The architects have installed a second slatted wall in front of the façade; made of glass and decorated with dots, it controls the amount of light and shadow that enters the office building behind it. Heavy-duty vacuum convectors located on the roof of the block produce cold air from sunlight for ventilation purposes. These two elements make this building climactically independent.

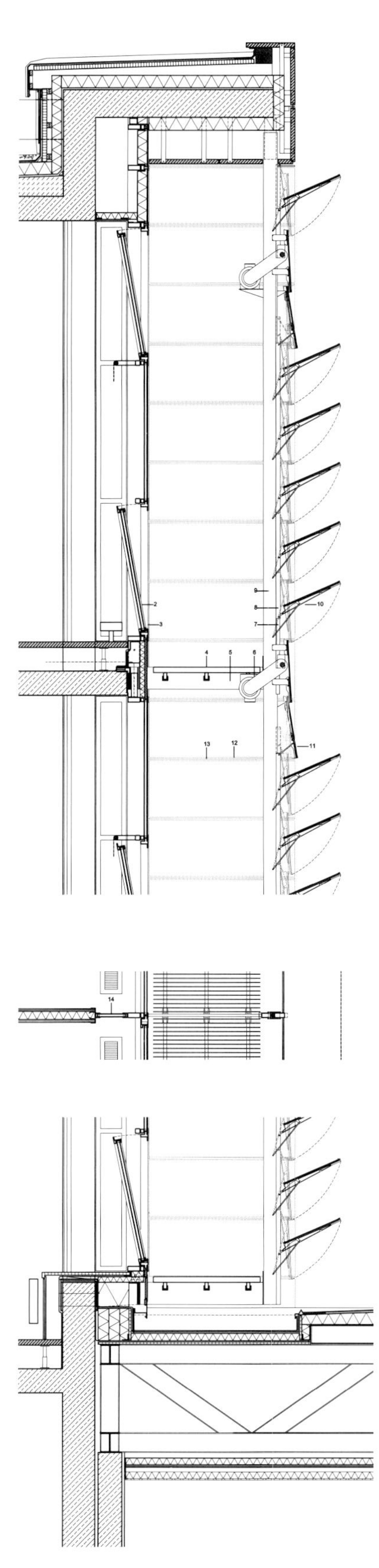

Der würfelförmige Neubau des Presse- und Besuchszentrums legt sich wie eine Schublade vor diese Rückwand, offen und einsichtig. Das Gebäude steht auf den Grundfesten des so genannten „Fresswürfels", eines Kantinenpavillons für die Mitarbeiter der bis 1989 hier umliegenden DDR-Ministerien. Die Kubatur ist jedoch die einzige Reminizenz an vergangene Tage. Der Neubau ist mit Platten aus grauem Muschelkalk verkleidet, die von schmalen Edelstahlleisten gerahmt werden und wie silberne Fugen wirken. Vom Spreeufer gelangt man über eine breite Rampe zur gläsernen Eingangsfront. Durch ebenfalls gläserne Paravents werden die Besucherströme geteilt: Rechts gehen die Journalisten in ihre Aufenthaltszonen, im Publikumsbereich auf der linken Seite befinden sich eingebaute Glasregale, gefüllt mit Informationsmaterial der Regierung.

The new cube-shaped building for the Press and Visitors Center stands like a drawer in front of this block. Exposed yet discreet, it is built on the foundations of the so-called Fresswürfel (cube of gluttony) which was a canteen for the employees of the adjacent East German ministries until the Wall came down. It is the only structure which is reminiscent of the days of yore. The exterior of the new building is covered with sheets of gray limestone framed by narrow stainless steel bands which make the joints look silver. From the bank of the river Spree the glass entrance can be reached via a wide ramp. Visitors are guided into appropriate sections by glass partitions. An area for journalists is on the left and on the right is the area for the general public. This section contains built-in glass bookcases which are full of information made available by the government.

Das Herzstück, ein Konferenzraum für 350 Personen, stellten die Architekten wie ein Haus im Haus in die Mitte des Baukörpers. Der quadratische Saal kann mit Hilfe von Schiebewänden nach Bedarf in bis zu sechs kleinere Räume à 90 m^2 unterteilt werden. Sämtliche Technik für Radio- und Fernsehübertragungen hängt an einer statisch eigenständigen Trägerkonstruktion, verbannt in die unsichtbaren Bereiche über der Lichtdecke.

Die Politiker gelangen sozusagen über die „Hintertreppe" in diesen Bau. Vorbei an einem restaurierten, in kräftigem Orange geputzten Plattenbau des Typs WBS 87 werden sie auf dessen Rückseite in einen Innenhof geleitet. Von diesem von den verschiedenen Bauten eingefriedeten Garten gelangen sie über eine Brücke in das Presse- und Informationsamt.

Die komplett verlorengegangene Neorenaissance-Fassade des neben der sanierten Platte gelegenen ältesten Teiles des Komplexes, dem Markthallen-Kopfbau aus dem Jahre 1884, musste auf Wunsch des Bauherrn trotz der von den Architekten vorgeschlagenen Alternativkonzepte, die auch beim Denkmalschutz Anklang fanden, völlig wiederhergestellt werden. Dies gelang, weil die Fassade gut dokumentiert war; aber es darf bezweifelt werden, ob der Aufwand die Maßnahme rechtfertigt.

The heart of the building is its 350-seat conference room. The architects placed it in the middle as if it were a building within a building. Using moveable walls, this square hall can be sub-divided into six smaller compartments of 90 m^2 each. The technical equipment for TV and radio broadcasts hangs on a self-supporting structure which is hidden above the light fixtures in the ceiling.

Politicians enter this building via the "back stairs," as it were. They enter an inner courtyard at the rear, walking past a prefabricated (type WBS 87) building which has been renovated with bright orange plaster. From the courtyard gardens, surrounded by various buildings, they reach the Press and Visitors Center via a bridge.

The oldest part of the complex originally housed a market and was built in 1884. The completely destroyed neo-renaissance façade of this section had to be restored at the request of the client, in spite of an alternative concept suggested by the architects and favored by the listed monuments authorities. This was possible because the façade was well documented although one could be forgiven for wondering whether the reconstruction was worth the expense.

Da die Denkmalpflege sich bei dem Presse- und Informationsamt äußerst flexibel zeigte, beschränkte sich ihr Konzept im Inneren darauf, die alte Raumfolge wieder erlebbar zu machen. Der tonnenüberwölbte Gang führt in einen engen Innenhof, in dem sich der Zugang zum ehemaligen Postscheckamt befindet, das Alfred Lempp 1913–17 hier an die Stelle der Markthalle baute. Durch einen niedrigen Vorbau gelangt man in die monumentale, drei Geschosse hohe Halle des Haupttreppenhauses, die über breite Glasbahnen an der konkav ausschwingenden Rückwand in gleißendes Gegenlicht getaucht ist; kräftige Eckpfeiler tragen die Treppenläufe. Der Stil ist wilhelminisch-barock. In der ehemaligen Kassenhalle des Postscheckamtes liegt der Briefingsaal. Sein Raum wird durch eine Kuppel überspannt, die der im Krieg zerstörten Stahl-Glas-Konstruktion nachempfunden wurde.

The monuments authorities were very flexible with the planned reconstruction of the Press and Information Office. Their concept for the interior was limited to a desire to maintain the original floor plan. The hallway with its barrel-vaulted ceiling leads to an inner courtyard where the entrance to the former Postscheckamt is located, built by Alfred Lempp from 1913 – 17 on the place where the market hall had been. One passes through a low edifice in front in order to enter the monumental hallway of the main stairwell, a full three stories high. Its rear wall is made of concave glass sheets which reflect the glistening sunlight. Mighty corner pillars support the flights of stairs. It is in the Baroque style so favored in Germany at the turn of the 20th century. The former tellers' room of the Postscheckamt has been turned into the briefing room. It is covered by a dome which is modeled on the steel-and-glass structure destroyed in the war.

Das Gebäudeensemble des Presse- und Informationsamtes war zum Zeitpunkt der Bearbeitung die komplexeste Bauaufgabe, die das Büro bis dahin zu bewältigen hatte. Der hohe Altbaubestand zwang die Architekten, bei jedem Bauteil alle Fragen und Probleme von Ergänzung über Rekonstruktion bis zum Neubau neu abzuwägen. Herausgekommen ist dabei ein spannendes Ensemble aus Alt und Neu, ausdrucksvoll, mutig, selbstbewusst und sensibel.

At the time, the Press and Information Office was the most challenging assignment that the KSP Engel and Zimmermann office had encountered. Because so much of the building was old, the architects had to consider virtually every detail of enlargement and reconstruction. The result is an exciting mixture of old and new. It is expressive, courageous, self-confident and sensitive.

DFS Deutsche Flugsicherung Langen

German Air Traffic Control Langen

Objekt: DFS Deutsche Flugsicherung, Langen

Bauherr: DFS Deutsche Flugsicherung GmbH, Langen

Wettbewerb: 09/1998 – 1. Preis

Fertigstellung: 03/2002

BGF: 54.500 m²

Fotograf: Jean-Luc Valentin, Frankfurt am Main

Object: German Air Traffic Control Langen

Client: DFS Deutsche Flugsicherung GmbH, Langen

Competition: 09/1998 – 1st Prize

Completion: 03/2002

GSA: 54,500 m²

Photographer: Jean-Luc Valentin, Frankfurt on Main

Die neue Hauptverwaltung der DFS Deutsche Flugsicherung GmbH mit ihren insgesamt 1.300 Mitarbeitern liegt in unmittelbarer Nähe zur Regionalstelle und zur Akademie des Unternehmens in einem heterogenen Gewerbegebiet Langens, einer im Speckgürtel der Stadt Frankfurt liegenden Kleinstadt. Das Umfeld ist zersiedelt, ohne nennenswerte Bausubstanz, und ungeordnet.

Die Architekten nahmen dies zum Anlass, eine ruhige Großform in das Gebiet zu implementieren, die sich bewusst von der umgebenden Bebauung in Kubatur und Ausdruck absetzt und in ihrem Spannungsfeld einen kleinen städtebaulichen Raum und einen urbanen Ort entstehen lässt.

Die bauliche Geste des 2002 fertiggestellten Projekts wendet sich nach innen. Sie besteht aus zwei parallelen, kammartigen Bauten, die über zwei aufgeständerte Querbauten als Verbindungsstege und Büroriegel untereinander verbunden sind.

The new headquarters of DFS Deutsche Flugsicherung GmbH (German Air Traffic Control), which employs a total of 1,300 staff, lies in the immediate vicinity of the regional office and the company's academy in a heterogeneous industrial estate outside Langen, a small town located in the outer Frankfurt sprawl. The zone is somewhat chaotically structured, without any outstanding architectural features, and obeys no clear order.

This fact prompted the architects to set a spacious calm-looking structure in the area: it consciously sets itself off from the surrounding development both in terms of its cubic volume and expression. This concept produced a small urban zone of its own, while likewise giving rise to an urban site.

The structural thrust of the project, completed in 2002, is turned inwards. It consists of two parallel, comb-shaped buildings connected to each other via two horizontal structures on stilts that serve as footbridges and as an office complex.

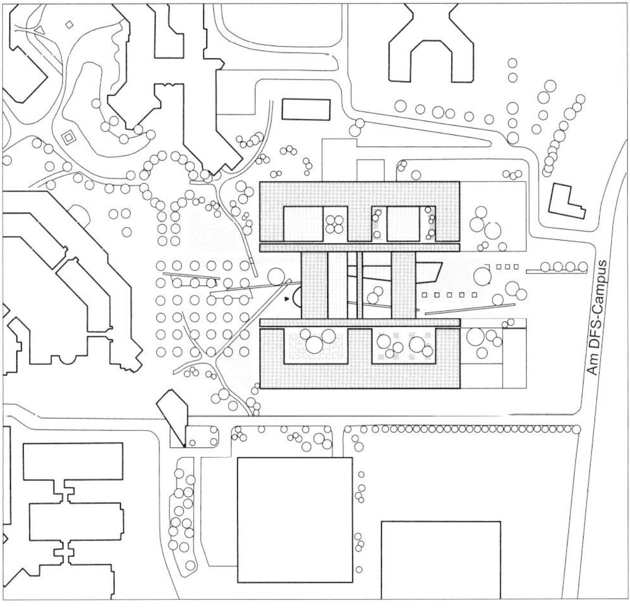
Am DFS-Campus

Zwei transparente Erschließungsspangen verbinden die Kammgebäude und die dazwischengespannten Baukörper in voller Höhe miteinander und machen die Wege kurz und einleuchtend. Wasserläufe, begrünte Innenhöfe und gläserne Treppenhäuser flankieren diese zentrale Achse, an der aufgereiht die Eingangshalle, Casino und Café, der Konferenzbereich, eine Bibliothek und Besprechungsräume liegen.

In die gläserne orthogonale Struktur des transparenten und übersichtlichen Gebäudekomplexes schiebt sich als bewusster Kontrapunkt die amorphe Hülle des in einer Wasserfläche ruhenden Cafés unter die aufgeständerten Mitteltrakte, von dessen Terrasse man die überwältigende Klarheit des Baus erleben kann.

Two transparent access brackets link all the levels between the comb shaped buildings and those buildings inserted between them, making for short distances and easily recognizable routes. Watercourses, green courtyards and glazed stairwells flank this central axis, along which the lobby, casino and café, conference area, a library and meeting rooms are arranged.

A deliberate counterpoint is the café, inserted below the raised central section into the glazed, orthogonal structure of the transparent, clearly arranged ensemble. Its amorphous exterior rests on the surface of the water and from its terrace the building's striking lucidity is clearly evident.

Entstanden ist ein gut proportioniertes Gebäude, dessen aufgeräumte Qualität im Äußeren der gelassenen räumlichen Atmosphäre im Inneren entspricht, mit einer logischen Folge und Verknüpfung von kommunikativen Räumen, einer leichten Orientierbarkeit und aufregenden Blickbeziehungen durch die sich spannungsvoll immer neu und anders aufbauende Durchsicht auf und in das Haus. Alle Bürotrakte sind so angelegt, dass unterschiedliche Abteilungen auch ungestört voneinander Zugang haben. Ein sehr flexibler und demontabler Innenausbau gibt dem Bauherrn die Möglichkeit, unkompliziert auf die sehr dynamischen Arbeitsprozesse und schnell wechselnden Mitarbeiterkonstellationen in den jeweiligen Abteilungen zu reagieren.

It is a well-proportioned building whose orderly-looking exterior corresponds with the calm feel of the interior: the latter is achieved through a logical sequencing and linking of communicative spaces, ease of orientation and fascinating visual effects by way of ever-changing views through and into the building. All the office sections are arranged to afford easy access to the various departments independently of one another. The interior configuration is highly flexible and easily altered, enabling the company to respond swiftly to highly dynamic work processes and rapidly changing staff constellations in the respective departments.

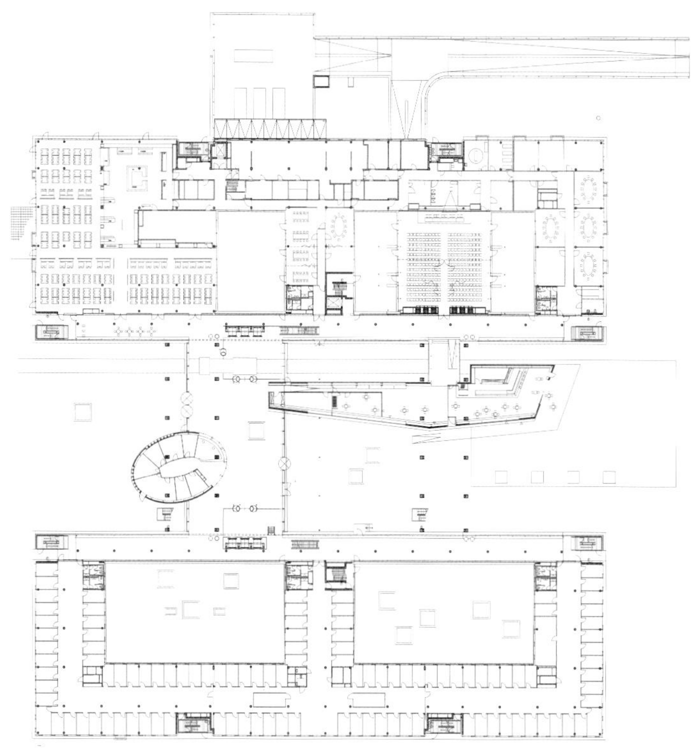

Schönheit verbindet sich in diesem transparenten und offenen Bautenkomplex mit Klarheit, Logik und Effizienz. Deutliche, aber dezente Farben kennzeichnen die verschiedenen Bereiche; ansonsten ist dies ein Bau des Tageslichts, das ihn ständig verändert. Die Corporate Identity der DFS ist in dem Gebäude ablesbar – die DSF bezeichnet sich als offen, flexibel und innovativ.

In this transparent, open ensemble beauty is paired with clarity, rationality and efficiency. The color scheme is at once distinctive yet easy on the eye, identifying the different zones. Daylight is the other single feature that sets this building apart and lends it a constantly changing appearance. The corporate identity of DFS can be read in this building – the company is open, flexible and innovative.

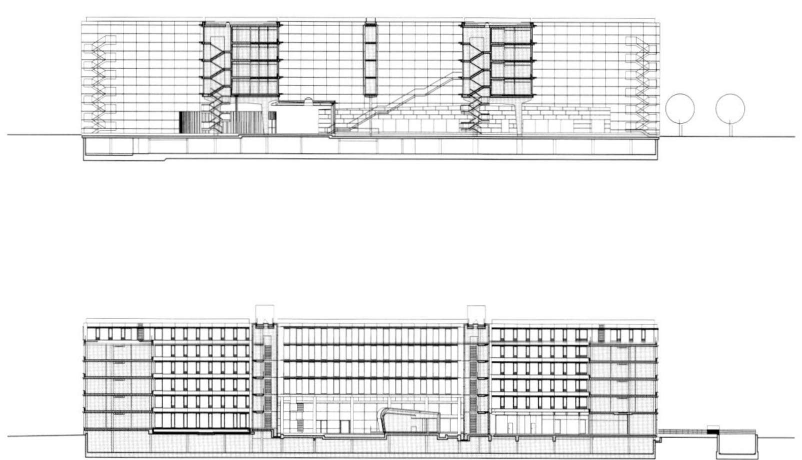

Polizeipräsidium Frankfurt am Main
Police Headquarters Frankfurt on Main

Objekt: Polizeipräsidium, Frankfurt am Main

Planungsgemeinschaft mit Kalmbacher & Ludwig, Fankfurt am Main

Bauherr: Land Hessen

Fertigstellung: 11/2002

BGF: 129.000 m^2

Fotograf: Jean-Luc Valentin, Fankfurt am Main

Object: Police Headquarters, Frankfurt on Main

Joint planning together with Kalmbacher & Ludwig, Frankfurt on Main

Client: Land Hessen

Completion: 11/2002

GSA: 129,000 m^2

Photographer: Jean-Luc Valentin, Frankfurt on Main

Das neue Polizeipräsidium, für das die Architekten Kalmbacher und Ludwig in Zusammenarbeit mit KSP Engel und Zimmermann verantwortlich zeichnen, ist ein 233 x 127 m großer ruhiger Baukörper.

Der sechsgeschossige Bau vermittelt zwischen den städtebaulichen Raumkanten und nimmt entlang des Frankfurter Alleenrings die städtebauliche Idee der Kette von Solitärbauten, wie dem Arbeitsgericht, Sozialgericht und der Oberfinanzdirektion, auf. Als sich Frankfurt Ende der 40er Jahre als Bundeshauptstadt bewarb, war hier der bauliche Gürtel der Ministerien geplant.

Designed by the architects Kalmbacher and Ludwig in collaboration with KSP Engel and Zimmermann, the new Police Headquarters is a large building measuring 233 meters by 127 meters featuring calm lines.

The six-story building links with the surrounding architectural space and along the Frankfurt outer ring road continues the existing concept of a chain of standalone buildings, such as the labor court, social court and the regional finance office. When at the end of the 1940s Frankfurt applied to become the federal capital, the idea was to locate the ministries here strung along the ring road.

5-40
5-39
5-38
5-37
5-36
5-35

Die sich nach außen hermetisch darstellende Großform des klar umrissenen Baukörpers, häufig wegen seiner Uniformität kontrovers diskutiert, wird im Inneren durch eine Folge von insgesamt acht Höfen aufgelockert. Die strenge Fassade der Außenhaut besteht aus dunklem, glasierten Klinker. Ihr Raster fasst jeweils zwei Geschosse zusammen und bildet am Boden einen Sockel und zum Dach hin einen klaren Abschluss.

Ein 40 m breiter, zweigeschossiger Einschnitt am Alleenring bildet den Haupteingang zu einem großzügigen Eingangshof. In diesem Übergang von außen nach innen erschließt sich die Struktur des Polizeipräsidiums, die sich in der Abfolge der acht Höfe mit einer transparenter werdenden Fassadentypologie bis zur völligen Transparenz der verglasten Erschließungsachse darstellt.

Viewed from the outside, the overall shape of the building with its clear outlines can be considered hermetic, and has been criticized for being too uniform, but this impression is relieved inside by a sequence of eight courtyards. The stringent façade of the outer skin is fashioned of dark, glazed clinker brick. The framework is comprised of double-story blocks forming a footing at ground level and a clear completing line at roof level.

A 40-meter-wide, two-story cut-out on the ring road forms the main entrance to a spacious initial courtyard. This transition from outside to inside is typical of the entire police headquarters, which is presented in the succession of the eight courtyards whose façades become increasingly transparent and end with the utter transparency of the glazed access axis.

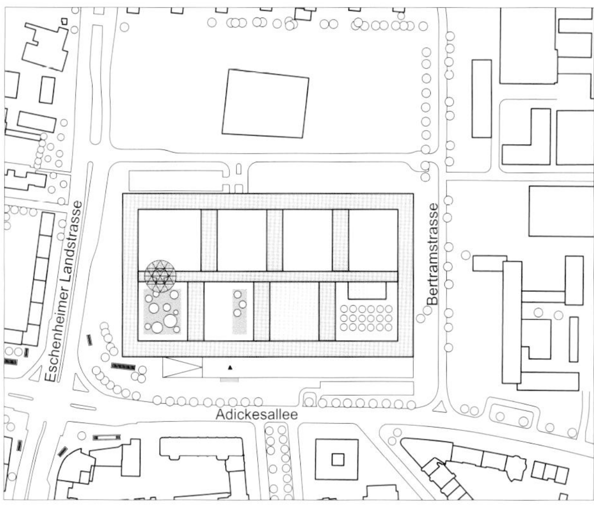
Eschenheimer Landstrasse
Bertramstrasse
Adickesallee

So entsteht eine klare, gitterartige Blockstruktur mit einer zentralen Erschließungsachse, die einen schnellen Zugang zu den einzelnen Abteilungen ermöglicht. Aber auch in Bezug auf die Sicherheitsanforderungen eines solchen Komplexes gewährleistet die innere Organisation des rationalen Rechtkants maximale Kontrolle; letztendlich hält sie nicht unerheblich den Lärm der Hauptverkehrsachsen Adickesallee und Eschersheimer Landstraße vom Inneren fern.

In this way, a clear grid-like block structure arises boasting a central approach axis that enables easy access to the individual departments. The internal layout of this rational, right-angled edifice also satisfies the security requirements of such a complex as it allows for maximum control in the interior. Furthermore, it also serves to considerably dampen the noise from the main roads, Adickesallee and Eschersheimer Landstrasse.

Das Raumprogramm des Polizeipräsidiums umfasst neben dem Gros der Büros unter anderem Kantine und Café, Übungsräume, Sporthallen, Werkstätten und Wohnungen. Trotz der Größe und der vielfältigen Funktionen, die das Gebäude wie eine Stadt in der Stadt erscheinen lassen, wirkt der Komplex sehr kompakt. Die skulpturale Form des Hubschrauberlandeplatzes inmitten des sachlichen Ambientes wirkt da wie ein auf dem Dach gelandeter futuristischer Satellit.

Despite its compactness, the police headquarters looks and functions like a city within a city: alongside offices it also contains a canteen and café, training rooms, gyms, workshops and apartments. Given its somber, functional surroundings, the sculptural shape of the helipad has an air of futuristic fantasy.

In dem neuen Bau wurden circa 75% der bisher über das Frankfurter Stadtgebiet verteilten Dienststellen zusammengefasst. „Das neue Rückgrat", wie Martin Wentz das Polizeipräsidium städtebaulich nannte, bildet deshalb auch die strukturelle Organisation der Polizei selbst ab.

About three quarters of the police precincts previously spread around the city have been brought together and housed in the new building. As such, "the new backbone", as Martin Wentz called the police headquarters, also reflects the structural organization of the police force itself.

Theresie München Theresie Munich

Objekt: Theresie, München

Bauherr: DB Real Estate Investment GmbH

Wettbewerb: 01/2000 – 1. Preis

Fertigstellung: 2003

BGF: 109.250 m^2

Fotograf: Seyerlein und Seyerlein, München

Object: Theresie, Munich

Client: DB Real Estate Investment GmbH

Competition: 01/2000 – 1st Prize

Completion: 2003

GSA: 109,250 m^2

Photographer: Seyerlein and Seyerlein, Munich

Das Grundstück im Westen der Münchner Innenstadt auf dem Gebiet der Alten Messe liegt an der topografischen Bruchkante zur Theresienwiese, weltweit als Austragungsort des Oktoberfestes bekannt. An dieser Bruchkante stoßen die heterogene Bebauung des Westends und die sich öffnende weite Fläche der „Wies'n" aufeinander.

Das neue Stadtquartier der „Theresie" schließt durch ein dichtes Bauvolumen an der Hangkante die Stadtsilhouette entlang der Theresienwiese. Markante Kopfbauten mit großen Glasfassaden öffnen sich zur Wiese und signalisieren den Beginn der urbanen Bebauung. Der Fassade dieser Stadtsilhouette wird zum Freiraum eine Terrasse mit großen Bäumen vorgelagert, um einen grünen Übergang von der Wiese zum dichten neuen Stadtviertel zu schaffen.

The location in the West of Munich's downtown on the old trade fair grounds lies adjacent to the outer edge of the "Theresienwiese," famous worldwide as the location of the Oktoberfest. It is at this point that the varied forms of building in Westend abut on the wide-open expanse of the "Wies'n" (meadows).

With its compact buildings, the new "Theresie" city quarter closes the gap in the sloping city skyline along the "Meadows." Eye-catching frontages with large glass façades open out onto the greenery, marking the beginning of the city proper. A vast patio area with large trees in front of the city silhouette creates a leafy transition from the meadow to the densely-built new city quarter.

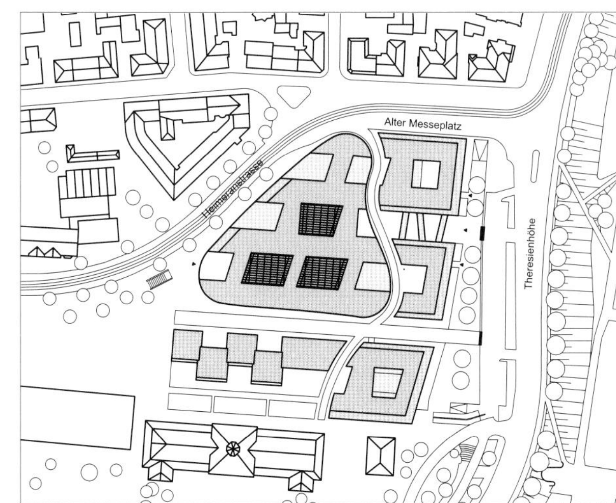

Das neue Stadtquartier nimmt im Süden die linearen Strukturen der vorhandenen Bebauung auf. Ihre Fortführung entlang der Kante bis zur Schwanthaler Höhe formt den Rahmen für die Solitäre, in denen Büros, Läden und Gastronomie untergebracht sind. In einem mäanderförmigen Wohngebäude stehen 50 Wohnungen zur Verfügung, deren Bewohner das Viertel auch außerhalb der Arbeitszeit beleben sollen.

Die kraftvollen neuen Gebäudetypen sollen dem neuen Quartier eine eigene Identität geben und eine eigene Atmosphäre schaffen helfen. Das Herzstück des Viertels ist die geschwungene Skulptur eines Baukomplexes, in dessen Erdgeschoss sich Läden und Gastronomie befinden. Darüber liegt eine urbane Struktur mit Zugängen zu Büros, Konferenzräumen und Cafeteria. Eine gläserne Fassade umgibt das Ensemble aus verglasten Atrien und Häusern wie eine transparente Stadtmauer.

In the South, the new city quarter takes up the lines of the existing edifices. Its continuation along the city edge to the heights of the Schwanthaler Höhe creates the appropriate setting for the standalone buildings, which house offices, shops and eateries. A meandering residential block contains 50 apartments, and the intention is that their residents will enliven the quarter outside office hours.

The imposing new building types are meant to lend the new quarter an identity of its own and help create a unique ambience. The pride of the quarter is the sweeping sculpted shape of a building complex that accommodates stores and eating places on its ground floor. On the upper floors is an urban structure with access to offices, conference rooms and a cafeteria. A glass façade surrounds the ensemble of glazed atriums and houses like a transparent city wall.

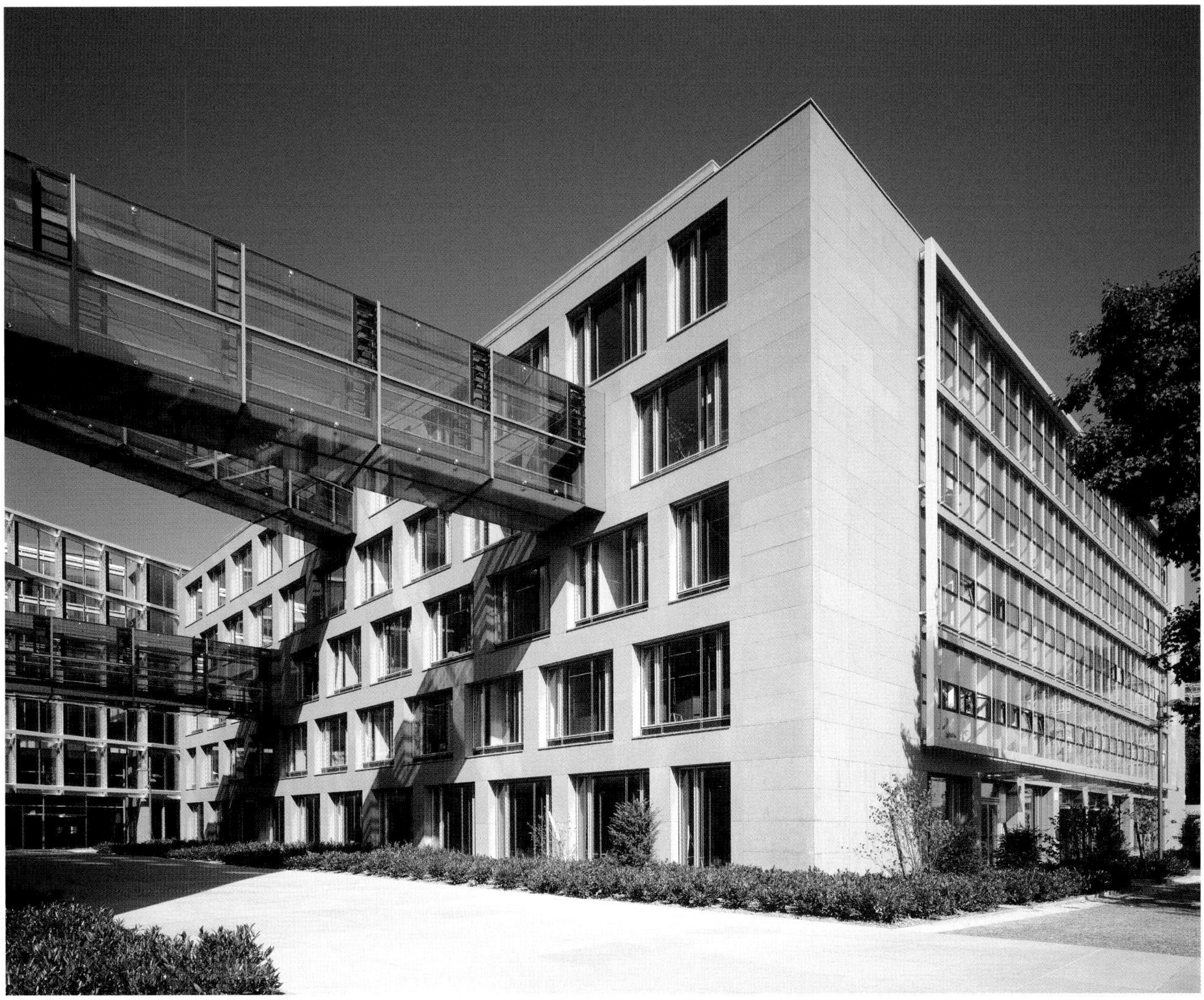

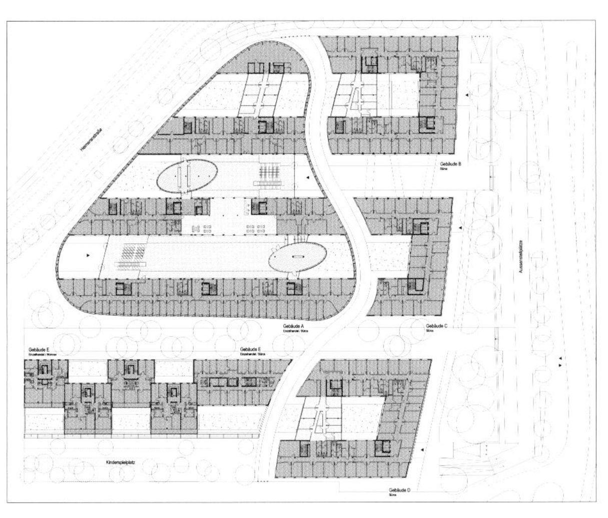

Zeilforum Frankfurt am Main

Zeilforum Frankfurt on Main

Objekt: Zeilforum, Frankfurt am Main

Bauherr: MAB BPF Zeilforum Frankfurt GmbH & Co. KG

Wettbewerb: 2002 – 1. Preis, teilbeauftragt

BGF: 143.000 m^2

Fotograf: Thomas Ott, Mühltal

Visualisierung: Zlatka Damjanova

Object: Zeilforum, Frankfurt on Main

Client: MAB BPF Zeilforum Frankfurt GmbH & Co. KG

Competition: 2002 – 1st Prize – part of overall contract

GSA: 143,000 m^2

Photographer: Thomas Ott, Mühltal

Rendering: Zlatka Damjanova

Das gigantische Projekt des holländischen Investors MAB gewann das Büro in einem Wettbewerb unter sieben internationalen Architekturbüros, darunter Coop Himmelb(l)au, Richard Rogers, Mario Bellini. Für die Stadt Frankfurt ist das Projekt wichtig, weil es die Zeil, eine der umsatzstärksten Geschäftsstraßen Europas, auch nach Ladenschluss beleben soll. Dies ist derzeit fromme Hoffnung, denn die Zeil wird, statt wie geplant vom Einzelhandel, von Großkaufhäusern und Ketten dominiert. Alteingesessene Unternehmen gibt es kaum noch.

Die Chance, einen großen Teil der Zeil zu restrukturieren, ergab sich durch den Verkauf des brachliegenden Telekom-Areals zwischen Zeil, Stiftstraße und Große Eschenheimer Straße an MAB. Das Grundstück der Frankfurter Rundschau stand ebenfalls zur Disposition. Die Stadt bestand zudem auf eine Rekonstruktion der Dreiflügelanlage des Palais Thurn und Taxis. Dieses war vom Krieg als Ruine zurückgelassen worden und musste bis auf die beiden straßenseitigen Pavillonbauten inklusive Portal dem Neubau des Fernmeldehochhauses der Deutschen Bundespost Anfang der 50er Jahre weichen.

This gigantic project by the Dutch investment company MAB was awarded to the firm in a competition between seven international architectural offices, including Coop Himmelb(l)au, Richard Rogers, and Mario Bellini. It is important to the City of Frankfurt, which hopes to animate the Zeil – one of the most important shopping streets in Europe – after shopping hours. This remains, however, only a hope because instead of small retail traders as was planned, the Zeil is dominated by large department stores and chains. There are hardly any traditional businesses on this stretch.

The chance to restructure a large section of the Zeil came about when the unexploited Telekom complex located between the Zeil, Stiftstrasse and Grosse Eschenheimer Strasse was sold to MAB. The property housing the Frankfurter Rundschau was likewise up for grabs. One stipulation set by the city authorities was that the three wings of the Palais Thurn und Taxis be rebuilt. At the end of the war this building was in ruins. Except for the two pavilions facing the street and the main entrance, it yielded to the new telecommunications high-rise built by the German Post Office at the beginning of the 1950s.

Das Büro KSP Engel und Zimmermann gewann den Wettbewerb mit einem zurückhaltenden Entwurf, der den Vorteil der Machbarkeit zeigt und auf entwaffnende Weise einleuchtend erscheint. Zudem bringt er das riesige Raumprogramm in einer städteräumlich intelligenten Abfolge von gestaffelten Raumkompositionen unter. Das multifunktionale Quartier, das hier an der Zeil entsteht, soll immerhin circa 45.000 m² Einzelhandelsfläche und circa 40.000 m² Büroraum und ein 5-Sterne-Hotel umfassen.

Der Entwurf von KSP Engel und Zimmermann fügt sich einerseits an den Blockrändern in die Umgebung ein, setzt andererseits im Inneren mit zwei Hochhäusern von 70 m und 100 m vertikale Akzente, die es an dieser Stelle bisher nicht gab. Zur Zeil soll eine Art Tor das Publikum trichterförmig in die Blocktiefe hineinziehen. Auf dieses transparente Shoppingcenter mit Kinos, Cafés und Arkaden folgen nach einem Cluster von vier 45 m hohen Bürohäusern zwei Hochhäuser, die einen Platz zwischen sich und dem Rücken des Palais Thurn und Taxis mit klarer vertikaler Betonung schaffen. Diese Konfiguration lehnt sich bewusst an das New Yorker Rockefeller Center an.

KSP Engel and Zimmermann won the competition with a modest design, which had the advantages of being feasible and disarmingly plausible. In addition, it intelligently made use of the immense space by dividing it into staggered configurations that made town-planning sense. Indeed, the multi-purpose town quarter which will be created around the Zeil will deliver as much as 45,000 m² of retail space, about 40,000 m² of office space and a five-star hotel.

The design put forward by KSP Engel and Zimmermann conforms to the existing street blocks. On the inside, however, two new skyscrapers respectively 70m and 100m in height will accent verticality. A kind of funnel-shaped gateway on the Zeil will attract the public into the insides of the new block. The initial transparent shopping center consisting of cinemas, cafes and arcades will be followed by a cluster of four office buildings which will be 45m high. Behind them the two high rises will lend a vertical thrust to the square between them and the Palais Thurn und Taxis. This configuration is consciously based on the Rockefeller Center in New York.

world

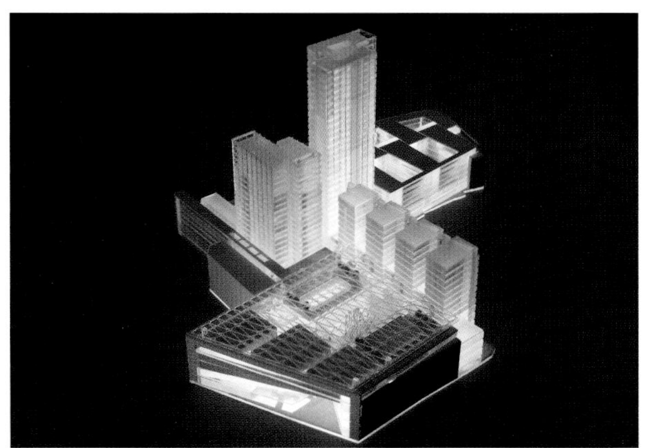

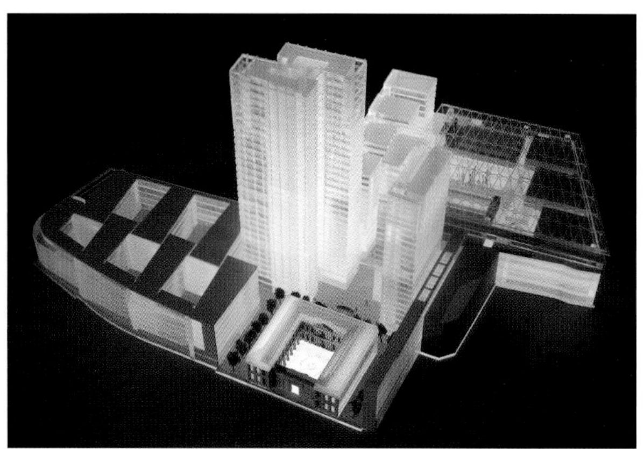

„Hängende Gärten" und gläserne Stege sollen die Bauten miteinander verzahnen, wie überhaupt der Innenraum durch ein Gefüge von Gassen und Straßen ein lebendiges Ambiente werden soll. In einem zentralen Atrium werden alle Hauptzugangswege gebündelt. Wie weit der Bau des Zeil-Forums die Pläne der Stadt und die Erwartungen des Investors auf ein neu belebtes, urbanes Quartier erfüllen wird, hängt von der wirtschaftlichen Entwicklung der nächsten Zeit ab. Auch wie weit das rekonstruierte Palais Thurn und Taxis mit seinen Edelboutiquen, einem Gourmetrestaurant und Bankettsälen, das die Architekten mit einer begrünten Rasenfläche von der umliegenden Bebauung getrennt haben, die Hoffnung auf ein „authentisches Kleinod" erfüllen wird, muss abgewartet werden.

"Hanging Gardens" and glass bridges will connect the buildings and the interior will consist of a network of streets and alleys which will contribute to an animated atmosphere. The main arteries will intersect in a central atrium. The extent to which the Zeil Forum meets the expectations of the city and the investors for a new and animated urban environment will depend on economic trends. It also remains to be seen if hopes for a "real gem" will be fulfilled by the reconstructed Palais Thurn und Taxis set off from the surrounding buildings by a luscious green lawn and offering chic boutiques, a gourmet restaurant and banquet halls.

KSP Engel und Zimmermann Architekten KSP Engel and Zimmermann Architects Braunschweig Köln Frankfurt Berlin München Brunswick Cologne Frankfurt Berlin Munich

Jürgen J. K. Engel
Dipl.-Ing. S.M. Arch. M.I.T., Architekt BDA
geboren born 1954
Graduate architectural engineering, S.M. Arch. M.I.T., member of the BDA

1974 – 82
Studium an der TU Braunschweig, ETH Zürich, RWTH Aachen und am M.I.T., Cambridge, Mass., USA
Studied at TU Brunswick, ETH Zurich, RWTH Aachen and M.I.T., Cambridge, Mass., USA

1982 – 86
Mitarbeit bei Schneider-Wessling Architekten, Köln
Worked for Schneider-Wessling Architekten, Cologne

1986 – 89
Mitarbeit und Büroleitung bei O. M. Ungers, Frankfurt am Main
Head of O. M. Ungers' office in Frankfurt on Main

1990 – 2002
Landesvorsitzender BDA Hessen
Chairman of the BDA Hessen

ab 1990 gemeinsames Büro
from 1990 joint office

Michael Zimmermann
Dipl.-Ing. Architekt BDA
geboren born 1956
Graduate architectural engineering, member of the BDA

1977 – 84
Studium an der TU Braunschweig
Studied at TU Brunswick

1984 – 90
Mitarbeit und Partnerschaft bei gmp – von Gerkan, Marg + Partner, Hamburg
Staff and partner at gmp – von Gerkan, Marg + Partners, Hamburg

ab 1990 gemeinsames Büro
from 1990 joint office

Ausgeschiedene Partner
Former partners

Prof. Dr. Friedrich Wilhelm Kraemer bis until 1984
Dr. Ernst Sieverts bis until 1990
Prof. Dr. Heinz-Henning Huth bis until 1991
Lutz Käferhaus bis until 1991
Kurt Wolf bis until 1992
Karl-Friedrich Gerstenberg bis until 1994
Rolf Schmiedecke bis until 1997
Kaspar Kraemer bis until 1998

Niederlassungsleiter
Branch office heads

Braunschweig Brunswick seit since 1993 Jürgen Friedemann
Köln Cologne seit since 2000 Guido Hartmann
Frankfurt am Main Frankfurt on Main seit since 2001 Stefan Blümm
Berlin Berlin seit since 2002 Tobias Amme
München Munich seit since 2000 Heinz Mornhinweg

Team 1993–2003 Dieter Adam, Sonja Adam, Nives Afjool-Milanovic, Christoph Ahrend, Jan Albrecht, Brigitte Amendy, Ulrike Andreas, Reiner Andree, Barbara Andrewski, Jörg Armbruster, Adrienne Arndt, Ayse Aslan, Adrian Bächi, Birgit Bahlmann, Simone Bajewski, Josef Barta, Bettina Bauer, Sylvia Baule, Axel Baumann, Christoph Bayer, Charlie Becker, Markus Becker, Andreas Becker, Martin Becker, Susanne Becker, Jörg Beckmann, Bernhard Behrens, Holger Bernstein, Karl-Dieter Bernstorf, Michaela Betzelt, Kerstin-Solvejg Beyer, Burkhard Bienstein, Patrick Biesenbach, Constanze Biesterfeldt, Rolf Birrenbach, Stephan Blank, Christin Bleckmann, Kerstin Böhner, Anja Böke, Andreas Böker, Bettina Boknecht, Klaus Bölkow, Uwe Bordt, Peter Bösche, Mirela Bosnjak, Sylvia Böttger, Miriam Bower, Birgit Brandenbusch, Marcus Brändle, Sascha-Christine Braun, Kirsten Braun, Götz Broichheuser, Anja Brückner, Udo Brunner, Olaf Bruns, Achim Brust, Oliver Burk, Gisbert Busch, Sylvia Buschkowiak, Thomas Busse, Niko Buttmann, Barbara Caesar, Marco Callegaro, Antoine Callet-Molin, Sergio Canton, Antonio Catita Soeiro, Alfons von Cisewski, Markus Coelen, Jonas Coersmeier, Dieter Cöllen, Michele Cotza, Miriel Courtemanche, Oliver Cyrus, Zlatka Damjanova, Claudia Darius, Andrea Dau, Luca De Angelis, Markus Deckert, Christian Deegen, Zeki Demiral, Thorsten Dettmer, Werner Dindorf, Walter Dobberke-Liebrecht, Holger Dobberstein, Thomas Dobberstein, Kamila Donajski, Fabienne Dönges, Karin Dörbaum, Daniel Dreimann, Andrea Drescher, Thomas Dreusicke, Michael Driesner, Gerhard Drinkmann, A. Drosdeck-Hölscher, Bernhard Dudda, Frederic-Alexander Dudziak, Ulf Düsterhöft, Hanno Dutt, Gerald Eberhard, Kartrin Ehrhardt, Johannes Eichelberger, Hanno Eikermann, Constanze Endriss, Birgit Engelhard, Thomas Engels, Boris Enning, Nuran Erdogan, Andrea Erpenbeck, Holger Erz, Petra Fachinger, Martin Falke, Rainer Falke, Hamid Faruqui, Matthias Federle, Antonie Feil, Johanna Feltes, Baltasar Fernandez, Karin Feuser, Grit Fichter, Andreas Fischer, Thomas Fischer, Kareen Fischle, Jürgen Forsbach, Heiko Förster, Andreas Franke, Matthias Frantz, Susanne Frechen, Wieland Freudiger, Ute Fritzemeier, Kerim Frodien, Christine Fromme, Melanie Fürtges, Jeanette Gagel, Patrizia Garczyk, Emil Gärtner, Klaus-Peter Gast, Stephan Gather, Ulf Gatzke-Yu, Cornel Gaudlitz, Silke Gehlich, Alexander Gelhorn, Tanja Gerczikow, Oliver Gerlach, Gunda Giersiepen, Gesine Gießen, Julia Gill, Matthias Gillmann, Rolf Gnädiger, Sabine Goebel, Gunther Goetz, Helmut Goray, Dunja Goretzki, Stefan Görg, Rainer Görg, Dagmar Gotthelf, Karsten Gottwald, Daniela Graf, Elmar Gräfe, Klaus von Gramatzki, Natascha Grap, Herbert Gratze, Anke Grawe, Ulrich Gremmelspacher, Götz Greve, Barbara Gries, Cynthia Grieshofer, Clemens Grill, Bernd-Michael Grohmann, Jörg Gross, Bibiana Grosser, Holger Großmann, Ingo Grube, Sylvester Grund, Levent Gueloez, Sebastian Gunkel, Inge Günther, Arnold Günther, Sabine Günther, Eva Güntzschel, Renata Gut, Gregor Gutscher, Klaus Haase, Ulf Hackauf, Ulrich Haltmayer, Dirk Hamann, Holger Handt, Anette Hanke, Jörg Hartenstein, Anna Hartl, Silke Hartmann, Boris Hasselbach, Stefanie Hauer, Klaus Heide, La-Vorna Heimann, Tanja Heinrich, Ole Heins, Florian Heinzelmann, Sylvia Heitmüller-Netzig, Uta Helfmann, Marion Hellmich, Stephan Henckel, Klaus-Peter Henrichs, Andrea Hensel, Stefan Henze, Marie-Therese Hergeth, Peter-Christian Hertel, Caroline Herzog, Tanja Heschel, Henry Hessel, Philipp Hessel, Felix Hildebrand, Udo Hildebrand, Caroline Hill, Daniela Himmel, Susanne Himstädt, Alona Hochmuth-Schulte, Stefan Höckenreiner, Sylvia Hoek, Martin Hoelscher, Jürgen Hoffmann, Raimund Hoffmann, Tanja Hoffmann, Uwe Hoffmann, Martin Hoge, Christine Hohlbaum, Norbert Holick, Andrea Holler, Gabriele Hondros, Andre van Hoorn, Hans Hoppe, Göran Hoppe, Frank Hördler, Sandra Horesch, Marcus Höricht, Michael Horn, Jasenka Horvat, Linda Hösdorff, Christina Hoyer, Marion Hoyer, Astrid Hübner, Dieter Hübner, Monika Huhn, Elise Hülsermann, Cornelia Jaenicke, Andreas Jäger, Annett Janeczko, Kai Janssen, Silke Jensen, Stefanie Jeurink, Sabine Jochum, Carsten Joost, Brigitte Jungwirth, Klaus J. Jürgensen, Manuela Jurries, Marion Justin, Maren Käferhaus, Falk Kagelmacher, Marcus Kaiser, Heinz Kaldewei, Nicole Kaliske, Stephania Kallos, Peter Kampermann, Brita Kanis, Astrid Kantzenbach-Mola, Ralf Karschunke, Astrid Kasper, Jolanta Kawycz, Monika Kebernik, Adelheid Kerker, Jens-Peter Kersting, Markus Keßler, Gabriele Kettling, Jessica Kienast, Dr. Albrecht Kinze, Klaus Kirchner, Stefanie Kitzerow, Anja Klapp, Andreas Klaus, Thomas Klaus, Klaus Klein, Martin Kleine-Wilke, Christine Kleinschmidt-Koch, Silke Klimtschok, Lisette Klose, Olaf Kobiella, Jenifer Koch, Friedrich-Sebastian Koch, Jennifer Koch, Ralph Koch, Joachim Koehler, M. Koehler-Rihani, Volker Koenn, Karsten Koepke, Anja Köhler, Jeanette Kollenberg, Hans Koltermann, Jens Körner, Christine Korth, Kurt Kowalzik, Nina Kowollik, Inge Kraemer, Kerstin Krämer, Michael Krass, Gisela Kratz, Birgit Krauße, Ute Kreischer, Firas Kreit, Ursula Krempel, Karin Kretschmar, Gisela Kröll, Ulrich Kröner, Christian Kruppa, Stefanie Küchenmeister, Swantje Kuhr, Begha Kühr, Stefan Kullmann, Ruth Kümmel, Hannelore Kunde, Bettina Kunst, Helmut Kuntscher, Tilo Kuppel, Oliver Kusseler, Bodo von Kutzleben, Christiane Lame, Felicitas Lang, Claus Lange, Isabel Lange, Michael Langfeldt, Ann-Katrin Langner, Martina Lasse, Kornelia Laubach, Sabine Laucke, Roswitha Lauscher, Rolf Lauterbach, Andreas Leckert, Hekyung Lee, Raimo Legler, Kurt H. Lehmann, Ralf Lehmann, Christian Lehnfeld, Ulrike Leichnitz, Jürgen Leisch, Eline Leisner, Christoph Leitgeb, Ulrich Lemke, Hendrik Lepinat, Angela Ley, Paul Lichtenthäler, Birgit Lindmeyer-Mebus, Jörg Lipinski, Thomas Lischka, Uta Lorenz, Andrea Lotz, Thomas Luczak, Claus-Günther Ludwig, Verena Lutterbeck, Christina Lux, Djahangir Mahdavi, Johann-Georg Maier, Christine Mann, Ralf Margraf, Evelin Marlin, Ina Marte, Britta Martin, Fred Martin, Eva Matern, Dieter Mehlo, Uwe Mehring, Almuth Meinecke-Schuller, Elfriede Meister, Volker Melzer, Sabine Mende, Michael Menné, Anke Mense, Christina Menzel, Hans-Joachim Mersmann, Martin Meschke, Christoph Meurer, Hans-Peter Meyer, Lena Meyer, Markus Meyer, Thomas Meyer, Annegret Michler, Arkadius Mienkina, Dorothèe Minnameyer, Gabriele Moises, Luis Mola, Sven Möller, Oskar Molnar, Oili Mononen-Kelle, Andreas Moser, Sibylle Mosetter, Ariane Mostert, Ulf Möwes, Gerd Mrohs, Bernhard Mrozinski, Klaus Mühlbauer, Jochen von der Mühlen, Andrea Müller, Barbara Müller, Barbara Müller-Lupp, Simone Mumme-Biel, Stefan Münch, Walter Müngersdorf, Margit Münzig, Andrea Mürl, Sabine Nagel, Katrin Nagel-Behrle, Edgar Napieralski, Edoardo Narne, Tom Naujack, Matthias Neumann, Petra Nickel-Müller, Brigitte Nieschalk, Alexandra Nitschke-Stefanovic, Konstanze Noak, Thomas Oebbecke, Henric Oldekop, Piotr Olejnik, Martin Oster, Jörn Ostermeyer, Rainer Ottinger, Ilkka Paajanen, Ralf Paetow, Ursula Pasch, Ute Paulsen, Klaus Peter, Jürgen Petereit, R. Pfalz-Liebert, Helmut Pfeifer, Michael Pfisterer, Christoph Pick, Jutta Pini-Weingand, Eva Poggenburg, Manfred Pohl, Peter Pohl, Pagorn Potiwihok, Marion Potter, Hermawan Pramudji, Thomas Prietzel, Nina Prochotta, Rainer Pruß, Michael Pülz, Thomas Quinten, Pham Quoc Tai Nhan, Teodoro Raddaz, Sylvia Räder, Anette Rasch, Jens Rasche, Jutta Raths, Georg Rattay, Susanna Rau, Monika Rebel, Christoph Recktenwald, Hans-Dieter Reichel, Michael Reiff, Ralf Reinartz, Johannes Reinsch, Michele Restivo, Gertrud Reulein, Andreas Reumschüssel, Karl Richter, Hans-Christian Rieck, Raphael Riedel, Lothar Riedmann, Thomas Rieger, Dagmar Rieth, Karl Ringhofer, Thomas Rinne, Beatrice Rockenbach, Thomas Rogge, Volker Rohde, Jens Rohmann, Georg Rombusch, Frank Röper, Thomas Roskothen, Stefan-Jörg Roßner, Gordon Rossol, Thomas Rother, Wolfgang Rudnick, Frank Rudolph, Dietmar Rühl, Hinnerk Rumke, Marion Rüßmann, Dorit Sacher, Regina Sam, Rolf Sam, Magdalena Sanchez, Thomas Sanders, Manuela Sasse, Darioush Sattari, Hans-Joachim Sauer, Wolf-Christian Saupe, Michael Schade, Dieter Schapitz, Klaus Scharfenberg, Tobias Scheel, B. Scheider-Greschak, Martin Schelleis, Egon Schepers, Wolfgang Scherer, Kirsten Schewe, Thomas Schilling, Andreas Schirmer, Diana Schleer, Mia Schlegel, Henrike Schlinke, Cornelius Schlotthauer, Christian-Olaf Schmidt, Karola Ulrike Schmidt, Marita Schmidt, Sabine Schmidt, Christine Schmidt-Guenther, Martin Schmitt, Oliver Schmitz, Silke Schmitz, K. Schmitz-Gielsdorf, Caspar-Friedrich Schmitz-Morkramer, Barbara Schmolling, Angelika Schneider, Christoph Schneuing, Walter Schoeller, Sebastian Schöll, Markus Scholz, Peter Scholz, Rosemarie Schottkowski, Ingo Schrader, Frank Schreer, Iris Schreiber, Axel Schreier, Claudia Schreier, Hans Schröder, Ralf Schröder, Gudrun Schultz, Uwe Schulz, Detlef Schümann, Frank Schütz, Sandra Schütz, Stefan Schwappach, Michaela Schwartz, Evelyn Schwarz, Kerstin Schwarz, Benedikt Schwering, Harald Sedlaczek, Doris Seeger-Frech, Andrea Seegers, Sebastian Seibold, Maike Seidler, Eva Sergl, Frank Sgonina, Nadine Siewert, Andrzej Siewka, Heike Simon, Lothar Simonis, Stephanie Sinn, Petra Sippel, Peter Söhngen, Diamond Soinibhe, Frank Sommerfeld, Annabelle Sorg, Judith Sperlich, Angelika Spohn, Wolfram Staake, Berthold Staber, Lars Oliver Stapler, Rüdiger Stauth, Dieter Steffan, Julia Steffen, Martin Steffien, Elke Steinbach, Christine Steiner, Gabriele Steinhage, Friedemann Steinhausen, Mark Steinmetz, Axel Steinmüller, Christina Stellmacher, Katrin Stemmann, Monika Stephan, Marin Stepputis, Kerstin Stilzebach, Susi Stockmann, C. Stölting, Anna Stoyanova, Petra Straub, Karl Ströbl, Dieter Struck, Roland Summ, Peter Summer, Amalraj Sunitha, Jens Tamm, Marcus Tanzen, Sieglinde Tarallo, Brant Tate, Volker Thielemann, Cornelia Thielen, Iris Thietz, Pamela Thoedorakopoulou, Dieter Tholotowsky, Andrea Thoma, Adriane Thoms, Kerstin Thoß-Stelea, Hendrik Tieben, Caroline Tilemann, Hermann Timpe, Renate Tönsmann, Volker Topel, Johannes Touché, Claudia Trautmann, Stephanos Tzouganakis, Ines Ulbrich, Adriane van Velzen, Jorge A. Veiga, Günther Viehrig, Carsten Vöcker, Dietmar Vogel, Gerald Vogel, Uwe Patrick Voigt, Yvonne Völkel, Petra Vollmer, Andrea Vollstedt, Marc Volmerhaus, Nicole Vorlob, Tanja Voß, Antonio Vultaggio, Günter Wagenknecht, Katharina Wagner, Verena Wagner, Wolfgang Waldner, Simone Walser, Mathias Walther, Christian-Philipp Webels, Katrin Weckmüller, Klaus Wefringhaus, Martin Wegge, Ulrich Weigel, Gisela Weil, Siegfried Weißenfels, Thomas Weitershagen, Peter Wels, Chen Weng, Dorit Werheid, Ingrid Wessolek, Claudia-Sybille Wetzel, Perdita Wetzel, Fiona Whitton, Ingrid Wildermann, Sara Wilke, Waltraud Wilke, Cyril Wimalasena, Henner Winkelmüller, Andreas Winkler, Renate Winkler, Hildegard Wirth, Carolyn Wisniewski, Martina Wohnaut, Sabrina Wolf, Anath Wolff, Ilse Wolff, Petra Wollenberg, Clemens Woltereck, Marc Wöltge, Anke Wünschmann, Matthias Würtele, Jong-A Yu, Angelika Zang, Alexandra Zech, Tamara Zelinski-Grüngras, Ute Zelle, Dirk Zimmermann, Volker Ziro